2026 최신판

동력수상 레저기구
조종면허 1.2급
필기+실기 한번에 합격하기

머리말

수상레저 활동은 바다를 더 가깝고 즐겁게 느낄 수 있는 매력적인 취미이자 기술입니다. 그러나 동시에, 안전에 대한 지식과 책임 있는 태도가 반드시 요구되는 영역이기도 합니다.

그 출발점이 바로 동력수상레저기구 조종면허입니다.

이 책은 동력수상레저기구 조종면허 1·2급을 준비하시는 분들을 위해 집필한 수험서로, 해양경찰청에서 공개한 최신 문제은행과 개정된 법령을 충실히 반영하여 구성하였습니다. 필기와 실기, 두 영역을 모두 아우르며 실제 시험의 흐름과 내용을 따라가실 수 있도록 하였고, 핵심 개념은 반복 학습이 가능하도록 정리했습니다.

특히 처음 자격을 준비하시는 분들도 어렵지 않게 접근하실 수 있도록, 복잡한 용어나 개념은 쉽게 풀어 설명하고, 꼭 필요한 정보만을 선별하여 담았습니다. 단순히 시험을 통과하는 데 그치지 않고, 실제 수상레저 활동 시에도 도움이 될 수 있는 내용을 담고자 한 점이 이 책의 가장 큰 특징입니다.

저자는 해군 복무를 시작으로 현재까지 수상 업무와 어업을 직접 경영해오며, 바다를 삶의 터전으로 삼아온 해양 실무 전문가입니다.

특히 이 책은, 이 분야에서 실제 현장 경험을 갖춘 실무 전문가가 직접 집필한 국내 최초의 수험서로, 수험생이 꼭 알아야 할 핵심을 실전 중심으로 정리하였습니다. 수험생 여러분이 기본기를 탄탄히 다지고, 자신감을 갖고 시험에 임하실 수 있도록 구성하였습니다.

이 책이 수상레저를 처음 접하시는 분들께는 든든한 길잡이가 되고, 이미 바다에 대한 애정을 가지고 계신 분들께는 더 넓은 활동으로 나아가는 발판이 되기를 바랍니다.

독자 여러분의 건승을 진심으로 기원합니다.

동력수상레저 조종면허 시험안내

1 동력수상레저기구 일반조종면허시험의 정의

동력수상레저 일반조종면허시험은 수상레저안전법에 따라 모터보트, 제트스키 등 동력수상레저기구를 안전하게 조종할 수 있는 능력을 검증하는 국가자격시험이다. 시험은 해양경찰청이 주관하며, 수상레저종합정보시스템 (https://boat.kcg.go.kr)을 통해 접수 및 관리된다.

| 홈페이지 |

2 조종면허의 종류

일반조종면허는 수상레저기구를 조종하기 위한 면허로, 다음과 같이 구분된다.
- 1급 조종면허: 모든 수역에서 항행이 가능하며, 만 18세 이상부터 응시 가능.
- 2급 조종면허: 육지로부터 1해리 이내의 수역에서 항행이 가능하며, 만 14세 이상부터 응시 가능.

※ 수상레저안전법 시행령 제3조

조종면허		조종할 수 있는 동력수상레저기구
일반조종면허	일반조종 1급	추진기관의 최대 출력이 5마력 이상인 동력수상레저기구
	일반조종 2급	
요트조종		세일링요트

3 응시자격

※ 전국 해양경찰서에서 평일 09:00~17:00 응시접수 가능.

구분	내용
필기시험	자격 제한 없음
실기시험	14세 이상(일반조종 1급 18세 이상)
결격사유	(수상레저안전법 제7조, 수상레저안전법 시행령 제5조) ※ 다음에 해당하는 사람은 조종면허를 받을 수 없다. • 연령:14세 미만인 사람(일반조종 1급의 경우에는 18세 미만) • 정신질환 등:정신질환(치매, 정신분열병, 분열형 정동장애, 양극성 정동장애, 재발성 우울장애, 알코올 중독 등), 마약, 향정신성의약품 또는 대마 중독자로서 해당 분야의 전문의가 정상적으로 수상레저 활동을 할 수 없다고 인정하는 사람

4 시험방법 및 유의사항

1) 필기시험(수수료 4,800원)

구분	과목명	문항수	배점	시험유형/시간
필기시험	수상레저안전	10	20%	객관식 선다형/50분
	수상레저기구 운항 및 운용	10	20%	
	기관	5	10%	
	법규	25	50%	
합격 기준	일반조종 1급(70점 이상 합격), 일반조종 2급(60점 이상 합격)			
준비물	• 신청일로부터 6개월 내에 모자를 벗은 상태에서 배경 없이 촬영된 3.5cm×4.5cm 규격의 상반신 컬러사진 • 신분증(대리접수 시: 위임장, 대리인·위임자 신분증)			
유의 사항	• 응시원서 접수일로부터 1년 이내 필기시험에 합격하여야 함 • 필기시험 합격일로부터 1년 이내 실기시험에 합격하여야 함 • 1년 경과 시 기존 원서 폐기 후 필기시험부터 신규 접수하며, 최초 면허시험 접수자의 안전교육 이수 유효기간은 면허시험 합격 전 6개월로 한다. • 필기시험 불합격자는 불합격한 다음 날 재응시 가능 예) 1일(월요일)에 불합격하였을 경우, 2일(화요일)부터 재응시 가능			

2) 실기시험(수수료 64,800원)

구분	내용
합격 기준	일반조종 1급(80점 이상 합격), 일반조종 2급(60점 이상 합격)
준비물	온라인 신청 또는 현장 예약 신청 후 시험 당일 응시표, 신분증 지참
응시자격	응시자격 : 14세 이상인 사람 (일반조종 1급의 경우에는 18세 이상인 사람)

구분	내용
실격기준	• 3회 이상의 출발 지시에도 출발하지 못하거나 응시자가 시험포기의 의사를 밝힌 경우(3회 이상 출발 불가 및 응시자 시험포기) • 속도전환 레버 및 핸들의 조작 미숙 등 조종능력이 현저히 부족하다고 인정되는 경우 (조종능력 부족으로 시험 진행 곤란) • 부이 등과 충돌하는 등 사고를 일으키거나 사고를 일으킬 위험이 현저한 경우 (현저한 사고위험) • 법 제27조 제1항에 따른 술에 취한 상태이거나 취한 상태는 아니더라도 음주로 원활한 시험이 어렵다고 인정되는 경우(음주 상태) • 사고 예방과 시험 진행을 위한 시험관의 지시 및 통제에 따르지 않거나 시험관의 지시 없이 2회 이상 임의로 시험을 진행하는 경우(지시·통제 불응 또는 임의 시험 진행) • 이미 감점한 점수의 합계가 합격 기준에 미달함이 명백한 경우(중간점수 합격 기준 미달)

3) 실기시험 코스

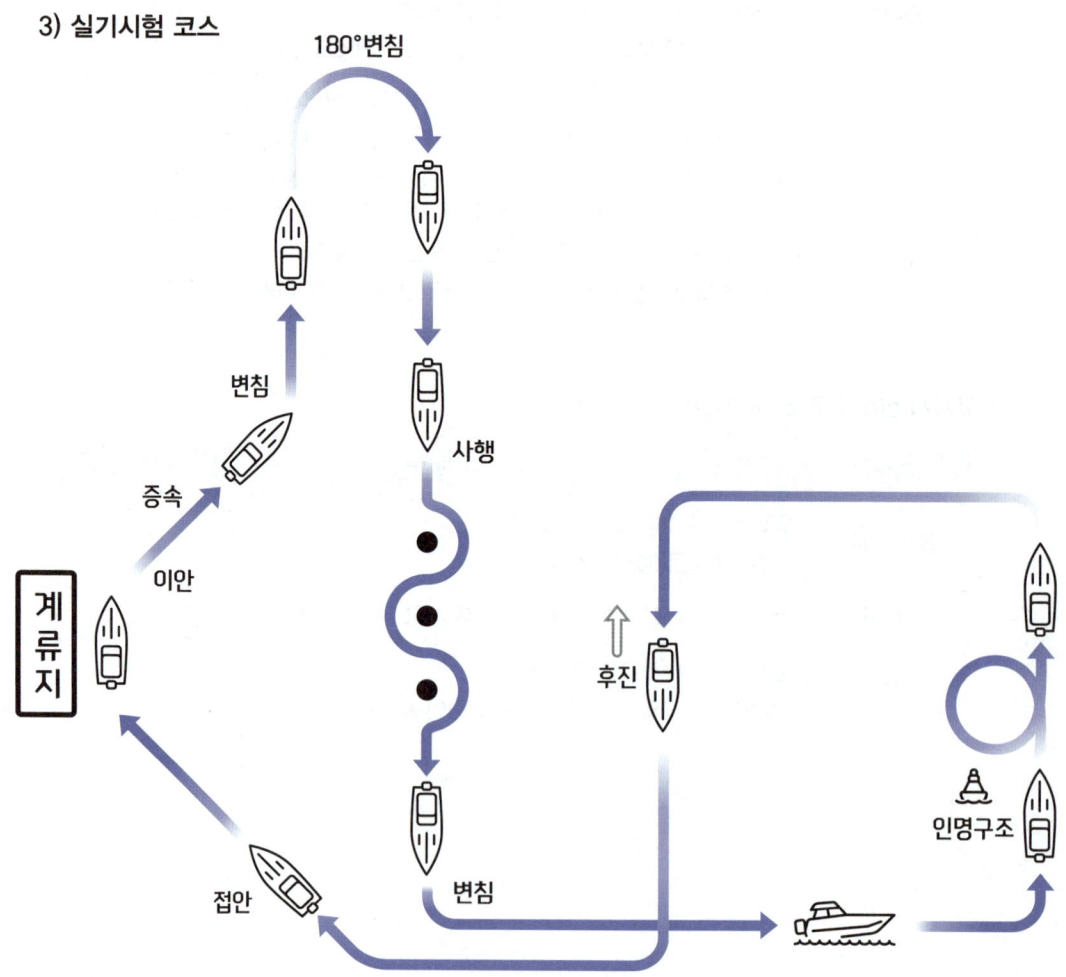

4) 시험 면제

※ 표시된 시험과목만 응시

대상자	받고자 하는 면허	시험과목	
		필기	실기
「국민체육진흥법」 제2조 제11호에 따른 경기단체에 동력수상레저기구의 선수로 등록된 사람	• 일반조종 2급 • 요트조종	●	면제
「고등교육법」 제2조의 규정에 의한 학교에서 동력수상레저기구에 관한 과목을 6학점 이상 필수적으로 이수하여야 하는 학과 졸업자로서, 당해 면허와 관련된 동력수상레저기구에 관한 과목을 이수한 사람	• 일반조종 2급 • 요트조종	면제	●
「선박직원법」 제4조 제2항 각 호의 규정에 의한 해기사 면허 중 항해사, 기관사, 운항사, 수면비행선박 조종사 또는 소형선박 조종사의 면허를 가진 사람	• 일반조종 2급	면제	●
「한국해양소년단연맹 육성에 관한 법률」 또는 「국민체육진흥법」 제2조 제11호의 규정에 의한 경기단체에서 동력수상레저기구의 이용 등에 관한 교육·훈련 업무에 1년 이상 종사한 사람으로서, 해당 단체의 장의 추천을 받은 사람	• 일반조종 2급	●	면제
해양경찰청장이 지정·고시하는 기관이나 단체에서 실시하는 교육을 이수한 사람	• 일반조종 2급 • 요트조종	면제	면제
일반조종 1급 필기시험에 합격한 후 일반조종 2급 실기시험으로 변경하여 응시하려는 사람	• 일반조종 2급	면제	●

5) 응시 제한

※ 수상레저안전법 위반 시 이의 경중에 따라 일정 기간 응시하지 못하게 하는 제도

- 4년 제한 : 무면허 조종 중 사람을 사상한 후, 구호 등 필요한 조치를 하지 않고 도주
- 2년 제한 : 면허시험에서 부정행위를 한 사람
- 1년 제한
  - 무면허 조종
  - 아래의 사유로 면허가 취소된 경우
    - a) 거짓이나 그 밖의 부정한 방법으로 조종면허를 받은 경우
    - b) 조종면허 효력 정지 기간 중 조종을 한 경우
    - c) 동력수상레저기구를 이용한 범죄를 저지른 경우
    - d) 조종면허 결격자에 해당하게 된 경우
    - e) 음주 조종 또는 음주 측정에 불응한 경우

동력수상레저 조종면허 시험안내

　　　f) 조종 중 고의 또는 과실로 사람을 사상하거나, 다른 사람의 재산에 중대한 손해를 입힌 경우
　　　g) 면허증을 다른 사람에게 빌려준 경우
　　　h) 약물복용 상태에서 동력수상레저기구를 조종한 경우
　　　i) 수상레저활동의 안전과 질서 유지를 위한 명령을 위반한 경우

5 안전교육 (수수료: 14,400원)

조종면허를 받으려는 사람은 수상안전기본법 제8조에 따라 면허시험 응시원서 접수 후 안전교육을 이수해야 하며, 면허증을 갱신하려는 경우에는 제12조에 따라 갱신 기간 내에 교육을 받아야 한다. 최초 면허시험 합격 전 교육의 유효기간은 6개월이며, 대통령령으로 정하는 사람은 교육을 면제받을 수 있다.

- 준비물 및 주의사항
  - 신분증, 6개월 이내 촬영한 컬러사진 1매(3.5cm × 4.5cm)
    ※ 수상레저종합정보시스템에 사진이 저장된 경우 제출 생략 가능
- 접수 방법
  - 인터넷 접수 가능. 대리 접수 시에는 대리인의 신분증과 위임장이 필요하다.

6 합격자 면허증 교부

각 면허 종별(1급, 2급, 요트) 시험에 합격하고, 안전교육을 이수하면 면허증이 발급된다.

- 발급 유형
  - 신규 발급: 일반조종 1급·2급 또는 요트조종 면허에 합격하고 안전교육을 이수한 자, 또는 면허시험 면제교육기관에서 교육을 이수한 자
  - 갱신 발급: 기존 면허 소지자로, 갱신을 위한 안전교육 이수자
  - 재발급: 면허증을 분실하거나 기타 사유로 재발급을 신청하려는 자
- 발급 장소
  - 해양경찰서 (※ 시험장에서 면허발급 신청 시, 약 15일 소요)
- 수수료
  - 신규 발급: 5,000원
  - 갱신 및 재발급: 4,000원
- 구비서류
  - 최종 합격한 응시표, 신분증, 6개월 이내 촬영한 컬러사진 1매 (3.5cm × 4.5cm)
- 대리 신청 시
  - 대리인 신분증, 위임장

7 실기시험장 안내

※ 아래 주소는 수상레저기구 조종면허 실기시험장 기준 안내이며, 시험 일정이나 장소는 변경될 수 있습니다. 정확한 시험 장소 및 세부 일정은 반드시 해양경찰청 누리집 또는 수상레저종합정보시스템을 통해 사전 확인 바랍니다.

- 서울(마포) 서울특별시 마포구 마포나루길 256
- 서울(양화) 서울특별시 영등포구 당산동 100-2
- 서울 서초(반포) 서울특별시 서초구 올림픽대로 2085-18
- 경기(가평) 경기도 가평군 호반로 162
- 경기(시흥) 경기도 시흥시 거북섬5길 16
- 경기(여주) 경기도 여주시 강변북로 163
- 강원(춘천) 강원도 춘천시 고산배터길 27-6
- 충북(충주) 충청북도 충주시 동량면 미라실로 763
- 충남(아산) 충청남도 아산시 신정호길 15-14
- 충남(태안) 충청남도 태안군 남면 곰섬로 314
- 전북(김제) 전라북도 김제시 만경읍 만경로 750
- 전남(나주) 전라남도 나주시 다도면 나주호로 558-314
- 전남(여수) 전라남도 여수시 화양면 화양로 1436-29
- 전남(영암) 전라남도 영암군 삼호읍 나불외도로 126-45
- 경북(안동) 경상북도 안동시 석주로 514
- 경북(영덕) 경상북도 영덕군 강구면 강영로 33
- 경북(포항) 경상북도 포항시 남구 희망대로 810
- 경남(사천) 경상남도 사천시 해안관광로 339
- 경남(창원) 경상남도 창원시 마산합포구 진동면 광암회단지길 42
- 경남(통영) 경상남도 통영시 평인일주로 478
- 경남(합천) 경상남도 합천군 봉산면 서부로 4270-8
- 울산(남구) 울산광역시 남구 여천동 50-1번지
- 부산(수영) 부산광역시 수영구 민락수변로 239번길 18
- 제주(이호) 제주특별자치도 제주시 서해안로 45-18

목차

제1편 필기 요약 이론

제1장 | 수상레저 안전 ……………………………………………… 15
제2장 | 운항 및 운용 ……………………………………………… 23
제3장 | 동력수상레저기구 장치 ………………………………… 31
제4장 | 동력수상레저기구 관련 법규 …………………………… 36

제2편 필기 기출 및 예상 문제 풀이

제1장 | 수상레저 안전 문제 및 해설 ……………………………… 55
    제1절 기상과 기초 지식 ……………………………………… 55
    제2절 조석과 조류 …………………………………………… 64
    제3절 인명 구조 장비 및 구조술 …………………………… 68
    제4절 응급처치 및 구급법 …………………………………… 80

제2장 | 운항 및 운용 문제 및 해설 ……………………………… 96
    제1절 선박 일반 구조 ………………………………………… 96
    제2절 항해 계기 ……………………………………………… 102
    제3절 국제 신호기 ……………………………………………… 112
    제4절 조종 원칙 ………………………………………………… 119

제3장 | 동력수상레저기구 장치 문제 및 해설 ………………… 135
    제1절 내연기관 …………………………………………………… 135
    제2절 냉각 및 연료 장치 ……………………………………… 141
    제3절 추진 장치 ………………………………………………… 149
    제4절 점검 · 정비 ……………………………………………… 151

제4장 | 동력수상레저기구 관련 법규 문제 및 해설 ·· 157
    제1절 수상레저안전법 ·· 157
    제2절 수상레저안전법 중 조종면허 ·· 190
    제3절 수상레저기구 등록 및 검사에 관한 법률 ·· 208
    제4절 선박의 입항 및 출항 등에 관한 법률 ·· 218
    제5절 해상교통안전법 ·· 228
    제6절 해양환경관리법 ·· 254
    제7절 전파법 ·· 261

제3편 실전 모의고사

제1장 | 실전 모의고사 1회 ·· 265
제2장 | 실전 모의고사 2회 ·· 271
제3장 | 실전 모의고사 3회 ·· 278
제4장 | 실전 모의고사 정답 및 해설 ·· 284

제4편 실기 시험 대비 이론 및 체크리스트

제1장 | 실기시험 응시 절차 및 운영 개요 ·· 293
    제1절 안전교육 및 실기시험 절차 안내 ·· 293
    제2절 진행요원 및 시험관 역할 요약 ·· 294

동력수상레저 조종면허 시험안내

제2장 | 실기시험 수험방법 ·· 295
    제1절 실기시험 절차 및 운항코스 ···················· 295
    제2절 세부 항목별 절차 및 조작 요령 ··············· 296
    제3절 실기시험 구호 정리 – 한눈에 보는 구호 & 타이밍 팁 ········ 303

제3장 | 실기 채점 기준과 감점 요소 ······················ 305
    제1절 평가 항목별 채점 방식 ·························· 305
    제2절 자주 실수하는 조작과 감점 기준 ············· 306

제4장 | 출항 전 점검 및 조종 실습 요령 ··············· 308
    제1절 외관 · 기관 · 조타 · 연료 점검 ··············· 308
    제2절 출항 전 점검 시트 및 체크리스트 ············ 310

제5장 | 실기시험 실전 대응편 ·································· 311
    제1절 시험장 장비 및 환경별 유의사항 ············· 311
    제2절 자주 묻는 Q&A – 실기시험 실수 방지편 ·· 311

부록

제1장 | 최종정리 – 그림 · 계산 · 법규 오답 방지 ········ 315
    제1절 그림 · 계산 문제 마스터편 ······················ 316
    제2절 헷갈리는 법규 오답 방지 노트 ················· 321

제2장 | 시험 직전 한눈에 끝내는 스피드 요약 ········ 325

제3장 | 수상레저안전법 등 주요 법률 제 · 개정 사항 ········ 337

제 1 편

동/력/수/상/레/저/기/구/조/종/면/허

필기 요약 이론

제1장 수상레저 안전
제2장 운항 및 운용
제3장 동력수상레저기구 장치
제4장 동력수상레저기구 관련 법규

 # 수상레저 안전

제1절 기상과 기초지식

- 야간 항행 시에 달이 **후방**에 있으면 등화가 눈에 잘 안 띄어 위험하다.
- 따뜻한 공기가 찬 공기 위로 완만하게 상승. 기온·습도 상승, 지속적인 비, 층운류 발생.
  적란운·소나기·강풍 → 한랭전선 특징.
- **기수지역**이란? 강이 바다와 만나 담수와 해수가 섞이는 지역으로, 주로 하구에서 형성됨.
- **파랑**이란? 바람에 의해 발생하는 해면의 물결. 바람이 불지 않으면 발생하지 않음.(**바람 없이 생기는 파도는 너울**)
- 맑은 날 일출 후 1~2시간은 거의 무풍상태였다가 태양고도가 높아짐에 따라 해상쪽에서 바람이 불기 시작, 오후 1~3시에 가장 강한 **해풍**이 불며 일몰 후 일시적으로 무풍상태가 되었다가 육상에서 해상으로 **육풍**이 분다.
- **저기압**은 주변보다 기압이 낮고, 공기가 상승. 구름과 비 발생이 잦음.

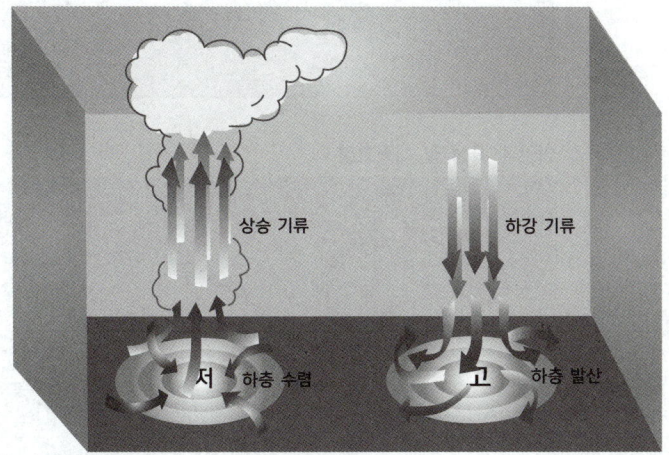

- **고기압**은 주변보다 기압이 높고, 공기가 하강. 맑고 건조한 날씨 유발.
- **이류무(해무)의 특징**: 따뜻한 공기가 찬 해수면 위로 이동하며 발생. 해상안개의 80% 차지, 범위 넓고 지속시간도 깊. '**지속시간 짧다**'는 설명은 틀림.

- 풍향이란? 바람이 불어오는 방향, 해상에서는 32방위로 표현.

    ※ **'불어나가는 방향'은 틀림**. 풍향은 시계방향 16방위 또는 32방위로 나타냄.

- 태풍 발생 원인 : 따뜻한 바다, 상승 기류, 코리올리 힘에 의해 발생.

    ※ **찬 공기와의 만남은 주된 원인이 아님**.

- 태풍의 **우측은 위험반원, 좌측은 가항반원**. 위험반원 후반부는 삼각파 범위 넓고 파고 큼.

- 복사안개는 **밤**에 생기며 시야를 제한해 선박 운항에 영향을 준다.
- **수상레저** 활동에 가장 큰 영향을 미치는 기상요소는 **파고와 풍속**이다. (**사고 위험에 직결**)
- **암암**은 저조 시에도 수면 위에 잘 드러나지 않아 위험함.
- **간출암**은 저조 시 드러나며 좌초 위험이 높다.

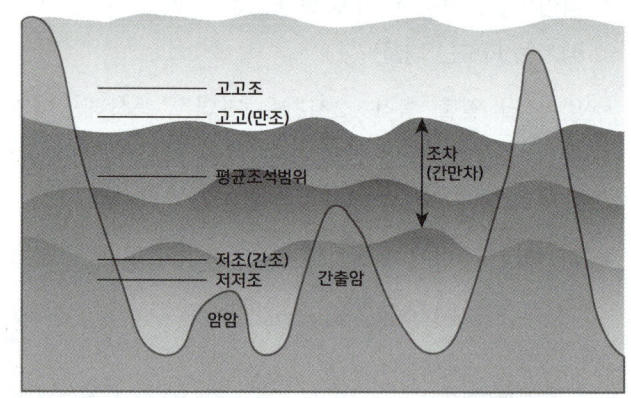

- **이안류**는 육지에서 바다로 흐른다. (바다→육지 X)

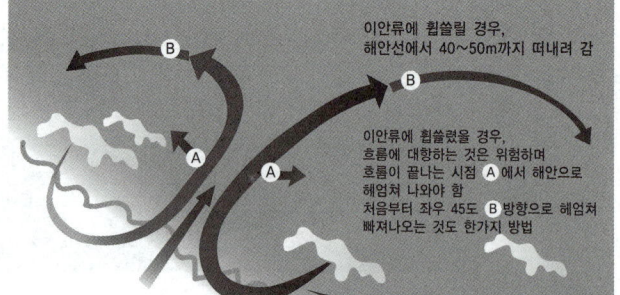

- 서해 : 수온 변화 가장 심함. 남해 : 쿠로시오 난류 영향 → 수온 변화 적음.

    ※ **동해 수온은 가장 낮고**, 2℃ 이하는 조난 시 **생존 위험**.

- 계절풍은 대륙과 해양의 온도차로 생기며 반년 주기로 방향 변화.

    겨울 : 육지 → 바다(강한 북서풍), 여름 : 바다 → 육지(약한 남동풍)

    ※ 여름보다 **겨울 계절풍이 강함, 겨울에 남동풍은 틀림.**

- 편서풍대 내에서 서쪽에서 동쪽으로 이동하는 고기압을 이동성고기압이라 한다.
- 해륙풍과 풍향 : 풍향은 바람이 **불어오는** 방향으로 표시.(**불어나가는 방향 X**)

    낮 : 해풍(바다 → 육지) / 밤 : 육풍(육지 → 바다)

    ※ '밤에 해풍이 분다'는 틀림.

- 기상청 특보 중 해양기상 특보 : 풍랑, 폭풍해일, 지진해일, 태풍(암기법-ㅍㅍㅈㅌ).
- 뭉게구름은 날씨가 좋을 때 생기는 것.
- 시계 제한 항행 시 주의사항 : 무중신호 실시, 등화 점등, 경계 강화는 필수.

    ※ **기관 정지·닻 투하는 오히려 위험 → 잘못된 조치.**

- 등대의 광달거리는 날씨에 따라 다르다. '**날씨에 관계없다**'는 틀린 설명.
- **이안 거리 결정 요소** : 기상, 시정, 항로 교통량, 선박 상태 등을 고려.

    ※ **해도의 수량은 직접적 고려 대상 아님.**

- 시정 제한 원인 : 안개, 눈보라, 비 등 기상 요인에 의해 시야가 나빠지는 상태.

    ※ 지형적 특성(**해안선** 등)은 **시정 제한과 무관.**

제2절 조석과 조류

- 조석 주기 : 달과 태양의 기조력으로 해면이 주기적으로 오르내리는 현상.

    만조·간조 주기 = 약 **12시간 25분**, 하루 1~2회 발생. ※ **24시 50분 주기는 틀림.**

- 조석은 수심·유속 변화로 선박 운항에 **직접적인 영향을 줌.**

    ※ '**큰 영향 미치지 않는다**'는 설명은 틀림.

- **사리 때**는 조류의 힘이 가장 강한 시기이다.
- 저조 → 고조는 '**창조**'이며, 이때 흐르는 물살은 창조류라고 한다.
- 조석표는 24시간 방식을 사용한다.(AM·PM 표기 X)
- **보름과 그믐 무렵** 조석이 가장 강하게 발생한다.
- 풍압차 : 바람에 의해 선박이 풍하측으로 밀려 실제 항적과 선수미선이 일치하지 않을 때 생기는 각.

- 와류 : 좁은 수로에서 조류가 빠르게 흐를 때 생기는 소용돌이 현상.
- 조금 : 밀물과 썰물의 차가 가장 작을 때
- 정조 : 창조나 낙조가 끝난 뒤, 해면의 승강이 일시적으로 정지된 상태.
- **조류는 수평 운동**이다. (수직 운동은 조석)
- 해도에 표기된 조류의 방향 및 속도는 측정치의 평균 방향과 평균 속도이다.
- 조류는 역조 때에는 정침이 잘 되나 순조 때에는 정침이 어렵다.
- 좁은 수로 등에서 조류가 격렬하게 흐르면서 물이 빙빙 도는 것 = 와류 (**반류 X**)

제3절 인명구조 장비 및 구조술

- 발연부 신호 : 수면에 띄워 사용하는 장비로 손에 들거나 배 위에 올려두면 화상 위험 있음.
  ※ '손으로 잡는다'는 설명은 틀림.
- 안전사용 하중은 로프 사용 시 허용되는 최대 안전 하중이다.
- 수동 팽창식 구명조끼는 CO_2 **팽창 후에도** 부력 유지와 안전을 위해 공기 **보충이 필요할 수 있다.**
- 자동 및 수동 겸용 팽창식 구명조끼
  - 자동 : 물감지 센서(Bobbin) 작동 → 10초 이내 팽창, 수동 : 작동 손잡이 당김
  - 보조 : 입으로 공기 주입 가능

  ※ **마우스피스를 거꾸로 닫으면 공기 빠짐** → 정상 방향으로 닫아야 부력 유지
- 비상 탈출용 호흡구 : 약 10분 사용 가능, 압축 공기 또는 산소를 두건 내로 공급
- 구조 요청 시에는 **한 손만** 흔들어야 한다. (두 손을 사용 시 에너지 소모 큼)
- 무동력보트는 선미가 낮아 구조에 유리하므로 **선미 쪽으로 유도**해야 함. (선수 방향 X)
- 보트 전복 시 저체온증 방지를 위해 부유물 위로 올라갈 것.
- 가족을 비롯한 동승 항행자가 바다에 빠진 경우 **즉시 입수하면 안 된다.**
- 구명부기와 구명부환

구명부기

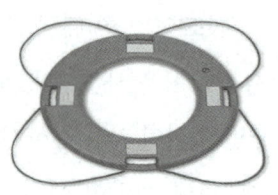
구명부환

- 이초 전에는 부력, 해저 상태, 조류·파도, 감재 가능성 등을 종합 판단해야 한다.
- 좌초 후 갯벌에 얹힌 경우 선체를 흔들며 기관 사용 → 이초 효과↑
- 충돌 직후 : **전속 후진 X** → 손상 확인·침수 대응 우선 (**전속 후진은 2차 사고 유발**)
- 수상오토바이 낙수 시 대처법 : 물에 빠졌을 때는 **선미(뒤쪽)로 이동**하여 다시 탑승한다.
- 구명뗏목의 의장품인 행동지침서에는 침몰선에서 신속히 떨어지라고 명시(가까이 머무는 것은 X)
- **보온구** : 구명뗏목 의장품 중 사람의 체온 유지를 위해 열전도율이 낮은 방수 물질로 만들어진 포대기 형태의 물품
- 팽창식 구명뗏목 수동 진수 순서 : **안전핀 제거 → 투하용 손잡이 당김 → 연결줄 당김**
- 수압 이탈 장치 : 수심 2~4m에서 수압을 감지해 구명 뗏목 컨테이너를 자동 분리시킴.
- Righting rein(복정 장치) : 구명 뗏목이 뒤집혔을 때 이를 바로 세우기 위해 구명 뗏목 하부에 설치된 줄.

- Sea anchor(해묘) : 구명뗏목을 바람에 쉽게 떠내려가지 않게 하며 전복 방지에 도움을 줌.

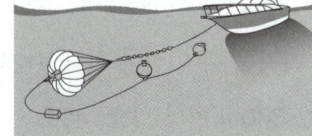 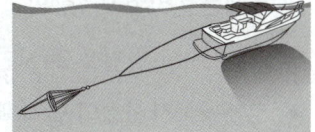

- 항해 중 사람이 물에 빠졌을 때 키를 **물에 빠진 쪽**으로 최대한 전타해야 한다.
- 물에 빠진 사람을 구조할 때 선수방향으로부터 풍파를 받으며 접근하는 이유는 바람을 선수에서 받으면 **조종이 쉬워** 구조 접근이 안전하기 때문이다.
- 자동심장충격기에서 '**분석 중**'이라는 음성이 나오면, **가슴 압박을 즉시 중단한다.**
- 자동심장충격기 패드 부착 위치 : **오른쪽 쇄골뼈 아래, 왼쪽 젖꼭지 아래 중간 겨드랑선**
- 자동심장충격기 사용 절차 : 전원을 켠다 → 패드 부착 부위에 물기를 제거한 후 패드를 붙인다 → 심전도를 분석한다 → 심실세동이 감지되면 쇼크 스위치를 누른다 → 바로 가슴 압박 실시
- 전기화상은 **출구 쪽 상처**가 입구보다 더 크고 깊다.

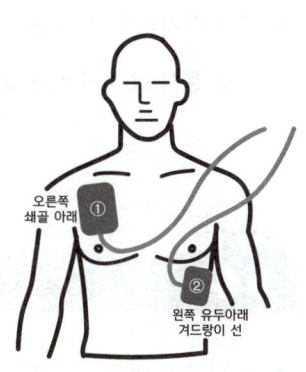

- 구명환은 **바람을 등지고** 던져야 정확하고 멀리 보낼 수 있다.(바람 정면으로 X)
- **레스큐튜브**는 근거리 구조 전용 장비로, **먼 거리 구조에는 부적합하다.**

- **드로우백**: 부피가 작고 휴대가 간편하며, 로프가 봉지 안에 있어 줄 꼬임이 없고 구명환보다 멀리 던질 수 있다.

- 구명부환 사양: 고유의 부양성 있는 물질로 제작되어야 하며, 무게는 2.5kg 이상, 외경은 800mm 이하, 내경은 400mm 이상이어야 한다.

  ※ 14.5kg 철편을 24시간 지지할 수 있어야 한다. **(12시간은 오답)**
- 로켓낙하산신호의 발사체는 **300m** 이상 상승, **40초** 이상 적색 불꽃을 낸다.
- 교차방위법을 실시할 때에는 다수의 물표보다 **두 개 이상의 뚜렷한 물표**를 선정하는 것이 좋다.
- 모터보트 승·하선은 **중앙 부근**에서 한 명씩 조심스럽게 해야 한다. (선미 X)
- 모터보트에서 사람이 물에 빠졌을 때 **익수자 쪽 현측**으로 선수를 돌린다. **(반대 현측 X)**
- 수상레저기구를 이용한 인명 구조 시에는 조난선의 풍하 쪽에서 접근해야 안전하다.

  ※ 풍상 쪽에서 접근하면 바람에 밀려 충돌 위험이 있어 잘못된 방법이다.

제4절 응급처치 및 구급법

- 모터보트 화재 시 대처: 엔진을 끄고 연료 밸브를 차단한 후, 소화기로 진압해야 한다.
- 유류 화재(B급) 대응: B급 화재에는 대부분의 소화기(CO_2, 포말, 분말 등) 사용 가능.

- CO_2 소화기의 유효거리는 1.5~2m이다.
- **2도 화상**: 표피 + 진피 일부 손상, 수포 생김, 통증 심함, 2~3주 내 자연 치유 가능.
- 흡입화상은 초기에 증상이 없어도 **나중에 호흡곤란이 생길 수 있다.**
- 화학화상 응급처치: 화학물질은 물로 충분히 세척하여 제거하는 것이 원칙.

    ※ **중화제 사용은 금지 – 오히려 조직 손상 위험 증가.**

- 저체온증은 체온이 35℃ 이하로 떨어진 상태를 말한다.
- 저체온증 응급처치: 몸 중심부부터 따뜻하게 해야 하며, 말단부터 따뜻하게 하면 위험.
- 저체온증을 호소하는 익수자 이송 시 **젖은 옷은 벗기고 마른 담요로 덮어 보온**하는 것이 원칙이다.
- 동상의 경우 문지르거나 열을 직접 가하면 동상 부위의 조직 손상이 악화된다.
- 선박 충돌 시 침수량이 많아도 배수는 계속해야 침몰을 늦출 수 있다.(**배수 중단 X**)
- 외상 환자 응급 처치 시 지혈대는 5cm 이상 천을 사용해야 하며, **철사 등은 금지**된다.
- 근골격계 손상 시 붕대는 **말단에서 중심부 방향**으로 감아야 한다(중심→말단 X)
- **행동지침서**: 구명뗏목에 승선 완료 후 즉시 취해야 할 지침으로 보기 쉬운 곳에 게시.
- AED(자동심장충격기) 설치 의무: 총톤수 **20톤 이상** 선박부터 AED 설치 의무 적용.
- 자기 발연 신호: 물 위에 떠서 오렌지색 연기를 15분 이상 연속으로 내는 신호용 구명 장비.

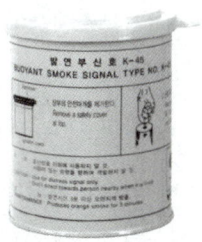

- 열사병 특징: 열 손상 중 가장 위험하며 땀이 거의 나지 않고 피부가 건조하고 뜨거움.

    ※ '땀을 많이 흘린다'는 설명은 틀림.

- 외부 출혈 조절법: 직접 압박, 동맥점 압박, 지혈대 사용은 효과적인 지혈 방법.

    ※ **냉찜질은 보조적 조치로 출혈 조절 효과는 낮음 → 틀린 방법.**

- 지혈대는 관절 부위엔 사용하지 않는다 → 압박 효과도 낮고 위험하다.
- 개방성 상처 응급처치: 상처 부위는 가능한 한 움직이지 않고 고정해야 한다.

    ※ 움직이며 고정하는 것은 잘못된 방법 → 출혈·손상 악화 위험.

- 골절의 징후: 골절 부위는 관절이 아닌 곳에서도 비정상적인 움직임이 나타날 수 있음.

    ※ '관절이 아닌 부위에서는 움직임이 없다'는 X

- **부목 고정 원칙** : 손상이 의심되더라도 부목 고정은 시행해야 한다.

    ※ '확실하지 않으면 고정하지 않는다'는 X

- **기도폐쇄 응급처치** : **1세 미만 영아는 복부 밀어내기 금지**, 대신 등 두드리기 + 가슴 누르기를 번갈아 시행. ※ 복부 밀어내기는 내부 장기 손상 위험 있음.

- 하임리히법 순서 : 환자 뒤에 선다 → 주먹을 배꼽과 명치 사이에 댄다 → 다른 손으로 감싸 후상방으로 밀어올린다 → 이물질 제거 시까지 반복한다.

| 동영상 |

- 심폐소생술을 시작한 후에 불가피하게 중단할 경우 **10초**를 넘지 말아야 한다.
- 성인 심정지 환자의 경우 **분당 100~120회** 속도로 가슴압박을 해야 한다.
- 인공호흡은 1초간 천천히 가슴이 부풀 정도로만 실시. (**빠르고 많이 X**)
- 일반인 구조자의 기본소생술 순서는 **반응 확인 → 도움 요청 → 호흡 확인 → 심폐소생술** 순 (맥박 확인은 생략)
- 심폐소생술 시 소아도 **성인처럼 가슴뼈 아래쪽 1/2을 압박**하고 **영아는 젖꼭지 선 바로 아래 가슴뼈**를 압박한다.
- 소아는 **4~5cm** 영아는 약 **4cm** 깊이로 가슴을 압박해야 한다.
- 가슴압박은 **2분마다** 교대. (3분 X)
- 기본소생술에서 성인은 만 8세 이상 소아는 만 1세~8세 미만을 의미한다.
- 절단 환자 응급처치 : 절단 부위는 비닐에 밀봉 후 얼음에 직접 닿지 않게 보관한다.
- 경련 시 응급처치 : 경련 후에는 환자를 옆으로 돌려 기도가 막히지 않도록 한다.
- **뇌졸중 환자**의 경우 : 증상 발생 시간이 치료와 예후에 매우 중요하다. (중요하지 않다 X)
- 해파리에 쏘였을 때 **식초 세척은 위험**할 수 있다.
- 진통제는 의료진의 지시 없이 복용하면 안 된다.
- 선박 침수 시 : 침수 원인 확인과 응급조치, 배수가 우선이다. (**즉시 퇴선 X**)

# 운항 및 운용

제1절 선박 일반 구조

- 선박에 비치해야 하는 닻과 닻줄, 계류색의 굵기 등은 선박 설비 규정에서 정해져 있는 **의장수**에 따라 결정된다.
- 복원력(GM)은 무게중심(G)이 낮을수록 커진다. **중량물을 아래**로 내리면 **복원력은 증가**한다. (복원력 감소 원인 아님)
- **피치**(pitch)는 **프로펠러** 1회전 시 선박이 나아가는 **거리**를 의미.
- **레이싱** : 파도 등으로 프로펠러가 수면 밖에 노출되어 **공회전**하는 현상.
- **롤링** : 선박의 **복원력**과 가장 밀접한 관련이 있다.
- **요잉** : 선수가 좌우 교대로 선회하려는 왕복 운동이며 선박의 **보침성**과 깊은 관계가 있다.
- **타**는 선박의 **보침성**(침로 유지)과 **선회성**(방향 전환)을 제공하는 장치.
- 선박의 주요 치수 : 폭, 길이, 깊이(**높이 X**)
- **흘수**(draught) : 선박이 수면 아래로 잠긴 깊이. 양 현측에 표시.

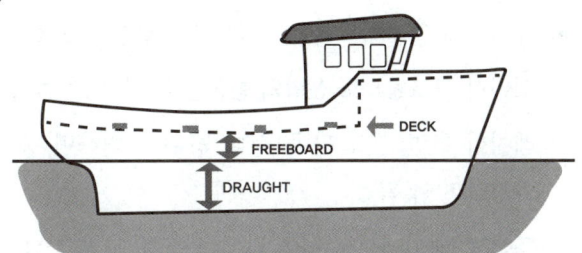

- **트림** : 길이 방향의 선체 경사를 나타내는 것.
- **추적류(반류)** : 선박이 앞으로 나아가며 생긴 빈 공간을 주위 물이 채우려 하면서 뒤에서 앞쪽으로 흐르는 수류.
- 직진 중인 선박이 전타를 행하면 초기에 수면 상부의 선체는 **내방경사**하며, 선회를 계속하면 선체는 각속도로 정상 선회를 하며 **외방경사**하게 된다.
- 모터보트의 **횡요주기와 파랑 주기가 일치**하면 전복 위험이 커진다.
- 운항 중 보트가 얕은 모래톱에 올라앉은 경우 먼저 **기관(엔진)을 정지**해야 한다.

- **선수미 등흘수**: 앞뒤 흘수가 비슷해 얕은 수로 **항해에 안전하다**.
- 육상에 계선줄을 연결하여 계류할 경우 **조수간만의 차**를 고려하여 계선줄의 길이를 정해야 한다.
- 수상오토바이는 안정성이 낮고 전복 위험이 크다.
- **전폭**: 선체의 가장 넓은 부분에 있어서 양현 외판의 외면에서 외면까지의 수평거리.
- **순톤수**: 여객이나 화물을 운송하기 위하여 쓰이는 용적을 나타내는 톤수.
- **도등**: 좁은 수로나 항만의 입구 등에 2~3개의 등화를 앞뒤로 설치하여 그 중심선에 의해 선박을 인도하는 것.
- **조와저항**: 선체의 형상이 유선형일수록 가장 적어지는 저항.

제2절 항해계기

- 해리: 선박이 항해한 거리를 나타낼 때 사용하는 대표 단위.
- **1해리 = 1,852m**.
- 레이더는 탐지거리에 제한이 있다.(**제한이 없다는 설명은 X**)
- 레이더의 기능: 거리, 방위, 물체 탐지(**풍속 측정 기능 X**)
- 레이더에 연결되는 주변 장치: 자이로컴퍼스, GPS, 선속계(**VHF는 아님**)
- 레이더 플로팅으로 **선박의 형상**은 확인할 수 없다.
- 레이더 화면 영상 판독: 상대 방위가 변하면 충돌 위험은 존재할 수 있다.(충돌 위험 없다고 가정하면 안 됨)
- **등심선**: 해도에서 수심이 같은 장소를 연결한 선
- **약최저저조면**: 해안선을 나타내는 경계선의 기준
- 해도에는 주로 수심, 조류 정보 등이 표시되며 **풍향은 나타나지 않는다**.
- 해도의 "RK"는 Rock(바위)를 의미한다.
- **AIS(선박자동식별장치)**: 선박 정보 및 항해 관련 정보를 송수신할 수 있는 장비
- AIS는 선원 **개별 정보(예: 국적)**는 제공하지 않는다.
- **채널 14**는 항만 관제용 채널로 **AIS 통신에는 사용되지 않는다**.
- AIS 정적정보는 **6분마다** 또는 수정되거나 요청이 있을 때 갱신된다.

- **축척** : 두 지점 사이의 실제 거리와 해도에서 이에 대응하는 두 지점 사이의 거리의 비
- 모터보트의 현재 위치 측정방법으로 가장 정확한 방법은 **위성항법장치(GPS)**이다.
- GPS는 **상대선 정보**나 **충돌 위험성**은 판단하지 않는다.
- **다중 경로 오차** : 위성으로부터 송신된 전파 신호가 지표면, 해면 및 각종 구조물 등에 부딪혔다가 수신될 때 생기는 GPS 오차
- **GPS 플로터 해도**는 참고용일 뿐 공식 항해 목적으로 단독 사용 불가. (선위 확인 등 **안전한 항해 목적으로 사용할 수 있다는 설명은 X**)
- **다중 경로 오차**는 DGPS로도 보정 불가능한 대표적인 오차이다.
- 자기컴퍼스에서 **자차**가 생기는 원인 : 같은 방향에 오래 둘 때(선수를 여러 방향으로 잠깐 두었을 때 X)
- 자기컴퍼스는 전원 없이 단독 작동이 가능한 장치이다. (**단독 작동 불가능 X**)
- 자기컴퍼스를 사용할 때에는 해당 해역의 편차는 **해도**에서 확인할 수 있다.
- **침로** : 선수미선과 자오선이 이루는 각
- **중시선**은 항상 식별 가능해야 하며 **일정 시간에만 보이는 것은 아니다.**
- 동력수상레저기구를 조종할 때 확인해야 할 계기 : 엔진 회전속도 게이지, 온도 게이지, 압력 게이지(**축 게이지 X**)
- 항해 시 변침 목표물 : 등대, 입표, 산꼭대기(**부표 X**)
- **항로지** : 기상, 해류, 조류 등의 자연환경과 도선사, 검역, 항로의 상황, 연안 지형, 항만 시설 등이 수록되어 있는 수로서지
- **레이더 방위**는 오차가 커서 연안 항해에서 선위를 측정하기에는 **부적절하다.**
- **음향 표지나 무중 신호**는 주야간 모두 작동한다. (**밤에만 작동 X**)
- **우현 표지** : 항행하는 수로의 우측 한계를 표시, 표지의 좌측으로 항행해야 안전하다.
- **점장도**는 침로 계산에는 적합하지만 **최단 거리 계산에는 편리하지 않다.**

제3절 국제신호기

- 해저 저질 종류 : G는 자갈(Gravel), M은 진흙(Mud), R은 암석(Rock), S는 모래(Sand).
- 우리나라 **우현 표지**는 몸체가 **홍색(빨간색)**으로 표시된다.

- **북방위표지**: 흑색 원뿔형 꼭짓점을 위쪽으로 향하게 두 개를 세로로 설치하며 상부는 흑색, 하부는 황색이다.
- 기류신호 방법: NC '본선은 **조난** 중이다. 즉시 지원을 바란다.'
- 국제신호기 D: '본선은 조종이 **자유롭지 않다**. 피하라.'
- 국제신호기 J: '본선에 **화재가 발생**하였고, **위험 화물을 적재**하고 있으니 충분히 피하라.'
- 국제신호기 S: '본선의 기관은 후진 중이다.'
- 표지판

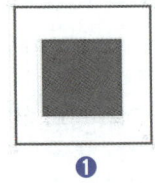  

❶ 항로 중앙: 선박은 이 표지를 향해 항행해야 안전합니다.
❷ 항로 외측: 접근 금지. 이 표지를 통과해서는 안 됩니다.
❸ 우측단표: 항로 우측 끝이므로 항로 내로 진입해야 합니다.

- 항로표지

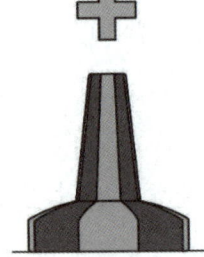

새로운 위험물을 표시. (준설, 발굴, 매립 등 해상공사 구역 표시 X)

- 해도 상의 그림

 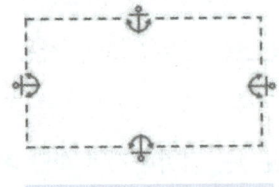

DW(Deep Water) 기호는 대형 흘수선용 정박구역.

일반정박구역.

- **항행통보**: 해도·수로서지 정정 정보를 제공하는 주간 소책자.
- **5회 이상의 짧고 빠른 섬광**: 경고 신호를 보내고자 할 때 가장 올바른 발광신호 방법.
- **측방표지**: 항행하는 수로의 좌우측 한계를 표시하기 위해 설치된 표지.
- 조난신호는 실제 조난 시에만 사용해야 한다. (유사시 대비 목적 X)

- 백색 등화의 수직 운동에 의한 신체 동작 신호 : '이곳은 상륙 가능'을 뜻함. (※ **조난 신호 아님**)
- MAYDAY(메이데이) : '선박이 긴박한 위험에 처해 **즉각적인 구조**를 바란다.'
- SILENCE(시롱스) : '모든 무선국은 지금 즉시 **통신을 중지**하라.'
- A기 : '스쿠버 다이빙을 하고 있다.'
- B기 : 위험물 운반선
- O기 : '사람이 바다에 빠졌다.'

제4절 조종원칙

- 항해 중 안개가 끼었을 때 : 안전한 속력으로 항해하며 가용할 수 있는 방법을 다하여 소리를 발생하고 근처에 항해하는 선박에 알린다.
- 모터보트 운항 중에 기상특보가 발효되었다면 우선 속도를 줄이고 파도에 따라 항로를 조정해 충격과 전복 위험을 줄여야 한다.
- 항행 중 비나 안개 등에 의해 시정이 나빠졌을 때 : 무중신호를 적극적으로 사용. (**기적이나 싸이렌은 작동하지 않는다 X**)
- 파도가 높은 구역의 모터보트 운항 시 파도는 정면으로 천천히 마주해야 한다. (**선미로 빠르게 받는 건 X**)
- 수상오토바이를 타고 주행 중 파도가 높아 전복하려 할 경우 : **속도를 낮추고 파도를 비스듬히 맞으며 지나간다.**
- 좁은 수로에서 보트 운항 시 주의할 점 : 속력이 너무 빠르면 조류영향을 크게 받으며 타의 효력도 나빠져서 조종이 곤란할 수 있다.
- 좁은 수로에서 선박 조종 시 소각도로 나눠 조종하는 것이 안전하다. (**대각도 변침 X**)
- **피험선** : 협수로 통과 시나 입출항 통과 시에 준비된 위험 예방선
- **야간 항해 시** 다소 멀리 돌아가는 일이 있더라도 안전한 침로를 택하는 것이 좋다.
- 야간에는 대각도로 명확하게 변침해야 회피 의도가 분명히 전달되어 안전하다. (**소각도 변침 X**)
- **물때 변화에 따라** 운항 경로를 조정하는 이유 : **얕은 수심으로 인한 사고를 예방**하기 위해
- **폭풍우 시** 대처방법 : 파도를 측면(90°)에서 받으면 전복 위험이 크며 선수 방향에서 비스듬히 받는 것이 안전하다. (**우현 90° 방향에서 받도록 조종 X**)

- 모터보트 운항 중 **연료 고갈** → GPS로 **위치를 확인**하고 **즉시 구조 요청**을 보내야 한다.
- 수중의 암초를 피하기 위한 방법 : 암초가 있는 지역을 **미리 확인**하고 피해서 주행한다.
- 만조는 12시간 간격으로 반복 : 오전 08시 14분 만조 출항 → **당일 20시경 입항 가능**
- 운항 규칙 : **운항 금지** 기준은 가시거리 0.5km(**0.5마일 X**).
- **안전한 속력** : 시계의 상태, 해상 교통량의 밀도, 선박의 정지 거리 · 선회 성능, 그 밖의 조종 성능. (**선박의 승선원과 수심과의 관계 X**)
- **동조 횡동요** : 횡동요 중에 옆에서 돌풍을 받든지 또는 파랑 가운데에서 대각도 조타를 하면 선체는 갑자기 큰 각도로 경사하게 된다.
- 황천 항해 중 선박 조종법 : 라이 투(Lie to), 히브 투(Heave to), 스커딩(Scudding)
  (**브로칭(Broaching) X**) 브로칭은 선미로 파도를 받을 때 조종을 잃고 전복 위험이 크므로 **잘못된 조종법**이다.
- **스커딩** : 풍랑이 심할 때 정면 돌파가 어려우면 선미 좌우현 25~35도 방향(**선미 쿼터**)에서 파도를 받으며 파에 쫓기듯 항해하는 방법.
- **히브 투** : 황천에서 항해가 곤란할 때 바람을 선수 좌 · 우현 25~35도 방향으로 받으며 **최소한의 속력**으로 전진하는 항법.
- **킥(Kick)** : 전타 선회 시 제일 먼저 생기는 현상.
- 킥 현상은 선체가 원침로보다 **바깥쪽**으로 밀리는 현상. (**안쪽 X**)
- **우회전 프로펠러**로 운행하는 선박이 계류 시 우현 계류보다 **좌현 계류**가 더 유리한 이유
  : 후진 시 배출류의 **측압 작용**으로 선미가 좌선회하는 것을 이용한다.
- 모터보트 상호 간의 **흡인 · 배척 작용** : 저속보다 **고속 항주시** 더 크게 나타난다.
- 상대 선박과 **충돌 위험**이 가장 큰 경우 : **방위가 변하지 않고** 거리만 가까워질 때
- **정박 중일 때는 1분을 넘지 않는 간격으로 5초간 빠르게 타종(5초간 연속 타종)**하여 충돌 위험을 경고.
- 모터보트를 현측으로 접안 시 : 선수미 방향을 기준으로 **약 20°~30°**의 진입 각도로 접근.
- **다른 보트가 추월을 시도하는 경우**, 침로와 속력을 유지하는 것이 원칙. (**속력 낮추거나 정지 X**)
- 수심 얕은 해역 항해 시 발생 현상 : 조종 성능↓, 속력↓, 선체 침하. (**공기 저항 증가 X**)
- 선박이 전진 중 횡방향에서 바람을 받으면 선수는 **바람이 불어오는 방향**으로 돌아간다.
- **교통량이 많은 해역**에서는 주의 깊은 관찰과 안전 속력이 우선이다. (**신속한 이탈 X**)
- 동력수상레저기구 두 대가 근접하여 **나란히 고속 운항 시 흡인 작용**에 의해 서로 충돌할 위험이 있다.

- 항해 중 **선박이 충돌** 시 선박은 밀착 상태로 두는 것이 안전하다. (**무리한 후진은 위험**)
- 활주형 선박이 선회 시, 처음엔 **내측 경사** → 이후 원심력으로 외측 경사 발생.
- 모터보트를 계류장에 접안할 때 : **선수를 먼저 붙이고** 선미를 나중에 붙이는 것이 원칙이다. (**선미접안 먼저 X**)
- **조타 설비**는 선박의 방향을 조종하고 침로를 유지하는 장치로 **운항 방향을 제어**한다.
- **상대 방위**는 **선수를 기준으로 측정한 방위**이다.
- **선수 트림이 클 때** :

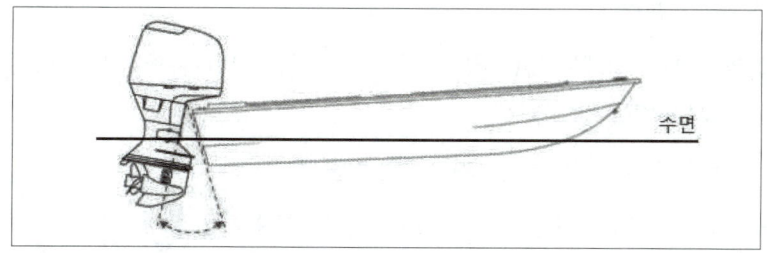

  엔진을 가속할수록 선수가 들린다.
  잔잔한 물에서도 선수가 위아래로 흔들린다.
  활주 상태에서 보트가 급격히 좌우로 흔들린다.
  (선수부에서 **항주파가 형성된다. X**)

- **용골(Keel)에서 프로펠러까지의 높이(H)가 길 때** :

  불필요한 항력이 발생하고 트랜섬(엔진 거치대)에 무리를 준다.

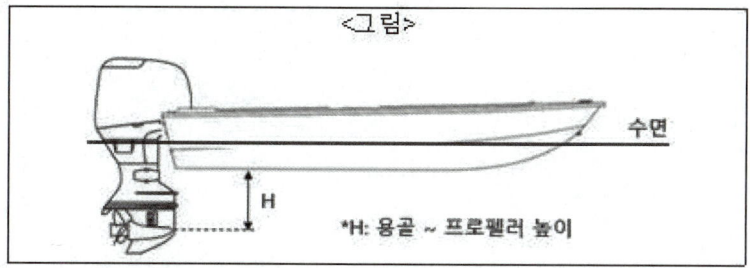

- 모터보트가 저속으로 항해할 때 물과 선체 표면 간의 **마찰 저항**이 가장 크게 작용한다.
- 소형 모터보트의 중 고속에서의 직진과 정지 시 침로 유지를 위해선 먼 목표물을 보는 것이 안정적이다. (**가까운 목표물 X**)
- 모터보트의 선회 성능 : **프로펠러가 1개인 경우** 회전 방향에 따라 좌우 선회 반경이 달라진다. (**좌우 선회권이 같다 X**)

- **활주 상태** : 속도와 양력 증가로 선수와 선미가 **수면과 평행 상태가 되는** 고속 주행 상태
- 바람과 조류의 영향 : 바람은 **회두를 일으키고** 조류는 **모터보트를 이동**시킨다.
- **선미 방향의 조류**는 보트를 밀어내 타효를 약화시키므로 조종 성능은 오히려 저하된다.(**조종 성능 향상 X**)
- 다른 동력수상레저기구 또는 선박을 **추월하려는 경우** : 선박 크기가 다르면 작은 선박이 더 쉽게 영향을 받는다. (**큰 선박이 큰 영향 받는다 X**)
- 계류 중인 동력수상레저기구 인근 통항 시 접안선에서 **멀리 떨어져** 저속 항해해야 충돌·파손 위험 감소함. (**접안선 가까이 통항 X**)
- 화재 시 조종방법 : **중앙부 화재 시**에는 옆(정횡) 방향에서 바람을 받아야 불이 앞뒤로 번지는 걸 막을 수 있다. (**선수에서 바람을 받으면 X**)
- **단음 1회**의 음향신호 또는 단신호 1회의 발광신호 : **우현 변침 중**
- **선박이 둑에 가까워지면** 수압 차이로 선수가 둑 반대로 밀리는 **반발** 현상 발생.

제3장 동력수상레저기구 장치

 **제1절 내연 기관**

- **복원력이 증가함**에 따라 선박은 더 빠르게 바로 서기 때문에 횡요 주기(좌우로 흔들리는 주기)는 짧아진다. (길어진다 X)
- **내연 기관의 열효율**: 압축 압력은 높일수록 열효율이 좋아진다. (압축 압력을 낮춘다 X)
- **왕복 운동형 내연 기관의 시동 장치**: 시동 전동기는 전기 에너지를 기계 에너지로 바꿔 회전력을 만든다. (기계 에너지 → 전기 에너지 X)
- **과급**(supercharging)은 평균 유효압력을 높여 출력 증가, 연료소비율 감소, 무게·설치 면적 축소 효과. 미리 압축된 공기로 압축 초 압력↑, **저질 연료 사용에도 유리함. (불리함 X)**
- **윤활유 소비량이 증가되는 원인**: 펌핑 작용에 의한 연소실 내에서의 연소, 크랭크케이스 혹은 크랭크축 오일 리테이너의 누설. (연료 분사 밸브의 분사 상태 불량은 관련 X)
- **플라이휠의 주된 설치 목적**: 크랭크축 회전 속도의 변화를 감소시킨다.
- **수상오토바이 운항 중 기관(엔진)이 정지된 경우 즉시 점검 사항**
  몸에 연결한 스톱스위치(비상 정지)를 확인, 연료 잔량을 확인, 임펠러가 로프나 기타 부유물에 걸렸는지 확인 (엔진의 노즐 분사량 확인 X)
- **실린더 윤활의 목적**: 연소 가스의 누설을 방지, 과열을 방지, 마찰 계수를 감소. (연료 펌프 고착 방지 X)
- **클러치의 동력 전달 방식에 따른 구분**: 마찰 클러치, 유체 클러치, 전자 클러치(감속 클러치 X)
- **피스톤**: 실린더 내 왕복 운동으로 공기 흡입·압축하며 연소실 형성.
- **피스톤 링의 고착 원인**: 링과 링홈의 간격이 부적당할 때, 링의 장력이 부족할 때, 불순물이 많은 연료를 사용할 때 (실린더 냉각수의 순환량이 과다할 때 X)
- **피스톤**(piston)은 왕복 운동만 수행. (회전 운동 X)
- **4행정 기관 진동 원인**: 점화 플러그 불량, 압축 압력·분사량 불균일 등 (냉각수 펌프 임펠러 마모 X)

- **가솔린 기관 진동 발생 원인**: 기관이 노킹을 일으킬 때, 위험 회전수로 운전하고 있을 때, 베어링 틈새가 너무 클 때 (**배기가스 온도가 높을 때 X**)
- **데토네이션**: 가솔린 기관에서 노크와 같이 연소 화염이 매우 고속으로 전파되는 현상
- 가솔린 기관 이상 현상 중 **윤활유 압력 저하**는 오일 이상이 원인이다.
- **디젤 기관**은 압축 점화 방식을 사용하므로 가솔린 기관보다 **압축비가 높다.**
- 디젤 기관의 시동 방법 중 압축 공기에 의한 시동 방법은 항상 피스톤이 작동 위치에 있을 때 시동 밸브가 열리도록 해야 한다.
- 디젤 기관에서 피스톤링 플러터 현상은 피스톤 링이 뜨면서 가스 누설이 발생해 **블로바이 현상을 유발**한다.
- 프로펠러 축에 **슬리브(sleeve)**를 씌우는 주된 이유: **축의 부식과 마모를 방지**
- 모터보트의 전기 설비 중 **퓨즈**는 용량 초과 시 차단. **허용 용량 이상으로 사용할 수 X**

제2절 냉각 및 연료장치

- 기관실 침수 방지 대책: 선저 밸브는 평소 열어두고 침수 시에만 폐쇄 (**기관실 선저 밸브를 모두 폐쇄 X**)
- 레저기구의 운항 전 연료유 확보: 1마일당 연료 소모량은 속력의 **제곱에 비례**한다. (**속력에 비례한다 X**)
- 가솔린 기관 연료 공급 계통: 연료 탱크, 여과기, 연료 펌프 포함. (**전자 제어 유닛 제외**)
- 가솔린 기관 배기가스 정화 장치 종류: 블로바이 가스 환원 장치, 연료 증발 가스 처리 장치, 배기가스 재순환 장치 (**서지 탱크 장치 X**)
- **오일 펌프**: 캠축 또는 크랭크축에 의해 구동되며 오일을 각 윤활부에 압송하는 역할.
- **수온 조절기**: 냉각수 온도에 따라 자동으로 밸브를 개폐해 적정 온도를 유지
- 선외기 가솔린 기관 **시동이 안 될 경우**, 연료 공급과 공기 제거를 위해 프라이머 밸브를 작동해야 한다. (**프라이머 밸브 제거는 잘못된 방법**)
- **윤활유 압력 저하 원인**: 오일 팬 내의 오일량 부족, 오일 여과기 오손, 오일에 물이나 가솔린의 유입(**오일 온도 하강 X - 오히려 압력 상승**)
- **윤활유의 기본적인 역할**: 감마 작용, 냉각 작용, 청정 작용 (**산화 작용 X**)
- **윤활유 취급상 주의사항**: 온도 변화에도 점도 변화 적은 윤활유 사용. (**변화 큰 것 X**)

- 윤활유의 점도 : 윤활유는 온도가 올라가면 점도가 낮아진다.
- 가솔린 기관(엔진)이 **과열되는 원인** : 냉각수 취입구 막힘, 냉각수 펌프 임펠러의 마모, 윤활유 부족. (**점화 시기 빠름은 과열과 무관**)
- 가솔린 기관의 연료가 구비해야 할 조건 : 내부식성이 크고, 저장 시에 안정성, 옥탄가가 높아야 함, 연소 시 발열량이 커야 함. (**휘발성이 작아야 한다 X – 커야 연소 효율이 높다.**)
- 엔진의 냉각수 계통에서 수온 조절기는 온도 조절용이지, 녹 방지와는 무관하다.
- 엔진 시동 중 **회전수 급등 시** 연료 계통 우선 점검 (**냉각수 펌프 점검 X**)
- 원심펌프에서 **호수(프라이밍)는 기동 시 흡입 측에 국부 진공을 형성**해 물을 끌어올리기 위한 목적으로 사용된다.
- **선외기 엔진은 담수 또는 해수를 흡입해 냉각**하는 방식 사용.
- 냉각수 계통 세정 방법의 순서 : 세정기 연결 → 시동 후 검수 확인 → 세정 진행 → 물 제거 순서
- 모터보트 **선외기 과부하 운전** 영향 : 피스톤·피스톤링 마멸 촉진, 흡·배기밸브 카본 퇴적 → 소기 효율 저하, 배기가스 배출량 증가(**연료분사 압력 저하와는 관련 없음**)
- 디젤기관에서 **연료소비율**이란 : **1시간에 1마력을 내기 위해 소비되는 연료량**
- 연료 분사 펌프 : 분사 시기 및 분사량을 조정, 작동상태는 기관 성능에 직접 영향을 줌.
- 모터보트 **속력 저하** 직접 원인 : 선체 하부에 조패류 부착, 선체 수분 흡수로 무게 증가, 내부 격실 빌지량 많을 때 (**냉각수 압력 저하는 직접 원인 아님**)
- 수상 오토바이 **출력 저하** 원인 : 웨어링 과다 마모, 임펠러 손상, 피스톤 링 과다 마모(냉각수 자동 온도 **조절 밸브 고장** X – 과열 원인)
- 연료 소모 증가·출력 저하 직접 원인 : 피스톤·**실린더 마모 심할 때**.
- 연료유 **연소성 향상** : 미립화, 가열, 연소실 보온 (**냉각수 온도 낮춤 X**)
- **휘발유**의 특성 : 기화성 높고 인화점 낮아 폭발성 있음. 비등점이 30℃~200℃, 비중은 0.69~0.77 정도.
- **릴리프 밸브** : 설정된 압력을 초과하면 작동하여 **압력을 일정한 값으로 유지**하는 장치.
- **연료**(fuel) : 열·빛·동력을 만드는 물질로 고체·액체·기체 형태를 모두 포함.
- 수상 오토바이 배기 냉각 시스템의 **플러싱(관내 청소) 절차** : 냉각수 호스 **연결** → 엔진 **기동** → 냉각수 **공급**(약 5분) → 냉각수 **차단** → 엔진 **정지** ('연기공차정'으로 암기)
- 선외기 가솔린 엔진의 연료유에 해수가 유입되었을 때 엔진에 미치는 영향 : 연료 펌프 고장, 시동 불량, 진동·엔진 꺼짐 발생. (**윤활유 오손 무관**)

제3절 추진 장치

- 추진기 날개 면이 거칠어지면 마찰이 증가해 추력은 감소한다. (**추력 증가 X**)
- 전개 면적비가 작아지면 마찰 저항이 줄어 효율은 증가한다. (**효율 감소 X**)
- 수상 오토바이는 **임펠러 회전에 의한 워터 제트 추진 방식을 사용한다.**
- 수상 오토바이 운행 중 급격한 출력 저하 시 **물 흡입구에 이물질 부착 점검.**
- 모터보트 운행 중 갑자기 선체가 심하게 떨림 현상이 나타날 때 : 프로펠러 · 축계 · 이물질부터 점검해야 한다. (**크랭크축 균열 상태 확인 X**)
- 스크루 용어 : 피치란 1회전 할 때 **축 방향으로 나아가는 거리 (냉각수량 관련 X)**
- 선외기 **프로펠러**에 손상을 주는 요인 : 캐비테이션(공동 현상)이 발생할 때, 프로펠러가 공회전할 때, 전기화학적인 부식이 발생할 때 (**프로펠러가 기준보다 깊게 장착되어 있을 때 X**)

제4절 점검 및 정비

- 수상레저기구 이용 중 갑자기 **물속 저항** 발생 시 **기구 손상 여부 먼저 확인.**
- 고무보트 운항 전 확인 사항 : 공기압 점검, 기관(엔진) 부착 정도를 확인, 연료 점검 (**흔들림을 방지하기 위해 중량물을 싣는다 X**)
- 점화 장치 구성 요소 중 **점화 플러그**는 가혹한 조건에서도 견디고 작지만, 기관의 성능에 직접적 영향을 준다.
- **멀티테스터기**는 전압 · 전류 · 저항 측정 가능하지만 **유효 전력을 직접 측정할 수 없다.**
- 가솔린 기관의 고장 원인과 대책

    축전지 방전 문제 : 접지 확인이나 축전지 교환이 우선 (**릴레이 점검 X**)

    시동 전동기 불량 : 시동 전동기 자체 문제일 가능성이 큼 (**축전지 점검 X**)
- **오일펌프 정비 순서 : 분해 – 부품 점검 – 통로 청소 – 간극 측정** 순서
- 가솔린 기관의 마그네틱 스위치 점검 수행 순서

    M단자(-), S단자(+) 연결해 풀인 코일 점검 → 홀딩 코일 점검 → (+), (-)를 시동기 몸체에 접지해 플런저 되돌림 점검 → 조립 후 틈새 게이지로 피니언 갭 점검

    (**-, + 점검, +, - 점검, 홀딩 코일 점검, 피니언 갭 점검 순으로 암기**)

- 전자기기의 **절연 상태가 나빠지는 경우**: 습기가 많을 때, 먼지가 많이 끼었을 때, 과전류가 흐를 때 (**절연 저항이 클 때 X**)
- 선외기(outboard) 기관(엔진)의 **시동 전 점검 사항**: 엔진 오일 잔량 확인, 연료 탱크 환기구 개방 확인, 비상 정지 스위치 RUN 확인(**엔진 내부 냉각수 확인 X**)
- 시동 준비 항목 순서
  선저·스크루 이상 확인 → 빌지 배수·누수 점검 → 엔진·벨트·오일·연료 계통 확인 → (2행정) 연료 혼합 여부 확인 → 연료 밸브 열고 환기 후 시동.
- **장기 보관**에 대비한 가솔린 기관 정비: 축전지 단자를 엔진과 분리할 것. (**축전지 완충 X**)
- **수상 오토바이 출항 전 점검 사항** 중 배터리 충전 상태는 점검해야 하지만 **예비 배터리까지 꼭 준비할 필요는 없다.**
- 모터보트 기관(엔진) **시동 불량 시** 점검 사항: 자동정지 스위치 확인, 연료 유량 확인, 점화코일용 퓨즈(Fuse) 확인 (**냉각수량 확인 X**)
- 기관(엔진) **시동 후** 점검 사항: 계기 확인, 연료·오일 누출 점검, 클러치·스로틀 작동 점검 (**시동모터 점검 X – 시동 전**)

제4장 동력수상레저기구 관련 법규

제1절 수상레저안전법

- 기상특보 중 풍랑·폭풍·해일·호우·대설·강풍 **주의보**가 발효된 구역에서 파도 또는 바람만을 이용하여 활동이 가능한 수상레저기구를 운항할 경우 관할 해양경찰서장 또는 시장·군수·구청장에게 **기상특보활동신고서**를 제출해야 한다.
- 수상 **안전교육**은 해양경찰서장 소관(**지방해양경찰청장 담당 X**)
- 동승자가 사망·실종·중상 시 즉시 사고 신고 → 해경·경찰·소방서장에게 해야 함.(**시장·군수·구청장은 X**)
- **원거리 수상레저활동 신고**는 해양경찰관서 또는 경찰관서에 해야 한다. (소방관서 X)
- 영업 구역이 2곳 이상일 경우 수상레저기구를 주로 매어두는 장소 관할 해경서장 또는 시장·군수·구청장에게 등록.
- 인명 안전 장비 착용 종류를 조정 권한은 해양경찰서장과 시장·군수·구청장에게 있다. (경찰서장 X)
- **출발항**으로부터 **10해리** 이상 떨어진 곳에서 활동할 경우 **해양경찰관서에 신고**해야 한다.
- **소방서장**은 수상레저안전법 위반에 대해 **과태료를 부과할 권한이 없다.**
- 내수면 영업 구역의 수상 레저사업 등록은 **시장·군수·구청장이 관할**한다.
- 소방서장은 과태료 처분 권한이 없다. **해수면은 해양경찰서장**이, **내수면은 시장·군수·구청장**이 처리한다.
- 소방서장은 **금지구역 지정 권한 없음**.
- 소방서장은 **특별 지시 권한 없음**.
- **등록원부 열람·발급**은 **시장·군수·구청장**에게 신청
- **1년 이하 징역 또는 1천만 원 이하 벌금**: 면허증 대여·알선, 무면허 조종, 음주·약물 조종, 측정 불응, 무등록·영업정지 중 사업.
- **6개월 이하 징역 또는 500만 원 이하 벌금**

- 정비·복구 명령 위반, 안전조치 미이행 또는 금지 행위, 영업 구역·시간 제한이나 영업정지 명령 위반. (**금지구역에서 수상레저활동을 한 사람 X - 과태료 대상**)
- **고의·과실로 사람을 사상한 경우 등록 취소 또는 3개월 이내 영업정지** 가능.
- 수상레저안전법상 **1회 위반으로 면허 취소** : 부정한 방법으로 면허 취득, 효력 정지 중 조종, 면허 결격자가 면허받은 경우. (**조종 중 고의 또는 과실로 사람을 사상한 경우 X**)
- **보험 미가입 시** 10일 이내 1만 원, 10일 초과 후 1일당 1만 원 추가, 최대 30만 원 한도로 과태료가 부과됨.
- 수상레저활동 **금지구역**에서 수상 레저 기구를 운항한 경우 **과태료 60만 원.**
- **정원 초과** 조종 시 과태료는 **60만 원**
- **방수방해나 수리방해**는 동력 수상 레저 기구를 이용한 **범죄 종류에 해당하지 않는다.**
- 동승한 사람이 사망하거나 실종된 경우 해양경찰관서에 신고할 내용 : 사고 발생 장소, 수상레저기구 종류, 사고자 인적 사항 (**레저기구의 엔진 상태 X**)
- 사람을 사상한 후 달아난 경우 **4년간** 조종 면허를 받을 수 없다.
- **인명 안전 장비**를 착용하지 않으면 **10만 원**의 과태료가 부과된다.
- **원거리** 수상레저활동 신고를 하지 않으면 **20만 원**의 과태료가 부과된다.
- 동력수상레저기구를 사용하여 행한 범죄행위 : 살인, 사체 유기 또는 방화, 상습절도(절취한 물건을 운반한 경우로 한정), 약취, 유인 또는 감금, 강도, 강간 또는 강제추행.
- **50만 원 이하 과태료** : 원거리 활동 미신고, 운항 규칙 위반, 구명조끼 미착용. (**면허증 대여는 과태료 X - 형사처벌 대상**)
- **비상 구조선**은 탑승정원 **3명** 이상, 속도 시속 **20노트** 이상이어야 한다.
- 수상레저사업에 이용하는 **비상 구조선**의 수 : 수상 레저 기구가 31대 이상이면 20대 초과마다 1대씩 추가해야 한다. (**30대마다 X**)
- 수상레저사업에 이용되는 **인명구조용 장비**에 대한 설명 : 영업 구역이 **2해리 이상**이면 통신장비를 갖추어야 한다. (**3해리 X**)
- 서프보드나 패들보드를 이용할 때는 **보드리쉬**, 워터슬레드나 래프팅에는 구명조끼와 **안전모**를 함께 착용해야 한다.
- 구명조끼는 탑승정원의 **110% 이상**을 갖춰야 한다. (**탑승정원 수만큼 X**)
- 서프보드 이용자는 반드시 리쉬코드를 착용해야 하며 이는 **구명조끼를 대신하는 것이 아니다.**
- **래프팅**을 할 때는 일반 안전 장비 외에 안전모(헬멧)를 추가로 착용해야 한다.
- 수상 레저 기구 탑승 정원의 **110% 이상**에 해당하는 수의 **구명조끼**를 갖추어야 하고 탑승정원의 **10%는 소아용**으로 한다.

- 무동력 수상 레저 기구로 급류를 타는 활동은 **래프팅**이다.
- **워터슬레드와 서프보드**는 모두 **무동력 수상 레저 기구**에 해당한다.
- 수상 레저 기구 : 스쿠터, 조정, 호버크라프트 (**관광잠수정 X**)
- **워터슬레드** : 땅콩보트, 바나나보트, 플라잉피시처럼 동력 수상 레저 기구에 의해 견인되는 튜브형 기구 (**무동력 수상 레저 기구에 해당**)
- **케이블 웨이크보드**는 무동력 수상스포츠. (**풍력 이용 X**)
- 주의보 발효 시에도 **기상특보 활동 신고서를 제출**하면 **윈드서핑은 가능**하다.
- **술에 취해 조종**한 경우는 **조종 면허를 취소**해야 한다. (정지 아님)
- 술에 취한 상태의 기준은 혈중알코올농도 **0.03% 이상**으로 한다. (0.05 X)
- 술에 취했는지 여부를 측정한 결과에 불복하는 경우 본인 동의 없이 혈액채취를 할 수 없다.
- 수상레저사업장에서 14세 미만 보호자 없는 자를 태우는 행위 금지 (**15세 이상 X**)
- **알코올 중독자에게 기구를 대여**하는 것은 금지 규정에 명시되어 있지 않다.
- **채널 16**은 조난·긴급·안전 통신 전용으로, 지정된 목적 외에는 사용하면 안 된다.
- 평수구역을 항해하는 **2톤 이상 소형선박은 초단파대 무선설비(VHF)**를 의무적으로 설치
- 수상레저사업 등록 갱신은 **유효기간 종료일 5일 전**까지 제출
- 진로를 횡단할 때는 다른 기구를 오른쪽에 두고 있는 쪽이 진로를 피해야 한다.
- **수상**은 수류나 수면을 의미. (**해수면의 수중 X**)
- 동력수상레저기구의 종류에 포함되는 것 : 수상 오토바이, 스쿠터, 고무보트, 공기부양정(호버크라프트), 모터보트, 수륙양용기구, 세일링요트(돛과 기관이 설치된 것)
- 필기시험 **법규** 과목은 총 **7과목** :「수상레저안전법」,「선박의 입항 및 출항 등에 관한 법률」,「해상교통안전법」,「선박안전법」,「수상레저기구의 등록 및 검사에 관한 법률」,「해양 환경 관리법」,「전파법」.
- 운항 신고 시 **보험가입증명서는 제출 사항이 아니다.**
- 다른 수상레저기구 등과 정면충돌 위험 시 **우현**으로 피하고, 횡단 시 상대를 **오른쪽**에 둔 쪽이 진로를 양보해야 한다.
- 안전준수의무 : 조종 면허 종류와 관계없이 **정원 초과 운항은 무조건 금지.**
- 수상레저안전법에 **과속 금지 규정 없음.**
- 강과 바다가 만나는 부분의 **기수는 내수면**으로 분류된다. (**해수면 X**)
- 「관광진흥법」상 유원시설업 관련 수상 행위는 적용 배제 대상이 아니다.

- 최초 면허시험 합격 전 **수상안전교육**의 유효기간은 6개월이다. (**1년 X**)
- **야간 수상레저활동** 필수 장비: 통신기기, 위성항법장치(GPS), 등이 부착된 구명조끼 (**레이더 X**)
- 야간 수상레저활동 시에는 **야간 조난신호장비, 자기점화등, GPS, 구명부환 등** 필수 안전 장비를 갖춰야 한다.
- **비상식량**은 야간 운항 장비에 포함되지 않는다.
- 추진기관 30마력 미만 고무보트는 수상레저기구 등록 대상이 아니다.
- 제1급 조종 면허를 가진 사람의 감독하에 무면허 조종 시 동시 감독 가능한 수상레저기구는 3대 이하여야 한다. (**4대 이하 X**)
- 수상레저사업에 이용되는 수상레저기구는 등록 **여부와 관계없이** 보험 가입이 필요하다. (**책임보험 가입 대상과 등록 대상은 동일하다 X**)
- 수상레저안전법상 등록 대상 동력수상레저기구의 **보험은 등록기간 동안 계속 유지** 원칙
- **보호자를 동반한 14세 미만자**를 수상레저기구에 태우는 행위는 허용된다.
- 수상레저사업자에 대한 **정비 및 원상복구** 명령은 서면(명령서)으로 해야 한다. (**구두 X**)
- **수상레저안전법**은 수상레저활동의 안전과 질서 확보 사업의 건전한 발전을 목적으로 한다. (**사상자 구조 목적 X**)
- **원거리 수상레저활동** 신고는 출발항으로부터 10해리 이상 떨어진 경우. (**5해리 X**)
- **수상레저사업 등록 시 제출해야 할 구비서류**: 수상레저기구 및 인명구조용 장비 명세서, 시설기준 명세서, 영업 구역에 관한 도면(수상레저기구 **수리업체 명부 X**)
- 동력수상레저기구 선수로 등록된 사람은 **면허시험 과목의 전부 또는 일부 면제**가 가능하다. ('**수상레저기구 선수**'는 정확한 법령 용어 X)
- **다이빙대·계류장·교량 20미터 이내**에서는 10노트 이하로 운항. (**12노트 이하 X**)
- 면허시험 응시 수수료는 **필기 4,800원, 실기 64,800원**이다.
- 수상레저사업장 **안전 점검 항목**: 기구의 안전성, 시설·장비 등록 기준 적합 여부, 인명구조요원·래프팅가이드 자격·배치 기준 확인 (**수상레저기구의 형식 승인 여부 X**)
- **수상레저활동**이 금지되는 기상특보: 태풍주의보, 대설주의보, 풍랑주의보 (**폭풍주의보 X**)
- 수상레저활동 안전을 위한 **시정명령**: 탑승 인원 제한, 조종자 교체, 활동 일시 정지, 기구 개선·교체 (**동력수상레저기구 조종 면허의 효력 정지 X**)
- 수상레저사업 등록 갱신은 유효기간 종료 5일 전까지 신청해야 한다. (**3일 전 X**)
- 수상레저사업장 **구명조끼 기준**: 탑승정원의 110% 이상 비치, 그중 10%는 소아용 포함, 안전기준에 적합한 제품 사용 (**5년마다 교체 규정은 없음**)

- **수상레저사업 등록 결격사유**: 등록 취소 후 2년 미경과, 금고 이상 형의 유예 중인 자, 미성년자·피성년후견인·피한정후견인, 금고 이상의 형 집행 종료 후 2년 미경과 (3년 X)
- **사업장의 안전 점검을 하려는 사유**만으로는 영업 구역·시간 **제한이나 일시 정지 명령을 내릴 수 없다.**
- 수상레저사업 휴업 또는 **폐업** 시 **3일 전**까지 등록관청에 신고해야 한다.
- **거짓이나 그 밖의 부정한 방법으로 등록**한 경우 **수상레저사업 등록이 취소**된다.
- **수상안전교육**: 수상레저기구의 사용과 관리에 관한 사항, 수상안전에 관한 법령, 수상구조 (오염 방지 내용 X)
- 수상레저사업 등록 기준상 탑승정원 **13명** 이상인 동력수상레저기구에는 선실, 조타실, 기관실에 각각 **1개** 이상의 소화기를 갖추어야 한다.
- 수상레저안전법상 영업 구역이 **2해리** 이상인 경우 수상레저기구에 사업장 또는 가까운 무선국과 연락할 수 있는 통신장비를 갖추어야 한다.
- 등록 대상 동력수상레저기구의 소유자가 가입한 보험 또는 공제의 책임보험금은 **사망 시 1억 5천만 원, 부상 시 3천만 원 이상**으로 가입해야 한다. (1억 원, 3천만 원 X)
- 수상레저사업장의 시설기준: 탑승정원 **4명 이상**인 수상레저기구에는 구명부환을 30% 이상 갖추어야 한다. (5명 이상 X)
- **야간 수상레저활동** 시간 조정 권한: 해양경찰서장, 시장·군수, 한강 관리기관의 장 (경찰서장 X)
- 수상레저사업의 **휴업 및 폐업등록은 수수료가 부과되지 않는다.**
- 수상레저사업의 등록 유효기간은 10년이다. (20년 X)
- 조종 면허 필요 대상: 출력 5마력(3.75kW) 이상 동력수상레저기구.
- 야간 수상레저활동 시 **해양경찰청장**이나 **시장·군수·구청장** 등은 필요하다고 인정하면 일정한 구역에 대하여 해뜨기 전 30분부터 24시까지의 범위에서 시간을 조정할 수 있다. (광역시장·도지사 X)
- 야간 수상레저활동 시간은 **해가 진 후 30분부터 24시까지** 조정할 수 있다.
- 조종 면허 **시험을 보기 위해 승선한 인원도 정원에 포함**된다.
- 수상레저기구 소유자는 **소유일로부터 1개월 이내 보험에 가입**해야 한다.
- 수상레저기구 안전 검사: 수상레저사업용 1년마다, 그 외는 5년마다 정기 검사. (3년 X)
- 외국인이 국내에서 개최되는 국제경기대회에 참가하는 경우 대회 **개최일 10일 전부터 국제경기대회 종료 후 10일까지** 조종 면허 없이 수상레저기구를 조종할 수 있다.

제2절 조종 면허

- 수상레저 일반조종면허시험 필기시험 중 **선박안전법은 시험 과목 아님.**
- 조종 면허의 효력은 면허증 발급 시 발생. (**면허시험에 최종 합격할 날부터 발생 X**)
- 실기시험 시행일을 기준으로 조종 면허 취득 **결격사유에 해당하는 사람**은 시험에 응시할 수 없다. (**필기시험 X**)
- 수상레저안전법상 **제1급 조종면허**는 18세 이상부터 가능.
- 수상레저안전법상 **제2급 조종면허**를 받을 수 있는 나이는 **14세 이상**이다.
- 실기시험 사행 시 **감점 사항 : 사행 중 갑작스러운 핸들 조작**으로 선회가 부자연스러운 경우
- 일반조종면허 실기시험 중 계류장과 선수 또는 선미가 부딪힌 경우는 **감점**(실격 X)
- **부정 행위자는 2년간** 면허시험에 응시할 수 없다.
- **응시표 유효기간**은 접수일로부터 1년. (**6개월 X**)
- 제2급 조종면허를 취득한 자가 1급 면허를 취득한 경우 **제2급 조종면허 효력은 상실.**
- 동력수상레저기구 조종면허의 종류 : 제1급 조종면허, 제2급 조종면허, 요트조종면허 (**제2급 요트조종면허 X**)
- 동력수상레저기구 조종면허 합격 기준 : 1급은 필기 70점, 실기 80점, **2급은 필기 60점, 실기 60점.**
- 수상안전교육의 면제 대상 : 종사자 교육은 갱신 기간의 마지막 날을 기준으로 소급 6개월 이내일 때만 면제 가능. (**시작일 X**)
- 항해사 · 기관사 · 운항사 또는 소형선박 조종사의 면허 소지자는 **제2급 필기시험만 면제.**
- 조종면허시험대행기관의 지정 기준에 따른 **책임 운영자**는 경력 5년 이상(**4년 X**), 시험관은 제1급 면허+인명구조요원 자격 필요.
- 비상 구조선 속력 기준은 **20노트 이상.**
- **'면허증 빌려줌'**은 조종 면허의 효력을 1년 이내 범위에서 정지시킬 수 있는 사유이다.
- **조종면허 취소 · 정지 사유** : 부정 취득, 음주 조종(0.03%↑), 조종 중 인명사고 발생. (**수상레저사업이 취소된 때 X**)
- 다수의 면허정지 사유가 있더라도 **면허정지 기간은 6개월 초과 가능.** (**초과할 수 없다 X**)
- **음주 상태에서 조종하여 면허가 취소**된 사람은 취소된 날부터 **1년간** 재응시 불가.
- 조종 면허의 효력 정지 기간 중 조종은 **면허 취소** 사유.

- **면허 취소자는 7일 이내** 해양경찰청장에게 동력수상레저기구 **조종면허증을 반납**해야 함.
- 면허증 갱신을 정해진 갱신 기간 내에 하지 아니한 경우에는 갱신 기간이 만료한 다음 날부터 조종 면허의 효력이 **정지**된다. (**취소 X**)
- 조종면허증 갱신 관련 **면허 취소 조항 없음.**
- 해양경찰청장이 지정·고시하는 **면제교육기관 교육 이수 시** 제2급 조종면허시험 전 과목 면제 가능.
- 조종면허증 **갱신 기간의 연기 사유**로 장기간 외출이 어려운 질병은 가능하나 **단순 통원 치료는 해당하지 않음.**
- 갱신 연기된 조종면허증은 연기 사유 종료 후 **3개월 이내 갱신**해야 함.
- **최초 면허시험 합격 전의 안전교육 유효기간은 6개월.** (**5개월 X**)
- 신규 면허자는 **수상안전교육 3시간** 이수 필요.
- **외국인 조종면허의 특례 : 2개국 이상**이 참여하는 국제경기대회에 특례 적용 (**4개국 X**).
- 무면허 조종 동승 시 동승자는 제1급 면허 소지자이며 음주·약물 상태가 아니어야 함.
 (면허 취득 후 2년 경과 요건 X)
- **무면허 조종의 경우 동승자 혹은 감독관은 제1급 조종면허 소지자여야 함.** (**2급 X**)
- **5마력 이상**이면 동력수상레저기구 조종면허를 받아야 조종할 수 있다.
- 동력수상레저기구 조종면허 **응시표의 유효기간은 접수일로부터 1년.**
- 동력수상레저기구 조종면허 결격사유 : 조종 면허 취소된 날부터 **1년 경과되지 아니한 자**는 응시 불가. (**2년 X**)
- 수상레저안전법상 조종 면허를 받은 사람은 **관계 공무원 요구 시 면허증 제시 의무** 있음.
- 조종면허시험대행기관의 지정 기준에 따른 **책임 운영자**는 해경 고시 업무에 5년 이상 종사한 경력이 있어야 하며 **시험관은 1급 조종면허 소지자**여야 한다.
- 실기시험 용어 : '이안'은 **출발 준비** 행위를 의미.
- 실기시험의 출발 전 점검 사항 : 구명부환, 소화기, 예비용 노, 엔진, 연료, 배터리, 핸들, 속도 전환 레버, 계기판, 자동정지줄 (10가지)
- 실기시험의 운항코스 시설 : **시험선**에는 인명구조용 **부표를 1개씩** 비치할 것. (**2개 X**)
- 실기시험 채점 기준 중 : 사행 시 부표와의 거리는 **3~15m 이내.** (**2미터 이내 X**)
- 실기시험을 실시할 때 동력수상레저기구 **1대에 2명**의 시험관 탑승. (**1명 X**)
- 실기시험 시 응시자가 준비한 동력수상레저기구 규격 적합 시 응시자 보트로 시험 가능.

- 신규 면허증은 신청일로부터 **14일 이내** 발급.
- 요트조종면허 필기시험의 시험 과목: 요트 활동 개요, 항해 및 범주, 법규 (**수상레저기구 운항 및 운용 X**)
- 면허시험 면제교육기관의 장이 **교육을 중지할 수 있는 기간은 3개월을 초과할 수 없다.**
- 동력수상레저기구 조종면허는 본인 또는 대리인에게 **면허증 발급된 시점부터 효력 발생.**
- **면허정지 처분 통지가 불가능한 경우** 해경은 응시원서 주소지 관할 해경 게시판·홈페이지·수상레저종합정보시스템에 **14일간 공고**해 통지를 갈음할 수 있다.
- 절대로 면허증을 타인에게 빌리거나 빌려주어서는 안 된다.

 **수상레저기구등록 및 검사에 관한 법률**

- 수상레저기구 **등록 기관**: 소유자 **주소지를 관할 하는 시장·군수·구청장(해양경찰서장 X)**
- **등록 대상**에 해당하는 수상레저기구: **고무보트, 수상 오토바이**, 세일링요트, 모터보트.
- 고무보트의 경우 출력 30마력 이상 시 등록(**25마력 X**)
- 동력수상레저기구의 **등록 절차**: 안전 검사 → 보험 가입 → 등록
- 수상레저기구등록법 **제정 목적**: 등록·검사 절차 및 성능·안전 확보에 관한 사항 규정 (**질서유지는 해당 없음**).
- 등록 시 **제출 서류**: 안전검사증, 기구 사진, 보험 가입증명서 등 제출. (**경력증명서는 X**)
- 동력수상레저기구의 **변경 등록**: 기구 명칭의 변경, 소유권의 변경, 정원, 운항구역, 구조의 변경 (수상 사고 등으로 본래 **기능 상실 X** – 말소 이유)
- 동력수상레저기구 변경 발생 시 소유자 또는 점유자는 **30일 이내** 시장·군수·구청장에게 변경 등록 신청.
- **변경 등록** 시 제출 서류: 안전검사증 사본, 보험 가입증명서 사본, 변경 내용을 증명할 수 있는 서류 (동력수상레저기구 **조종면허증 X**)
- 동력수상레저기구 **필수 설비**: 구명·소방시설, 조타·계선·양묘시설, 추진기관 (**견인 장치 X**)
- **안전 검사 면제**: 시험운항허가 받은 기구, 검사 신청 후 대기 중인 기구, 국내항 간 상가·거선 목적 운항, 시운전 목적 운항 (**우수제조사업장 제품이라도 검사 없이 운항 X**)
- **정원 또는 운항 구역을 변경** 시의 안전 검사: **임시검사**

- 국내 제조사 건조 기구의 안전 검사: 총톤수 5톤 이상, 연해구역 이상 운항, 승선 정원 13명 이상인 모터보트·세일링요트는 건조 착수 시부터 검사 대상 (**수입 기구는 건조 전 X – 등록 전 검사 대상**).
- **중간검사**는 안전 검사 규정에 없다.
- 수상레저기구의 **정기 검사**는 만료일 기준 전후 **30일 이내**에 받아야 함.
- 안전검사증의 유효기간 만료일 후 **30일 이내**에 정기 검사를 받은 경우: 종전 안전검사증 유효기간 **만료일 다음 날**부터 계산. (**30일 이후 X, 만료일부터 X**)
- 동력수상레저기구 소유자는 **소유일로부터 1개월 이내 등록**해야 함.
- **등록번호판**을 부착하기 곤란할 경우 외부 잘 보이는 다른 면에 부착해야 함. (**내부 보관 X**)
- 등록번호판은 **옆면과 뒷면**에 부착해야 함.
- 수상레저기구의 존재 여부가 불분명한 경우 **3개월 이내 말소등록** 신청.
- **말소**: 기능 상실, 추진기관 제거, 수상레저 외 사용 시. 존재 불분명은 3개월 기준. (1개월은 해당 X)
- 동력수상레저기구를 **수출하는 때**에는 등록증 및 등록번호판을 **반납 해야함.**
- 수상레저기구등록법상 **시험운항 허가 기간은 7일.**
- 시군구청장은 **법원**으로부터 **압류등록 촉탁**이 있으면 등록원부에 등록하고 소유자·이해관계자에게 통지해야 한다.
- **6개월 이하 징역 또는 500만 원 이하 벌금**: 미등록·무허가·무검사 동력수상레저기구 운항 시. (1개월 이내 **미등록자** X – 100만원 이하의 과태료)
- 명칭 표기: 모터보트 – MB, 고무보트 – RB, 세일링요트 – YT, **수상 오토바이 – PW**
- 동력수상레저기구 등록증 또는 **등록번호판 재발급 시** 기존의 등록증 또는 등록번호판을 첨부 제출해야 함 (**폐기 X**)
- 등록번호판의 색상 조합: **옅은 회색 바탕에 검은색 문자.**
- 시험운항 허가를 받고자 하는 자는 운항구역이 **해수면**인 경우 **해양경찰서장**에게 **내수면**의 경우 **시장·군수·구청장**에게 시험운항 허가를 신청해야 한다. (**경찰서장 X**)
- 동력수상레저기구 **등록원부 기재 사항**: 등록번호 및 기구의 종류, 기구의 명칭 및 보관 장소, 공유자의 인적 사항 및 저당권 (**정비 이력 X**)

선박의 입항 및 출항 등에 관한 법률

- 국가관리무역항 – **해양수산부장관**, 지방관리무역항 – **특별시·광역시·도지사** 등.
- 내항선 선장은 무역항 수상 구역 출입 시 **입·출항 보고**를 지방해양수산청장, 항만공사, 특별시장·광역시장·도지사에게 제출해야 함.(**지방해양경찰청장은 X**)
- **선박 경기** 등 행사는 **관리청의 허가**를 받아야 함.
- **항만운영정보시스템**은 **해양수산부장관**이 구축·운영함.
- **해양경찰청장**은 관리청에 선박의 항행 **최고 속력 지정을 요청**할 수 있음.
- **총톤수 20톤 이상**은 계선 신고 대상, **폐기물 투기 금지** 범위는 무역항 수상 구역 밖 **10km 이내**.
- **계선**이란 선박이 운항을 중지하고 정박하거나 계류하는 것.
- 항계 안 항로에서의 항법: 항로 안 선박이 우선이며, **항로 밖 선박이 진로를 피해야 함**.
- 무역항: **국민경제와 공공의 이해**에 밀접한 관계가 있고 주로 **외항선이 입·출항**하는 항만.
- **입·출항 허가**를 받아야 할 사유: 전시나 사변, 전시·사변에 준하는 국가비상사태, 국가안전보장상 필요한 경우 (**입·출항 선박이 복잡한 경우 X**)
- 벌칙 및 과태료: 출항 중지 위반 〉 선원 승선 명령 위반 〉 교육 미이수 〉 장애물 미제거 순. (**출항-선원-교육-장애물로 암기**)
- 부두 등 부근 수역에 **정박·정류**할 수 있는 경우: 선박 고장 등 조종 불능 시, 인명·위험 구조 시, 허가받은 공사·작업용일 때. (**허가받은 행사 진행 목적은 해당 없음**)
- **우선피항선**: 부선, 주로 노와 삿대로 운전하는 선박, 예인선(**25톤 어선 X**—25톤 미만)
- 입항 중인 부선(**입항부선**)은 우선피항선에 해당하지 않는다.
- **우선피항선이라도** 항행 방해 장소에 **정박·정류 X**
- **화물 이적 작업 중 정박·정류 X**
- 항로 주변의 **연안통항대**에서도 고장 등 불가피한 경우에는 **정박·정류 가능**.
- **해양 사고를 피하고자 할 때**는 예외적으로 **정박 허용**.
- 정박지 지정 취소는 청문을 거치지 않아도 되는 행정처분.
- 관리청이 항로 또는 구역을 지정 시 공고 사항: 항로의 위치, 구역의 위치, 제한·금지 기간 (제한·금지 **거리 X**)
- 해양 사고 발생 시 조치 사항: 선박의 소유자 또는 임차인은 **위험 예방조치 비용**을 위험 예방조치가 종료된 날부터 **5일 이내**에 납부해야 함. (**7일 X**)

- 방파제 부근 입출항 선박의 항법 : **입항선이 출항선의 진로를 피해야 한다.**
- 총톤수 20톤 이상의 선박은 통항 안전을 고려해 **관리청의 통제**에 따라 계선해야 하며, 임의로 **원하는 장소에 계선할 수 없다.**
- 2척 이상의 선박이 항행할 때 **충돌을 예방**하기 위해서는 **상당한 거리 유지가 필수.**
- 선박의 입출항을 위해 지정·고시된 수로는 **항로**라 함.
- **화재 발생 시** 기적 또는 사이렌 경보는 **장음 5회.**
- 선박에서 **육상으로 부유물체를 옮기려는 행위**는 허가 대상이 아님.
- 무역항 수상 구역 등에서 **안전·질서 유지를 위해 명령할 수 없는 사항 : 선박 척수 확대**는 대상 아님. (안전·질서 관련 사항만 가능)
- 항로 항법 : **나란히 항행 금지, 추월은 허용하지 않지만, 눈으로 확인하고 안전하다고 판단될 때 해상교통안전법에 따라 실시**, 항로 안 선박 우선, 선박끼리 마주칠 우려가 있는 경우 오른쪽으로 피해야 한다.
- 최우선 항행 선박 : **항로를 따라 항행하는 선박.**
- **선박의 입항 및 출항 등에 관한 법률 규정 사항** : 입항·출항 및 정박에 관한 규칙, 항로 및 항법에 관한 규칙, 예선에 관한 규칙 (**선박교통관제 X -「해상교통안전법」에서 규정**)

제5절 해상교통안전법

- **제한 시계의 원인** : 눈, 안개, 모래바람 **(야간 항해 X)**
- 제한 시계에서는 충돌 예방을 위해 **안전 속력** 유지가 원칙임.
- 해상교통안전법에 명시된 **시계 상태** : 모든 시계 상태, 서로 시계 안에 있는 상태, 제한된 시계 **(유효한 시계 안에 있는 상태 X)**
- **대수속력이 없는** 동력선이 울려야 하는 기적 신호 : 장음을 **2초** 간격으로 연속 **2회** 울리되 **2분**을 넘지 않는 간격으로 한다.
- 시정이 제한된 상태에서 피항 동작이 변침만으로 이루어질 때 정횡보다 전방의 선박에 대한 **좌현 변침은 금지**된다.
- 비상위치지시용 **무선표지설비**(EPIRB)는 선교에 설치. (**조타실 내부 설치 X**)
- 길이 12m 이상 선박은 기적(horn)을 포함한 적절한 음향신호 설비를 갖추어야 한다.

- 길이 20m 이상 선박은 **기적과 호종**을 반드시 비치해야 한다.
- 길이 100m 이상 선박은 **기적, 호종, 징**을 모두 비치해야 한다.
- 20m 미만의 범선은 **삼색등**을 표시할 수 있다.
- **흘수제약선**은 동력선의 등화에 덧붙여 가장 잘 보이는 곳에서 **붉은색 전주등 3개**를 수직으로 표시하거나 **원통형을 형상물 1개**를 표시할 수 있다.
- 길이 12m 미만 동력선은 **흰색 전주등 1개 + 현등 1쌍**을 설치해야 함.
- 길이 7m 미만, 최대속력 7노트 미만 : 작은 저속 동력선은 **흰색 전주등 1개**만 표시.
- **범선이 기관을 동시에 사용**하고 있는 경우 **원뿔꼴 1개**를 표시한다.
- 선박은 **해지는 시각부터 해 뜨는 시각까지 등화**를 표시해야 한다.
- 항행 중인 **공기부양정은 황색 섬광등을 추가로 표시**해야 한다.
- 항행 중인 범선이 표시해야 하는 등화 : **현등 1쌍, 선미등 1개**
- 트롤 외 어로 선박은 항행 여부와 관계없이 **위 붉은색, 아래 흰색** 등화를 수직으로 표시.
- **도선 업무 선박**은 마스트 꼭대기 부근에 **흰색 전주등**, 아래에 **붉은색 전주등** 각 1개를 표시.
- **정박 중인 선박은 둥근꼴 형상물 1개를 표시**한다.
- **얹혀 있는 선박**은 가장 잘 보이는 곳에 **둥근꼴 형상물 3개**를 수직으로 표시.
- **조종제한선에 표시해야** 하는 등화 또는 형상물 : 가장 잘 보이는 곳에 수직으로 위쪽과 아래쪽에는 둥근꼴, 가운데는 마름모꼴의 형상물 각 1개. (**둥근꼴-마름모-둥근꼴**)
- **조종불능선**은 가장 잘 보이는 곳에 **수직으로 둥근꼴이나 그와 비슷한 형상물 2개**
- **마스트등**은 225도 범위로 양쪽 정횡에서 뒤쪽 22.5도까지 비춘다. (**235도, 27.5도 X**)
- 현등 1쌍을 대신하여 양색등을 표시할 수 있는 선박은 길이 **10m인 동력선**.
- 선박 간 충돌을 피하기 위한 조치 : 속력 변경은 명확하고 뚜렷하게. (**소폭 변경은 X**)
- 우현 변침 시 사용하는 음향신호 : **단음 1회**.
- 좌현 변침 시 : **단음 2회**
- **좁은 수로** 항행 : 우측을 따라 항행해야 한다. (**좁은 수로 정중앙으로 항행 X**)
- **흘수제약선** : 가항수역의 수심 및 폭과 선박의 흘수와의 관계에 비추어 볼 때 그 진로에서 벗어날 수 있는 능력이 매우 제한된 동력선
- 항행 중인 동력선이 진로를 피해야 할 선박 : 조종불능선, 조종제한선, 범선 (**항행 중인 어선은 우선권 없음**)
- **통항로** : 항행 안전을 확보하기 위하여 **한쪽 방향으로만 항행**하도록 된 일정 범위 수역.

- **유지선의 항법** : 유지선은 부득이하다고 판단되는 경우 외에는 자기 선박의 **좌현**쪽에 있는 선박을 향하여 침로를 **왼쪽**으로 변경해서는 아니 된다.
- 야간 항해 중 상대 선박의 양 현등이 보이고 현등보다 높은 위치에 백색등이 수직으로 2개 보이는 상태 : 상대 선박은 **길이 50m 이상**의 선박으로 마주치는 상태.
- 좁은 수로에서 피추월선이 추월선에게 보내는 **추월동의 신호** : **장음1 – 단음1 – 장음1 – 단음1**
- **통항분리수역**에서 서로 시계의 횡단 관계가 형성되어도 무조건 **분리대 진행 방향 선박이 유지선이 아니다.**
- **길이 20m 미만**의 선박이나 범선은 좁은 수로 등의 안쪽에서만 안전하게 항행할 수 있는 **다른 선박의 통행을 방해해서는 안 된다. (30미터 X)**
- 통항분리수역의 항행 시 : 통항로의 옆쪽으로 출입하는 경우 그 통항로에 대해 정해진 선박의 진행 방향에 대하여 가능한 **작은 각도**로 출입할 것. **(대각도 X)**
- 선박 A(침로 000도)와 선박 B(침로 185도)가 **마주치는 상태** : **우현으로 변침.**
- 선박이 야간에 서로 마주치는 상태 : 다른 선박의 **홍등과 녹등이 동시에 보일 때.**
- 추월선이란 다른 선박의 정횡으로부터 **22.5도**를 넘는 **후방**의 위치로부터 **다른 선박**을 앞지르는 선박.
- 추월선은 피추월선의 **선미등**을 보면서 접근한다.
- 진로 우선권이 가장 큰 선박 : **흘수제약선.**
- 본선은 야간 항해 중 상대 선박과 서로 시계 내에서 근접하여 횡단 관계로 조우하여 상대 선박의 현등 중 홍등을 관측하고 있을 경우 우현 변침 또는 감속 등으로 피항. **(정선한다 X)**
- '**어로에 종사하고 있는 선박**'이란 그물, 낚싯줄, 트롤망, 그 밖에 **조종 성능 제한 어구를 사용하여 어로 작업**을 하고 있는 선박.
- '**항행 중**'인 선박 : **표류하는 선박**은 추진력 없이 움직이더라도 항행 중인 상태로 간주.
- 어로에 종사하며 항행 중인 선박은 **운전부자유선, 기동성이 제한된 선박**을 피해야 함.
- **교통안전특정해역 항행 가능** : 긴급 임무(해양 경비·오염 방제 등), 해양 사고·구조 등 부득이한 경우 접속 항구에 입출항하지 않는 경우. **(해상교통량이 적은 경우는 아님)**
- **그물 감아올리고 있는 선박**은 조종제한선이 아님.
- 동력선과 범선이 마주치는 상태에 있을 때 **동력선이 범선의 진로를 피해야 한다.**
- 어로 선박이 우현에 범선을 두고 횡단 시 : **범선은 어로 선박의 진로를 피해야 한다.**
- **수면비행선박**은 홍색 섬광등 1개를 추가로 표시해야 한다.
- **교통안전특정해역** : 인천, 부산, 울산, 여수, 포항 등. **(군산 X)**

- **교통안전특정해역** 지정 가능 : 해상교통량 많음, 위험화물선·고속여객선(15노트↑), 200m 이상 거대선 통항 잦은 해역(200m 미만 X)
- **항행장애물** : 수역에 떨어진 물건, 침몰·좌초된 선박 및 예상 선박 포함 (침몰·좌초된 선박으로부터 **분리되지 않은 선박의 전체 X**)
- **해양시설 보호 목적**의 수역은 **보호수역**이다.
- **안전한 속력** 결정 : 교통량의 밀도, 정지·선회 등 조종 성능, 흘수-수심 관계 (**주간의 불빛 유무 X**)
- **통항분리수역**을 항행하는 경우 **분리선이나 분리대에는 가까이 접근 X**. (**붙어서 항행 X**)
- 각 범선이 다른 쪽 현에 바람을 받을 때에는 **좌현에 바람을 받고 있는 범선**이 다른 범선의 진로를 피해야 한다. (우현 X)
- **통항분리방식**이 적용되는 수역 : 보길도, 홍도, 거문도 항로. (**영흥도 항로 X**)
- 통항분리대 및 분리선 횡단이 불가능한 경우 : **길이 20m 이상의 선박**
- **통항분리대는 원칙적 횡단 금지**, 20m 미만 선박 예외 허용. (**20m 이상 선박 횡단 금지**)
- 선박은 통항로를 안전하게 통과할 수 있으면 연안통항대를 따라 항행해선 안 됨. (**연안통항대를 따라 항행할 수 있다 X**)
- **해양 사고 발생 및 조치 사실 신고는 해양경찰서장에게** 해야 한다.
- 해양 사고 발생 시 선장은 관할관청에 일시·장소·조치 사항·사고 개요를 신고해야 한다. (**상대 선박의 소유자는 신고 대상이 아님.**)
- **항행장애물의 위험성 판단 요소** : 크기·형태·구조, 손상 형태, 수심·해저 지형 (**항행장애물의 가치 여부는 해당 없음**)
- 해양경찰서장은 거대선 항행 안전을 위해 항로 변경, 속력 제한, 안내선 사용 명령 가능(운항관리자 변경은 해당 없음)
- 고압가스 중 인화 가스로서 총톤수 1000톤 이상의 선박에 산적된 것은 **위험물**이라고 할 수 있다. (**500톤 X**)
- 해양수산부장관 허가 없이 보호수역 입역 가능 : 선박 고장 등으로 조종 불가, 해양 사고 회피 등 부득이한 사유, 인명구조 또는 긴급 구조 필요시. (**관광 목적은 반드시 허가 필요**)
- 수상레저행위 허가 취소·시정 사유 : 항로·정박지의 해상교통여건 변경, 거짓으로 허가받은 경우. (**허가 조건을 잊은 것은 법적 취소 사유가 아님**)
- **항만 또는 어항 수역**에서는 스킨다이빙, 스쿠버다이빙, 윈드서핑 등 수상레저행위를 해서는 안 되며, 이러한 행위는 **해양경찰서장의 허가**를 받아야 한다.

- 항로 등을 보전하기 위하여 **항로상에서 제한하는 행위**: 선박의 방치, 어망의 설치, 폐어구 투기 (**항로 지정 고시 X – 행정 조치임**)
- 누구든지 수역 등 또는 수역 등의 밖으로부터 **10km 이내** 수역에서 선박 등을 이용하여 수역 등이나 항로를 점거하거나 차단하는 행위를 함으로써 선박 통항을 방해해서는 안 된다.
- 선박안전관리증서의 유효기간은 **5년**.
- **허가를 받아야 하는 해양레저** 행위의 종류: 스킨다이빙, 윈드서핑, 요트 활동. (**낚시어선 운항 X**)
- 술에 취한 상태에서 조타기 조작을 한 경우 측정한 결과에 불복하는 사람에 대해서는 해당 운항자 또는 도선사의 **동의하에 혈액채취** 등의 방법으로 재측정 할 수 있다. (**동의 없이는 불가능**)
- 충돌을 피하거나 상황을 판단하기 위한 시간적 여유를 얻기 위해 필요하면 **속력을 감소하여** 조우 상황을 파악해야 한다. (**전속으로 항진하여 피해야 한다 X**)
- **섬광등**은 360도 수평호를 비추며 **60초에 120회 이상** 섬광을 발한다.
- **의문, 경고 신호**: 기적이나 사이렌을 **단음 5회 이상**.
- 선박의 왼쪽에 설치하는 현등의 색깔: 좌현은 **적색**
- 선박 음향신호 중 **단음은 1초** 동안 계속되는 소리. **장음**은 4~6초.
- 동력선이 상대 선박과 서로 시계 안에 있는 경우 기관 후진 시 **단음 3회**를 울린다.
- 좁은 수로 등의 굽은 부분, 장애물 때문에 **다른 선박을 볼 수 없는** 수역 접근: **장음 1회**
- 해상교통안전법상 항행 중인 동력선은 대수속력이 있는 경우에는 **2분**을 넘지 아니하는 간격으로 **장음 1회** 울려야 한다.
- **해상교통안전법의 목적**: 선박의 안전 운항을 위한 안전관리 체계 확립, 선박 항행과 관련된 모든 위험과 장해 제거, 해사 안전 증진과 선박의 원활한 교통에 이바지. (**항만 및 항만구역의 통항로 확보 X – 항만법의 목적**)
- **길이 100m 이상** 선박은 **시운전 금지 대상**이다.
- 해양경찰서장은 거대선이나 위험화물운반선이 **교통안전특정해역**을 항행할 때 **선박 통항이 많은 경우 선박의 항행 제한**을 명할 수 없다.
- **항로에서의 금지 행위**: 선박의 방치, 어망의 설치, 어구의 투기 (**폐기물의 투기 X**)
- 삼색등: 붉은색, 녹색, 흰색.
- 항행 중인 동력선이 표시해야 하는 등화: 마스트등, 현등, 선미등 (**섬광등 X**)
- **공사나 작업이 부진해 계속할 능력이 없다고 인정되면** 해양경찰청장이 교통안전특정해역에서 6개월 이내 **정지를 명할 수 있다**.

- **선박의 법정 형상물**: 둥근꼴, 원뿔꼴, 마름모꼴 (**정사각형 X**)
- 원유 **1,500kL 이상** 적재 유조선은 유조선통항금지해역 항해 금지.

제6절 해양환경관리법

- **항만관리청**: 「항만법」의 관리청, 「어촌·어항법」의 어항관리청, 「항만공사법」에 따른 항만 공사 (**「해운법」에 따른 해양진흥공사 X**)
- 포장유해물질은 선박에 실린 포장된 유해물질 중 해양오염 우려가 있는 물질을 말한다.
- **기름의 종류**: 원유, 석유제품, 폐유 (**액체 상태의 유해 물질 X**)
- **해양오염**의 정의: 해양에 유입되거나 해양에서 발생하는 물질 또는 에너지로 인하여 해양환경에 해로운 결과를 미치거나 미칠 우려가 있는 상태.
- **한강 수역에서 발생한 기름 유출 사고**는 해양환경관리법 적용 범위가 아니다.
- 기름 배출 시 육지로부터 **12해리 이상** 떨어진 곳에서 해야 한다. (**10해리 X**)
- 분뇨마쇄소독장치 설치 선박은 **영해기선으로부터 3해리 이상의 해역**에서 **분뇨 배출** 가능.
- 선박 기름 배출 시 기름 성분은 **15ppm** 이하일 때만 배출이 허용된다.
- 선박 안에서 발생하는 폐기물 중 **화장실 및 화물 구역 오수**는 배출 금지 대상이다.
- 고의로 기름을 배출한 경우: **5년 이하의 징역** 또는 **5천만원 이하의 벌금**에 처한다.
- **해양오염사고 신고** 시 포함 사항: 발생 일시·장소·원인, 선박 명칭·종류·규모, 해면·기상 상태. (**주변 통항 선박 선명 X**)
- 해양시설에서의 오염물질 배출 신고 시 **해당 해양시설 관리자의 이름, 주소, 전화번호**는 신고 필수 항목이 아니다.
- 총 톤수 10톤 미만 FRP 선박을 해체하려는 자는 **해양경찰청장 또는 해양경찰서장**에게 해양오염방지 작업계획 신고서를 제출해야 한다.
- 모터보트 안에서 발생하는 **유성 혼합물 및 폐유**는 반드시 보관 후 적법하게 위탁 처리. (**항해 중 배출은 금지**)
- **총톤수 5톤 이상 선박**은 폐유저장용기를 비치해야 한다.
- 폐기물 기록부 작성: 배출일시, 항구, 수용시설 또는 선박의 명칭, 폐기물 종류별 배출량 (**선박소유자의 서명 X**)

- 총톤수 10톤 이상 30톤 미만의 선박은 **60리터 이상**의 폐유저장용기를 비치해야 한다.
- **선저폐수가 생기지 않는 선박**은 기름기록부 비치 대상에서 제외된다.
- 선박오염물질기록부(기름기록부, 폐기물기록부)의 보존기간 : 최종 기재일로부터 3년간
- **폐기물을 포함한 오염물질의 '처리'**는 해양환경개선조치에 포함되지 않는다.
- 총톤수 20톤 미만의 소형선박은 선박에서 발생하는 물질을 **폐기물처리업자로 하여금 수거·처리**하게 할 수 있다. (**30톤 미만 아님**)
- 기관장만이 해양오염방지관리인으로 지정될 수 있다.
- 해양환경관리법상 대기오염물질 : 오존층파괴물질, 휘발성 유기화합물, 온실가스 중 이산화탄소 (**기후·생태계 변화 유발물질 X**)
- 해양환경 보전·관리·개선 및 해양오염방제사업, 해양환경·해양오염 관련 기술 개발 및 교육훈련을 위한 사업 등을 위하여 설립된 기관 : **해양환경공단**

제7절 전파법

제7절

1. 전파법상 벌칙 및 과태료 : 조난통신 방해 〉 허위 조난통신 〉 복제·개조 〉 정지 기간 운용

제 2 편

동/력/수/상/레/저/기/구/조/종/면/허

필기 기출 및 예상 문제 풀이

제1장 수상레저 안전 문제 및 해설
제2장 운항 및 운용 문제 및 해설
제3장 동력수상레저기구 장치 문제 및 해설
제4장 동력수상기구 관련 법규 문제 및 해설

> ★ 표시 안내

문제 오른쪽 상단의 ★ 표시는 중요도 및 출제 빈도를 나타냅니다.
★★★ = 최상위 출제 빈도 및 핵심 개념 (반드시 숙지)
★★ = 중요 개념 및 자주 출제되는 주제 (우선 학습 대상)
★ = 기출에 등장한 적 있는 보조 개념 (시간 여유 있을 때 정리)

제1장 | 수상레저 안전 문제 및 해설

제1절 • 기상과 기초지식

1 〈보기〉의 ( ) 안에 들어갈 용어로 올바른 것은? ★★★

> **보기**
> 해면에 파랑이 있는 만월의 야간 항행 시에 달이 ( )에 놓이게 되면 광력이 약한 등화를 가진 물체가 근거리에서도 잘 보이지 않는 수가 있어 주의하여 항해하여야 한다.

갑. 전방   **을. 후방**
병. 측방   정. 머리 위

> **정답 및 해설**
> 달이 후방에 있으면 등화가 눈에 잘 안 띄어 위험하다.

2 온난 전선의 설명 중 잘못된 것은? ★★

갑. 전선이 통과하게 되면 습도와 기온이 상승한다.
을. 찬 기단의 경계면을 따라 따뜻한 공기가 상승하며, 찬 기단이 있는 쪽으로 이동한다.
병. 격렬한 대류운동을 동반하는 적란운을 발생시키기 때문에 강한 바람과 소나기성의 비가 내린다.
정. 따뜻한 공기가 전선면을 따라 상승하기 때문에 구름과 비가 발생한다.

> **정답 및 해설**
> 병은 한랭전선의 특징임.

3 '기수' 지역이 형성되는 대표적인 장소는 어느 곳인가? ★★

갑. 산 정상의 호수   을. 강의 상류
병. 강이 바다와 만나는 하구 지역   정. 수심이 깊은 해양 지역

> **정답 및 해설**
> 하구 지역은 담수와 해수가 섞이는 기수지역이다.

4 파도를 뜻하는 용어 설명 중 가장 잘못된 것은?

갑. 바람이 해면이나 수면 위에서 불 때 생기는 파도가 '풍랑'이다.
을. 파랑은 현재의 해역에 바람이 불지 않더라도 생길 수 있다.
병. 너울은 풍랑에서 전파되어 온 파도로 바람의 직접적인 영향을 받지 않는다.
정. 어느 해역에서 발생한 풍랑이 바람이 없는 다른 해역까지 진행 후 감쇠하여 생긴 것이 '너울'이다.

> **정답 및 해설**
> 을은 '너울'에 대한 설명이다. 파랑은 바람이 직접 원인이다.

5 '저기압'의 정의에 대한 설명으로 틀린 것은?

갑. 저기압은 대기 중의 압력이 주변보다 낮은 상태를 의미한다.
을. 저기압 지역에서는 공기가 상승하는 경향이 있다.
병. 저기압은 일반적으로 날씨가 맑고 고온인 지역에서 발생한다.
정. 저기압 지역에서는 구름과 비가 자주 발생한다.

> **정답 및 해설**
> 병은 고기압에 관한 설명
> 저기압 = 공기 상승 → 구름·비 발생 가능 / 고기압 = 맑음·고온

6 〈보기〉의 ( ) 안에 들어갈 순서가 올바르게 짝지어진 것은?

> **보기**
> 맑은 날 일출 후 1~2시간은 거의 무풍상태였다가 태양고도가 높아짐에 따라 (①)쪽에서 바람이 불기 시작. 오후 1~3시에 가장 강한 (②)이 불며 일몰 후 일시적으로 무풍상태가 되었다가 육상에서 해상으로 (③)이 분다.

갑. ① 해상, ② 해풍, ③ 육풍   을. ① 육지, ② 육풍, ③ 해풍
병. ① 해상, ② 육풍, ③ 해풍   정. ① 육지, ② 해풍, ③ 육풍

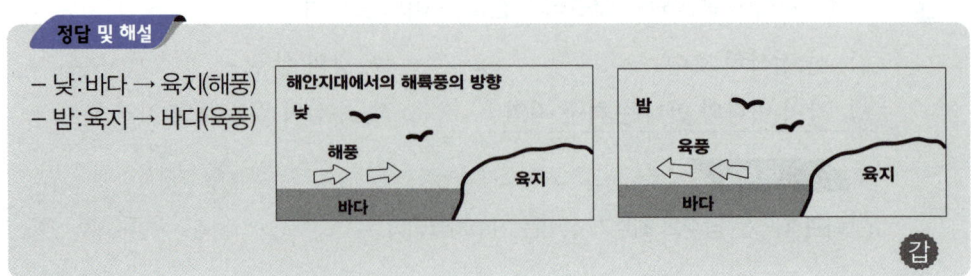

7 '고기압'의 특성에 대한 설명으로 틀린 것은?

갑. 고기압 지역에서는 공기가 하강하는 경향이 있다.

을. 고기압은 일반적으로 맑고 건조한 날씨를 유발한다.

병. 고기압 지역에서는 구름과 비가 자주 발생한다.

정. 고기압은 대기 중의 압력이 주변보다 높은 상태를 의미한다.

> **정답 및 해설**
> 고기압은 맑고 건조함. 병은 저기압의 특징
>
> 병

8 안개에 대한 설명 중 틀린 것은?

갑. 이류무 – 해상 안개의 80%를 차지하며 범위는 넓으나 지속시간은 짧다.

을. 복사무 – 육상 안개의 대부분을 차지하며 국지적인 좁은 범위의 안개이다.

병. 전선무 – 전선을 동반한 따뜻한 비가 한기 속에 떨어질 때 증발로 발생한다.

정. 활승무 – 습윤한 공기가 완만한 산의 경사면을 따라 강제 상승되어 수증기 응결로 발생된다.

> **정답 및 해설**
> 이류무는 해무의 80%, 범위는 넓고 지속시간도 긺.(짧지 X)
>
> 갑

9 태풍의 가항반원과 위험반원에 대한 설명으로 맞는 것은?

갑. 위험반원의 후반부에 삼각파의 범위가 넓고 대파가 있다.

을. 위험반원은 기압경도가 작고 풍파가 심하나 지속시간은 짧다.

병. 태풍의 이동축선에 대하여 좌측반원을 위험반원, 우측반원을 가항반원이라 한다.

정. 위험반원 중에서도 후반부가 최강풍대가 있고 중심의 진로상으로 휩쓸려 들어갈 가능성이 크다.

> **정답 및 해설**
> 태풍의 우측은 위험반원, 좌측은 가항반원이다. 위험반원 중 후반부에 삼각파가 넓게 형성되고 파고가 매우 크다.
> ➡ 핵심:가항 = 좌측 / 위험 = 우측
>
>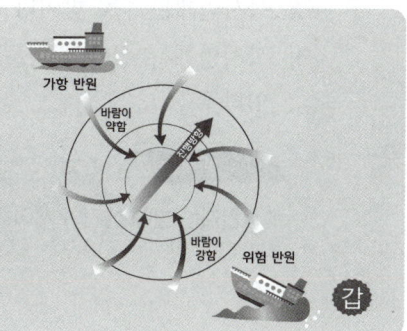
>
> 갑

10 풍향 풍속에 대한 설명으로 맞지 않는 것은?

갑. <u>풍향이란 바람이 불어 나가는 방향으로, 해상에서는 보통 북에서 시작하여 시계방향으로, 32방위로 나타낸다.</u>

을. 풍향이 반시계 방향으로 변하는 것을 풍향 반전이라 하고, 시계방향으로 변하는 것을 풍향 순전이라고 한다.

병. 풍속은 정시 관측 시간 전 10분간의 풍속을 평균하여 구한다.

정. 항해 중의 선상에서 관측하는 바람은 실제 바람과 배의 운동에 의해 생긴 바람이 합성된 것으로, 시풍이라고 한다.

> **정답 및 해설**
> 풍향 = 바람이 불어오는 방향 / 16방위, 해상은 32방위
> 갑

11 '태풍'이 발생하는 주된 원인으로 바르지 않은 것은?

갑. 바다 표면의 온도가 높아지면서 대기 중의 수증기가 상승한다.

을. 대기 중의 수증기가 응결되어 열에너지를 방출하며 강한 상승 기류를 형성한다.

병. 지구의 자전으로 인해 발생하는 코리올리 힘이 강한 회전 운동을 유도한다.

정. <u>고온 다습한 공기가 차가운 공기와 만나면서 발생하는 강한 압력 차이로 태풍이 발생한다.</u>

> **정답 및 해설**
> 태풍은 따뜻한 바다 + 상승 기류 + 회전력으로 발생. (찬 공기와의 만남 X)
> 정

12 '복사안개'가 선박 운항에 미치는 영향에 대한 설명으로 틀린 것은?

갑. 복사안개는 밤에 지면의 열이 빠져나가면서 발생한다.

을. <u>복사안개는 낮에 기온이 상승할 때 발생하는 안개이다.</u>

병. 복사안개는 주로 밤이나 이른 아침에 발생하며, 선박 운항 시 시야를 제한할 수 있다.

정. 복사안개는 선박의 항로 변경이나 속도 조절이 필요할 정도로 큰 영향을 미칠 수 있다.

> **정답 및 해설**
> 복사안개는 밤에 생기며 시야를 제한해 선박 운항에 영향을 준다.
> 을

13 수상레저 활동에 가장 큰 영향을 미치는 기상요소는? ★★★

갑. **파고와 풍속**
을. 바람의 방향
병. 수온과 기압
정. 수심과 기온

> **정답 및 해설**
> 파고와 풍속은 사고 위험에 직결되어 영향이 가장 크다.
>
>

14 저조 시에도 수면 위에 잘 드러나지 않아 항해에 특히 위험한 바위는? ★

갑. 노출암
을. **암암**
병. 세암
정. 간출암

> **정답 및 해설**
> 암암은 저조 시에도 수면 위에 잘 드러나지 않아 가장 위험함.
> (세암:수면과 거의 같고 해수에 씻김 / 간출암:저조 시 수면 위로 드러남)

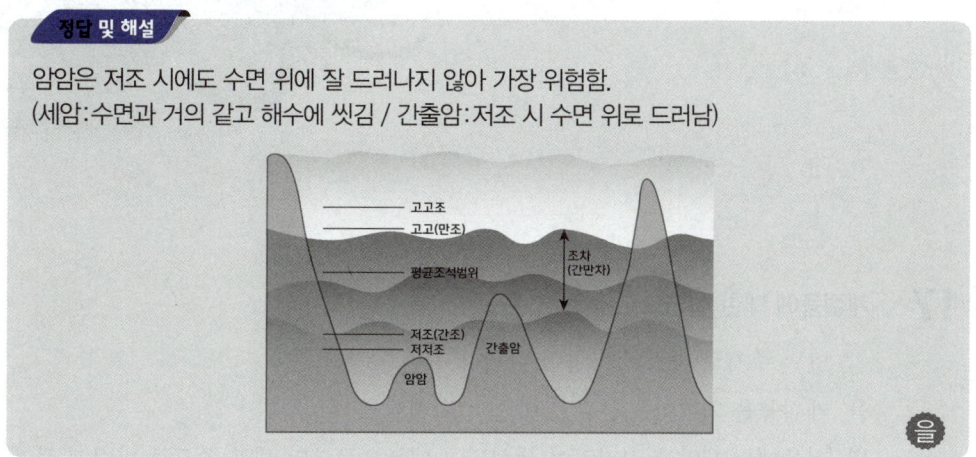

15 수상레저 활동 시 수온에 대한 설명으로 옳은 것을 전부 고르시오. ★★

보기
① 우리나라 연안의 평균 수온 중 동해안이 가장 수온이 높다.
② 우리나라 서해가 계절에 따른 수온 변화가 가장 심한 편이다.
③ 남해는 쿠로시오 난류의 영향으로 계절에 따른 수온 변화가 심하지 않다.
④ 조난 시 체온 유지를 고려할 때, 동력수상레저의 경우에는 2℃ 미만의 수온도 적합하다.

갑. ①, ③
을. ①, ④
병. **②, ③**
정. ③, ④

> **정답 및 해설**
> 서해는 수온 변화가 크고, 남해는 난류 영향으로 변화가 적다.
> (※ 동해 수온은 가장 낮고, 2℃ 수온은 조난 시 매우 위험함.)
>
>

16 이안류의 특징으로 옳지 않은 것은?

갑. 폭이 좁고 매우 빨라 바다에서 육지로 쉽게 헤엄쳐 나올 수 있다.

을. 폭이 좁고 매우 빨라 육지에서 바다로 쉽게 헤엄쳐 나갈 수 있다.

병. 수영 숙련자는 육지를 향해 45도로 탈출한다.

정. 수영 미숙자는 흐름을 벗어나 옆으로 탈출한다.

> **정답 및 해설**
> 이안류는 육지에서 바다로 흐른다.
> ('바다에서 육지로'는 X)

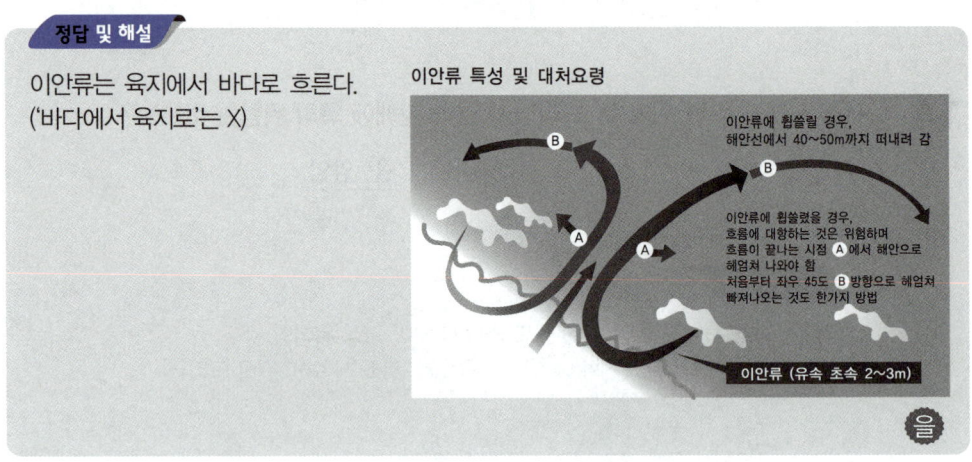

17 계절풍에 대한 설명으로 틀린 것은?

갑. 반년 주기로 바람의 방향이 바뀐다.

을. 계절풍을 의미하는 몬순은 아랍어의 계절을 의미한다.

병. 겨울에는 해양에 저기압이 생성되어 대륙으로부터 해양 쪽으로 바람이 불게 된다.

정. 여름계절풍이 겨울계절풍보다 강하다.

> **정답 및 해설**
> 겨울의 계절풍이 여름의 계절풍에 비해 훨씬 강함.

18 해상 안개인 해무(이류무)의 설명으로 맞는 것은?

갑. 밤에 지표면의 강한 복사냉각으로 발생된다.

을. 전선을 경계로 하여 찬 공기와 따뜻한 공기의 온도차가 클 때 발생하기 쉽다.

병. 안개의 범위가 넓고 지속시간도 길어서 때로는 며칠씩 계속될 때도 있다.

정. 안개가 국지적인 좁은 범위의 안개이다.

> **정답**

19 조석의 간만에 따라 수면 위에 나타났다 수중에 잠겼다하는 바위는 무엇인가? ★★

갑. 노출암
을. 간출암
병. 돌출암
정. 수몰암

> **정답 및 해설**
> 간출암은 저조 시 드러나며 좌초 위험이 높다.
>
> 을

20 따뜻한 해면의 공기가 찬 해면으로 이동할 때 해면부근의 공기가 냉각되어 생기는 것은 무엇인가? ★

갑. 기압
을. 이슬
병. 구름
정. 해무

> **정답 및 해설**
> 해무(이류무)는 따뜻한 공기가 찬 해면 위로 이동하며 냉각될 때 발생.
>
> 정

21 계절풍의 설명으로 틀린 것은? ★

갑. 계절풍은 대륙과 해양의 온도차에 의해 발생 된다.
을. 겨울에는 육지에서 대양으로 흐르는 한랭한 기류인 북서풍이 분다.
병. 여름에는 바다는 큰 고기압이 발생하고 육지는 높은 온도로 저압부가 되어 남동풍이 불게 된다.
정. 겨울에는 대양에서 육지로 흐르는 한랭한 기류인 남동풍이 분다.

> **정답 및 해설**
> 겨울에는 육지에서 대양으로 흐르는 한랭기류인 북서풍이 붊. (남동풍 X)
>
> 정

22 편서풍대 내에서 서쪽에서 동쪽으로 이동하는 고기압을 (   )라 하고, (   )의 동쪽부분에는 날씨가 비교적 맑고, 서쪽에는 날씨가 비교적 흐린 것이 보통이다. 위 (   )안에 공통으로 들어갈 말은 무엇인가? ★

갑. 이동성저기압
을. 이동성고기압
병. 저기압
정. 장마전선

> **정답 및 해설**
> 이동성고기압에 관한 설명.
>
> 을

23 바람에 대한 설명 중 틀린 것은?

갑. 해륙풍은 낮에 바다에서 육지로 해풍이 불고, 밤에는 육지에서 바다로 육풍이 분다.

을. 같은 고도에서도 장소와 시각에 따라 기압이 달라지고 이러한 기압차에 의해 바람이 분다.

병. 북서풍이란 남동쪽에서 북서쪽으로 바람이 부는 것을 뜻한다.

정. 하루 동안 낮과 밤의 바람 방향이 거의 반대가 되는 바람의 종류를 해륙풍이라 한다.

> **정답 및 해설**
> 풍향은 불어 나가는 방향이 아닌, 불어오는 방향으로 표기.
>

24 하루 동안 발생되는 해륙풍에 대한 설명으로 틀린 것은?

갑. 해풍은 일반적으로 육풍보다 강한 편이다.

을. 해륙풍의 원인은 맑은 날 일사가 강하여 해면보다 육지 쪽이 고온이 되기 때문이다.

병. 낮과 밤에 바람의 영향이 거의 반대가 되는 현상은 해륙풍의 영향이다.

정. 밤에는 육지에서 바다로 해풍이 분다.

> **정답 및 해설**
> 밤에 육지에서 바다로 부는 바람은 육풍임.
>

25 우리나라 기상청 특보 중 해양기상 특보에 해당하는 것을 전부 고르시오.

갑. 강풍, 지진해일, 태풍 (주의보 · 경보)

을. 강풍, 폭풍해일, 태풍 (주의보 · 경보)

병. 강풍, 폭풍해일, 지진해일, 태풍 (주의보 · 경보)

정. 풍랑, 폭풍해일, 지진해일, 태풍 (주의보 · 경보)

> **정답 및 해설**
> 풍랑 주의보 · 경보, 폭풍해일 주의보 · 경보, 지진해일 주의보 · 경보, 태풍 주의보 · 경보. (암기법-ㅍㅍㅈㅌ)

26 해양의 기상이 나빠진다는 징조로 잘못된 것은? ★

갑. 뭉게구름이 나타난다.
을. 기압이 내려간다.
병. 바람방향이 변한다.
정. 소나기가 때때로 닥쳐온다.

> **정답 및 해설**
> 뭉게구름은 날씨가 좋을 때 생김.
> 갑

27 시계가 제한된 상황에서 항행 시 주의사항으로 잘못된 것은? ★

갑. 상황에 적절한 무중신호를 실시한다.
을. 낮이라 할지라도 반드시 등화를 켠다.
병. 기관을 정지하고 닻을 투하한다.
정. 엄중한 경계를 실시하고, 필요시 경계원을 증가 배치한다.

> **정답 및 해설**
> 기관 정지나 닻 투하는 오히려 위험하며, 안전 항행을 계속해야 한다.
> 병

28 이안 거리(해안으로부터 떨어진 거리)를 결정할 때 고려해야 할 사항으로 옳지 않은 것은? ★

갑. 해도의 수량 및 정확성
을. 해상, 기상 및 시정의 영향
병. 항로의 교통량 및 항로 길이
정. 선박의 크기 및 제반 상태

> **정답 및 해설**
> 해도의 수량은 직접적인 고려 대상이 아니다.
> 갑

29 등대의 광달거리의 설명으로 가장 옳지 않은 것은? ★

갑. 광력이 클수록 길어진다.
을. 관측안고가 높을수록 길어진다.
병. 등고가 높을수록 길어진다.
정. 날씨와는 관계없다.

> **정답 및 해설**
> 광달거리는 날씨에 따라 다름.
> 정

30 시정이 제한된 상태에 대한 설명으로 옳지 않은 것은?

갑. 안개 속
을. 눈보라가 많이 내리는 때
병. 침로 전면에 안개덩이가 있는 때
<u>정. 해안선이 복잡하여 시야가 막히는 경우</u>

> **정답 및 해설**
> 해안선이 복잡한 것은 지형적 특성일 뿐 시정 제한의 원인이 아니다.
>
> 정

제2절 ◦ 조석과 조류

31 조석에 대한 설명으로 틀린 것은?

갑. 달과 태양이 지구에 미치는 기조력에 의하여 주기적으로 해면이 상승하거나 낮아지는 수직 방향의 운동이다.

을. 저조에서 고조로 해면이 상승하는 동안을 '창조류', 고조에서 저조로 수위가 하강하는 동안을 '낙조류'라고 한다.

병. 해수면이 가장 낮은 시기를 '간조'라 하며, 가장 높은 시기를 '만조'라 한다.

<u>정. 만조와 간조는 평균적으로 24시 50분마다 반복되며, 지역에 따라 보통 하루에 1~2회 정도 조석이 생긴다.</u>

> **정답 및 해설**
> 조석 주기는 약 12시간 25분이며 하루 1~2회 발생한다. (24시 50분 X)
>
> 정

32 '조석'이 선박 운항에 미치는 영향으로 틀린 것은?

갑. 지구와 태양과 달이 일직선상에 놓이는 그믐과 보름 직후 '대조'가 나타나며, 유속이 빨라 선박 운항에 주의가 요구된다.

을. 태양과 달이 지구에 대하여 직각으로 놓이는 상현과 하현 직후 '조금'이 나타나며, 수심이 낮아 좌초 등에 유의해야 한다.

병. 우리나라에서 조차가 가장 큰 곳은 인천과 서해안이며, 이 지역에서 선박 운항 시 암초에 유의해야 한다.

<u>정. 우리나라는 '만조'와 '간조'가 하루에 2회씩 반복되며, 선박 운항에 큰 영향을 미치지는 않는다.</u>

> **정답 및 해설**
> 조석은 수심 변화와 유속에 영향을 주며 선박 운항에 큰 영향을 미친다.
>
> 정

33 조석표에 대한 설명 중 틀린 것은?

갑. 조석표에 월령의 의미는 달의 위상을 뜻한다.

을. 조석표의 월령 표기는 ◐, ○, ◑, ● 기호를 사용한다.

병. 조위 단위로 표준항은 cm, rm 외 녹동, 순위도는 m를 사용한다.

정. 조석표의 사용시각은 12시간 방식으로 오전(AM)과 오후(PM)로 구분하여 표기한다.

> **정답 및 해설**
> 조석표는 24시간 방식을 사용한다. (AM · PM 표기 X)

34 조석과 조류에 관한 설명 중 틀린 것은?

갑. 조석으로 인하여 해면이 높아진 상태를 고조라고 한다.

을. 조류가 창조류에서 낙조류로, 또는 낙조류에서 창조류로 변할 때 흐름이 잠시 정지하는 현상을 게류지라고 한다.

병. 저조에서 고조까지 해면이 점차 상승하는 사이를 낙조라 하고, 조차가 가장 크게 되는 조석을 대조라 한다.

정. 연이어 일어나는 고조와 저조 때의 해면 높이의 차를 조차라 한다.

> **정답 및 해설**
> 저조→고조는 '창조'이며, 이때 흐르는 물살은 창조류라고 한다.

35 〈보기〉의 상황에서 두 개의 ( ) 안에 들어갈 용어로 올바른 것은?

> **보기**
> 최고속 대지속력 20노트로 설계된 모터보트를 전속 RPM으로 운행 중 GPS 플로터를 확인하였더니 현재 속력이 22노트였다. 추측할 수 있는 현재의 조류는 (①)이며, 유속은 약 (②) 노트 내외라 추정할 수 있다.

갑. ① 순조, ② 2노트 을. ① 역조, ② 2노트
병. ① 순조, ② 4노트 정. ① 역조, ② 4노트

> **정답 및 해설**
> GPS 속도가 더 빠르므로 순조 상태이며, 속도 차 2노트는 조류 유속으로 추정된다.

36 '조류'의 힘이 가장 강한 시기는 언제인가? ★★

갑. 만조와 간조 사이 을. 고조와 저조 사이
병. 사리 때 정. 조류가 역류할 때

> **정답 및 해설**
> 사리 때는 조차가 커져 유속이 가장 빠르다. 병

37 한 달에 조석이 가장 강하게 발생하는 시기는? ★★

갑. 상현과 하현 **을. 보름과 그믐**
병. 봄철과 가을철 정. 여름과 겨울철

> **정답 및 해설**
> 보름과 그믐 무렵 달과 태양이 일직선이 되어 조석이 가장 강하게 발생. 을

38 항해 중 어느 한쪽 현에서 바람을 받으면 풍하측으로 떠밀려 실제 지나온 항적과 선수미 선이 일치하지 않을 때 그 각의 명칭은 무엇인가? ★

갑. 편차 을. 시침로
병. 침로각 **정. 풍압차**

> **정답**
>   정

39 조류가 빠른 협수로 같은 곳에서 일어나는 조류의 상태는? ★★★

갑. 급조 **을. 와류**
병. 반류 정. 격조

> **정답 및 해설**
> 와류는 좁은 수로에서 조류가 빠르게 흐를 때 생기는 소용돌이 현상이다. 을

40 밀물과 썰물의 차가 가장 작을 때를 무엇이라고 하는가? ★★

갑. 사리 **을. 조금**
병. 상현 정. 간조

> **정답 및 해설**
> 조금(소조)은 달과 태양의 인력이 상쇄되어 조차가 가장 작을 때를 말한다. 을

41 창조 또는 낙조의 전후에 해면의 승강은 극히 느리고 정지하고 있는 것 같아 보이는 상태로 해면의 수직 운동이 정지된 상태를 (　　)라 한다. (　　) 안에 들어갈 용어로 올바른 것은?

갑. 게류　　　　　　　　　　을. 정조
병. 평균수면　　　　　　　　정. 전류

> **정답 및 해설**
> 정조는 창조나 낙조가 끝난 뒤 해면의 승강이 일시적으로 멈추는 상태.

42 용어의 정의가 틀린 것은?

갑. 조차란 만조와 간조의 수위차이를 말한다.
을. 사리란 조차가 가장 큰 때를 말한다.
병. 정조란 해면의 상승과 하강에 따른 조류의 멈춤 상태를 말한다.
정. 조류란 달과 태양의 기조력에 의한 해수의 주기적인 수직운동을 말한다.

> **정답 및 해설**
> 조류는 수평운동이다. (수직운동은 조석)

43 해도에 표기된 조류에 대한 설명으로 맞는 것은?

갑. 해도에 표기된 조류의 방향 및 속도는 측정치의 최대방향과 최소속도이다.
을. 해도에 표기된 조류의 방향 및 속도는 측정치의 최대방향과 최대속도이다.
병. 해도에 표기된 조류의 방향 및 속도는 측정치의 평균방향과 평균속도이다.
정. 해도에 표기된 조류의 방향 및 속도는 측정치의 최소방향과 최소속도이다.

> **정답**

44 해조류를 선수에서 3노트로 받으며 운항 중인 레저기구의 대지속력이 10노트일 때 대수속력은 몇인가?

갑. 3노트　　　　　　　　　을. 7노트
병. 10노트　　　　　　　　 정. 13노트

> **정답 및 해설**
> 조류를 거슬러 항해하면 대수속력 = 대지속력 + 조류 속도, 즉 13노트이다.

45 좁은 수로와 만곡부에서의 운용에 대한 설명으로 올바른 것은?

갑. 만곡의 외측에서 유속이 약하다.

을. 만곡의 내측에서는 유속이 강하다.

병. 통항 시기는 게류시나 조류가 약한 때를 피한다.

정. 조류는 역조 때에는 정침이 잘 되나 순조 때에는 정침이 어렵다.

> **정답 및 해설**
> 역조 때는 조류에 밀리지 않아 정침이 잘 되나 순조 때는 조류 영향으로 정침이 어렵다.

46 조석과 조류에 대한 설명으로 틀린 것은?

갑. 조석으로 인한 해수의 주기적인 수평운동을 조류라 한다.

을. 조류가 암초나 반대 방향의 수류에 부딪혀 생기는 파도를 급조라 한다.

병. 좁은 수로 등에서 조류가 격렬하게 흐르면서 물이 빙빙도는 것을 반류라 한다.

정. 같은 날의 조석이 그 높이와 간격이 같지 않은 현상을 일조부등이라 한다.

> **정답 및 해설**
> 병은 와류에 대한 설명이다. (반류 X)

제3절 • 인명구조 장비 및 구조술

47 조난신호 장비에 대한 설명 중 틀린 것은? ★★★

갑. 신호 홍염 – 손잡이를 잡고 불을 붙이면 1분 이상 붉은색의 불꽃을 낸다.

을. 발연부 신호 – 불을 붙여 손으로 잡거나 배 위에 올려놓으면 3분 이상 연기를 분출한다.

병. 자기 점화등 – 구명부환(Life Ring)에 연결되어 있어 야간에 수면에 투하되면 자동으로 점등된다.

정. 로켓 낙하산 화염 신호 – 공중에 발사되면 낙하산이 퍼져 초당 5미터 이하로 떨어지면서 불꽃을 낸다.

> **정답 및 해설**
> 발연부 신호는 수면에 띄워 사용하는 장비로 손으로 잡거나 배 위에 두면 화상 위험이 있다.

48 로프의 시험 하중의 범위 내에서 안전하게 사용할 수 있는 최대의 하중은 무엇인가? ★★★

갑. 충격 하중
을. 시험 하중
병. 파단 하중
정. 안전사용 하중

> **정답 및 해설**
> 안전사용 하중은 로프 사용 시 허용되는 최대 안전 하중이다.

49 수동 팽창식 구명조끼에 대한 설명 중 잘못된 것은? ★★★

갑. 부피가 작아서 관리, 취급, 운반이 간편하다.
을. CO_2 팽창기를 이용하여 부력을 얻는 구명조끼이다.
병. 협소한 장소나 더운 곳에서 착용 및 활동이 편리하다.
정. CO_2 팽창 후 공기 보충은 필요 없다.

> **정답 및 해설**
> CO_2 팽창 후에도 부력 유지와 안전을 위해 공기 보충이 필요할 수 있다. 따라서 '공기 보충이 필요 없다'는 설명은 틀림.

50 무동력보트를 이용한 구조술에 대한 설명 중 바르지 못한 것은? ★★★

갑. 익수자에게 접근해 노를 건네 구조할 수 있다.
을. 익수자를 끌어올릴 때 전복되지 않도록 주의한다.
병. 보트 위로 끌어올리지 못할 경우 뒷면에 매달리게 한 후 신속히 이동한다.
정. 보트는 선미보다 선수방향으로 익수자를 탈 수 있도록 유도하는 것이 효과적이다.

> **정답 및 해설**
> 무동력보트는 선미가 낮아 구조에 유리하므로 선미 쪽으로 유도해야 함. (선수 방향 유도 X)

51 선박 화재시 발생하는 유독가스로 인해 오염된 지역에서 탈출할 때 사용하며, 약 10분 사용할 수 있고 압축공기 또는 산소를 두건(안면보호마스크) 내로 공급해주는 장치는 무엇인가? ★★★

갑. 지장식 호흡구
을. 비상탈출용 호흡구
병. 소방원장구
정. 스프링클러 장치

> **정답 및 해설**
> 비상탈출용 호흡구는 약 10분간 산소 또는 압축 공기를 공급하여 탈출을 돕는 장비이다.

52 자동 및 수동 겸용 팽창식 구명조끼 작동법에 대한 설명 중 틀린 것은?

갑. 물감지 센서(Bobbin)에 의해 익수 시 10초 이내에 자동으로 팽창한다.
을. 자동으로 팽창하지 않았을 경우, 작동 손잡이를 당겨 수동으로 팽창시킨다.
병. CO_2 가스 누설 또는 완전히 팽창되지 않았을 경우 입으로 직접 공기를 불어 넣는다.
정. 직접 공기를 불어 넣은 후 마우스피스를 거꾸로 닫으면 가스 누설을 막을 수 있어 부력이 유지된다.

> **정답 및 해설**
> 마우스피스를 거꾸로 닫으면 공기가 빠지므로 반드시 올바른 방향으로 닫아야 부력이 유지된다.
>

53 항해 중 가족이 바다에 빠진 경우 취해야 할 방법으로 가장 바르지 못한 것은?

갑. 구명부환을 던진다.
을. 즉시 입수하여 가족을 구조한다.
병. 119에 신고한다.
정. 타력을 이용하여 미속으로 접근한다.

> **정답 및 해설**
> 구조는 간접구조가 원칙이다. (즉시 입수 ✕)
>

54 〈보기〉는 구명 장비이다. (가), (나)에 해당하는 장비로 올바른 것은?

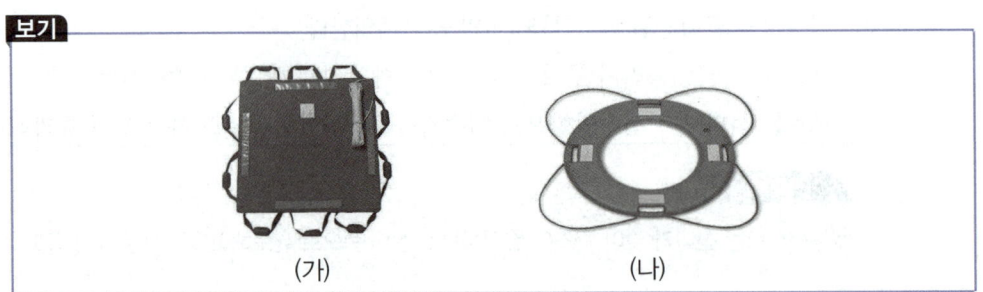

갑. (가) 구명부기, (나) 구명조끼
을. (가) 구명부기, (나) 구명부환
병. (가) 구명뗏목, (나) 구명조끼
정. (가) 구명뗏목, (나) 구명부기

> **정답 및 해설**
> (가) 구명부기는 구조 시 줄을 붙잡고 기다리는 부체, (나) 구명부환은 익수자에게 던져주는 부력 용구이다.
> 을

55 보트가 전복되어 물에 빠졌을 경우 대처법으로 가장 바르지 못한 것은?

갑. 구명조끼를 착용하고 주변을 살핀다.
을. 전복이 진행 중이라면 보트로부터 떨어진다.
병. 가능하다면 부유물 위로 올라가 구조를 기다린다.
정. 체온 유지를 위하여 물속에서 구조를 기다린다.

> **정답 및 해설**
> 물속에 오래 머무르면 저체온 위험이 커지므로 가능하면 부유물 위로 올라가야 한다. (물속 X)

56 생존수영의 방법으로 틀린 것은?

갑. 구조를 요청할 때는 누워서 고함을 치거나 두 손으로 구조를 요청한다.
을. 익수자가 여러 명일 경우 이탈되지 않도록 서로 껴안고 하체를 서로 압박하고 잡아준다.
병. 부력을 이용할 장비가 있으면 가슴에 밀착시켜 체온을 유지한다.
정. 온몸에 힘을 뺀 상태에서 몸을 뒤로 젖혀 하늘을 보는 자세를 취한다.

> **정답 및 해설**
> 구조 요청 시에는 한 손만 흔들어야 한다. (두 손을 사용 시 에너지 소모 큼)

57 해양사고 대처에 있어 〈보기〉와 같은 판단들은 무엇을 시도하기 전에 고려해야 하는 것인가?

보기
- 손상 부분으로부터 들어오는 침수량과 본선의 배수 능력을 비교하여 물에 뜰 수 있을 것인가?
- 해저의 저질, 수심을 측정하고 끌어낼 수 있는 시각과 기관의 후진 능력을 판단
- 조류, 바람, 파도가 어떤 영향을 줄 것인가?
- 무게를 줄이기 위해 적재된 물품을 어느 정도 해상에 투하하면 물에 뜰 수 있겠는가?

갑. 충돌　　　　　　　　　　을. 접촉
병. 좌초　　　　　　　　　　정. 이초

> **정답 및 해설**
> 이초 전에는 부력, 해저 상태, 조류·파도, 감재 가능성 등을 종합 판단해야 한다.

58 좌초 후 자력으로 이초할 때 유의사항으로 가장 맞는 것은? ★★★

갑. 암초 위에 얹힌 경우, 구조가 될 때까지 무작정 기다린다.

을. 저조가 되기 직전에 시도하고 바람, 파도, 조류 등을 이용한다.

병. 선체 중량을 경감 할 필요가 있을 땐 이초 시작 직후에 실시한다.

정. 갯벌에 얹혔을 때에는 선체를 좌우로 흔들면서 기관을 사용하면 효과적이다.

> **정답 및 해설**
> 갯벌에 얹혔을 경우 선체를 좌우로 흔들며 기관을 사용하는 것은 효과적인 이초 방법이다.

 정

59 해상에서 선박 간 충돌 또는 장애물과의 접촉 사고 시에 조치하여야 할 사항으로 가장 잘 못된 것은? ★★

갑. 충돌을 피하지 못할 상황이라면 타력을 줄인다.

을. 충돌이나 접촉 직후에는 기관을 전속으로 후진하여 충돌 대상과 안전거리 확보가 우선이다.

병. 파공이 크고 침수가 심하면 격실 밀폐와 수밀문을 닫아서 충돌 또는 접촉된 구획만 침수되도록 한다.

정. 충돌 후 침몰이 예상되는 상황이면 해상으로 탈출을 대비하여야 하며, 수심이 낮은 곳에 임의 좌주를 고려한다.

> **정답 및 해설**
> 충돌 직후 우선 손상 확인과 침수 대응이 우선이다. (전속 후진 X)

 을

60 구명뗏목의 의장품인 행동지침서의 기재사항으로 틀린 것은? ★★

갑. 다른 조난자가 없는지 확인할 것

을. 침몰하는 배 주변 가까이에 머무를 것

병. 다른 구명정 및 구명뗏목과 같이 행동할 것

정. 의장품 격납고를 열로 생존지침서를 읽을 것

> **정답 및 해설**
> 행동지침서에는 침몰선에서 신속히 떨어지라고 명시되어 있다. 가까이 머무는 것은 위험하여 잘 못된 지침이다.

 을

61 수상오토바이를 타고 이동 중 물에 빠졌을 때 올바른 대처법은 무엇인가?

갑. 물에 빠진 후 즉시 구명조끼를 착용한다.

을. 수상오토바이 뒤쪽으로 이동하여 다시 탑승한다.

병. 수상오토바이를 잡고 물에 떠서 구조를 기다린다.

정. 다른 사람에게 도움을 요청하기 위해 수신호를 보낸다.

> **정답 및 해설**
> 수상오토바이 뒤쪽으로 이동해 다시 탑승하는 것이 기본 대처법이다. **을**

62 구명뗏목 의장품 중 사람의 체온 유지를 위해 열전도율이 낮은 방수 물질로 만들어진 포대기 형태의 물품은?

갑. 보온구 을. 구명조끼

병. 방수복 정. 구명부환

> **정답 및 해설**
> 보온구는 체온 유지를 위한 방수 포대기 장비이다. **갑**

63 구명뗏목이 뒤집혔을 때 이를 바로 세우기 위해 구명뗏목 하부에 설치된 줄의 명칭은 무엇인가?

갑. Painter 을. Boat skate

병. Righting rein 정. Weak link

> **정답 및 해설**
> Righting rein(복정 장치)에 관한 설명이다.
>
>
>
> **병**

64 팽창식 구명뗏목 수동진수 순서로 맞는 것은? ★★★

갑. 연결줄 당김 – 안전핀 제거 – 투하용 손잡이 당김
을. 투하용 손잡이 당김 – 연결줄 당김 – 안전핀 제거
병. 안전핀 제거 – 투하용 손잡이 당김 – 연결줄 당김
정. 안전핀 제거 – 연결줄 당김 – 투하용 손잡이 당김

> **정답 및 해설**
> 팽창식 구명뗏목 수동 진수 순서는 병이 맞다. |동영상|
>
> 병

65 구명뗏목의 구성품 중 수심 2~4m의 수압을 받으면 자동으로 구명뗏목 지지대(Cradle)에서 컨테이너(Container)를 분리시켜 주는 역할을 하는 것은 무엇인가? ★★★

갑. 수압이탈장치 을. 고박줄
병. 위크링크 정. 작동줄

> **정답 및 해설**
> 수압이탈장치는 수심 2~4m에서 자동 분리 역할을 한다.
> 갑

66 구명뗏목(Liferaft) 의장품 중 구명뗏목을 바람에 쉽게 떠내려가지 않게 하며 전복 방지에 도움을 주는 품목은 무엇인가? ★★★

갑. Boat hook 을. Painter
병. Sea anchor 정. Rescue quoit

> **정답 및 해설**
> 해묘(Sea anchor)에 대한 설명이다.
>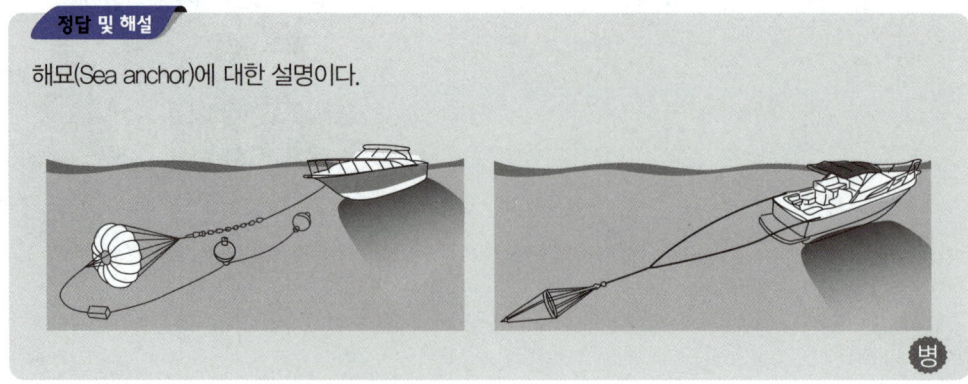
> 병

67 항해 중 사람이 물에 빠졌을 때 가장 먼저 해야 할 조치는? ★★★

갑. 주변 사람에게 알린다.

을. 기관을 역회전시켜 전진 타력을 감소한다.

병. 키를 물에 빠진 쪽으로 최대한 전타한다.

정. 키를 물에 빠진 반대쪽으로 최대한 전타한다.

> **정답 및 해설**
> "익수자!" 외치고 키를 빠진 쪽으로 전타해 스크루 사고를 방지한다.

68 구명뗏목이 바람에 떠내려가지 않도록 바닷속의 저항체 역할과 전복방지에 유용한 것은 무엇인가? ★★

갑. 해묘 을. 안전변

병. 구명줄 정. 바닥기실

> **정답 및 해설**
> 해묘(Sea anchor)에 관한 설명이다.

69 동력수상레저기구로 물에 빠진 사람을 구조할 때, 선수방향으로부터 풍파를 받으며 접근하는 가장 올바른 이유는? ★★★

갑. 익수자가 수영하기 쉽다. 을. 익수자를 발견하기 쉽다.

병. 동력수상레저기구의 조종이 쉽다. 정. 구명부환을 던지기가 쉽다.

> **정답 및 해설**
> 바람을 선수에서 받으면 조종이 쉬워 구조 접근이 안전하다.

70 자동심장충격기에서 '분석 중'이라는 음성지시가 나올 때 대처 방법으로 가장 올바른 것은? ★★★

갑. 귀로 숨소리를 들어본다. **을. 가슴압박을 중단한다.**

병. 가슴압박을 실시한다. 정. 인공호흡을 실시한다.

> **정답 및 해설**
> '분석 중'에는 가슴압박을 멈추고 환자에게서 떨어진다.

71 자동심장충격기 패드 부착 위치로 바르게 짝지어진 것은? ★★★

> **보기**
> ㉠ 왼쪽 쇄골뼈 아래　　　　　　㉡ 오른쪽 쇄골뼈 아래
> ㉢ 왼쪽 젖꼭지 아래의 중간 겨드랑선　㉣ 오른쪽 젖꼭지 아래의 중간 겨드랑선

갑. ㉠-㉡　　　　　　**을. ㉡-㉢**
병. ㉡-㉣　　　　　　정. ㉠-㉣

정답 및 해설
패드는 오른쪽 쇄골 아래와 왼쪽 젖꼭지 아래 겨드랑선에 붙인다.

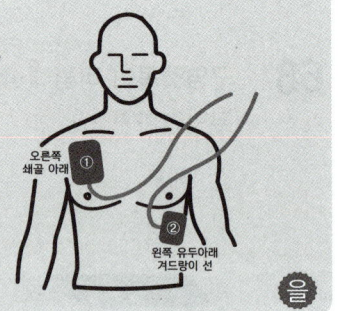

72 익수 환자에 대한 자동심장충격기(AED) 사용 절차에 대한 설명으로 가장 맞는 것은? ★★★

갑. 전원을 켠다 → 전극 패드를 부착한다 → 심전도를 분석한다 → 심실세동이 감지되면 쇼크 스위치를 누른다 → 바로 가슴 압박 실시

을. 전원을 켠다 → 패드 부착 부위에 물기를 제거한 후 패드를 붙인다 → 심전도를 분석한다 → 심실세동이 감지되면 쇼크 스위치를 누른다 → 바로 가슴 압박 실시

병. 전극 패드를 부착한다 → 전원을 켠다 → 심전도를 분석한다 → 심실세동이 감지되면 쇼크 스위치를 누른다 → 바로 가슴 압박 실시

정. 전원을 켠다 → 패드 부착 부위에 물기를 제거한 후 패드를 붙인다 → 심전도를 분석한다 → 심실세동이 감지되면 쇼크 스위치를 누른다 → 119가 올때까지 기다린다.

정답 및 해설
전원 → 물기 제거 후 패드 부착 → 분석 → 쇼크 → 가슴압박 순이다.

| 동영상 |

73 전기손상에 대한 설명 및 응급처치 방법으로 틀린 것은?

갑. 사고발생 시 안전을 확인 후 환자에게 접근하여야 한다.

을. 강한 전류는 심한 근육수축을 유발하여 골절을 유발하기도 한다.

병. 전기가 신체에 접촉 시 일반적으로 들어가는 입구의 상처가 출구보다 깊고 심하다.

정. 높은 전압의 전류는 몸을 통과하면서 심장의 정상 전기리듬을 파괴하여 부정맥을 유발함으로써 심정지를 일으킨다.

> **정답 및 해설**
> 전기화상은 출구 쪽 상처가 입구보다 더 크고 깊다.
> 병

74 구명환과 로프를 이용한 구조 방법으로 틀린 것은?

갑. 익수자와의 거리를 목측하고 로프의 길이를 여유롭게 조정한다.

을. 한손으로 구명환을 쥐고 반대 손으로 로프를 잡으며 발을 어깨 넓이만큼 앞으로 내밀고 로프 끝을 고정한 후 투척한다.

병. 구명환을 던질 때에는 풍향, 풍속을 고려하여야 하며 일반적으로 바람을 정면으로 맞으며 던지는 것이 용이하다.

정. 익수자가 구명환을 손으로 잡고 있을 때에 빨리 끌어낼 욕심으로 너무 강하게 잡아당기면 놓칠 수 있으므로 속도를 잘 조절해야 한다.

> **정답 및 해설**
> 구명환은 바람을 등지고 던져야 정확하고 멀리 보낼 수 있다.
> 병

75 인명구조 장비 중 부력을 가지고 먼 곳에 있는 익수자를 구조하기 위한 구조 장비가 아닌 것은?

갑. 구명환   을. 레스큐 링
병. 드로우 백   **정. 레스큐튜브**

> **정답 및 해설**
> 레스큐튜브는 근거리 익수자 구조용으로 먼 거리 구조에는 적합하지 않다.
>
> 정

76 구명환보다 부력은 적으나 가장 멀리 던질 수 있는 구조 장비로 부피가 적어 휴대하기 편리하며, 로프를 봉지 안에 넣어두기 때문에 줄 꼬임이 없고 구명환보다 멀리 던질 수 있는 구조 장비는 무엇인가? ★★★

갑. 레스큐 캔
을. 레스큐 링
병. 구명환
정. 드로우 백

> **정답 및 해설**
> 드로우 백은 휴대가 간편하고 멀리 던지기 좋은 구조 장비이다.
>
>
>
> 정

77 구명부환 사양에 대한 설명으로 맞는 것은? ★★

갑. 5kg 이상의 무게를 가질 것
을. 고유의 부양성을 가진 물질로 제작될 것
병. 외경은 500mm 이하이고 내경은 500mm 이상일 것
정. 14.5kg 이상의 철편을 담수 중에서 12시간 동안 지지할 수 있을 것

> **정답 및 해설**
> 구명부환은 2.5kg 이상의 무게와 고유의 부양성을 가져야 하며 14.5kg 철편을 담수 중 24시간 지지할 수 있어야 한다. 외경은 800mm 이하, 내경은 400mm 이상이어야 한다.
>
> 을

78 교차방위법을 실시하기 위해 물표를 선정할 때 주의사항을 틀린 것은? ★★

갑. 위치가 정확하고 잘 보이는 목표를 선정한다.
을. 다수의 물표를 선정하는 것이 좋다.
병. 먼 목표보다 가까운 목표를 선정한다.
정. 두 물표 선정 시에는 교각이 30° 미만인 것을 피한다.

> **정답 및 해설**
> 다수의 물표가 아닌 두 개 이상의 물표를 선정하는 것이 좋다.
>
> 을

79 구명조끼 착용 방법으로 틀린 것은? ★★★

갑. 사이즈 상관없이 마음에 드는 구명조끼를 선택한다.
을. 가슴 조임줄을 풀어 몸에 걸치고 가슴 단추를 채운다.
병. 가슴 조임줄을 당겨 몸에 꽉 조이게 착용한다.
정. 다리 사이로 다리 끈을 채워 고정한다.

> **정답 및 해설**
> 구명조끼는 체형에 맞는 사이즈를 골라야 안전하다.

80 로켓낙하산 신호의 발사체가 올라갈 수 있는 높이와 발광 지속 시간으로 맞는 것은? ★★★

갑. 200m 이상, 40초 이상
을. 200m 이상, 120초 이상
병. 300m 이상, 40초 이상
정. 300m 이상, 120초 이상

> **정답 및 해설**
> 300m 이상 상승, 40초 이상 적색 불꽃을 낸다.

81 모터보트에 승선 및 하선을 할 때 주의사항으로 틀린 것은? ★★★

갑. 부두에 있는 사람이 모터보트를 붙잡아 선체가 움직이지 않도록 한 후 승선한다.
을. 모터보트의 선미 쪽 부근에서 1명씩 자세를 낮추어 조심스럽게 타고 내려야 한다.
병. 승선할 때에는 모터보트와 부두 사이의 간격이 안전하게 승선할 수 있는지 확인한다.
정. 승선 위치는 전후좌우의 균형을 유지하도록 가능한 낮은 자세를 취한다.

> **정답 및 해설**
> 승·하선은 중앙 부근에서 한 명씩 조심스럽게 해야 한다. (선미 X)

82 모터보트에서 사람이 물에 빠졌을 때 인명구조 방법으로 가장 틀린 것은? ★★★

갑. 익수자 발생 반대 현측으로 선수를 돌린다.
을. 익수자 쪽으로 계속 선회 접근하되 미리 정지하여 타력으로 접근한다.
병. 익수자가 선수에 부딪히지 않아야 하고 발생 현측 1미터 이내에서 구조할 수 있도록 조정한다.
정. 선체 좌우가 불안정할 경우 익수자를 선수 또는 선미에서 끌어올리는 것이 안전하다.

> **정답 및 해설**
> 익수자 쪽 현측으로 선회하며 타력으로 접근해야 한다. (반대 현측 X)

83 해양사고가 발생하였을 경우 수상레저기구를 구조정으로 활용한 인명구조 방법으로 가장 틀린 것은? ★★★

<u>갑. 가능한 조난선의 풍상 쪽 선미 또는 선수로 접근한다.</u>
을. 접근할 때 충분한 거리를 유지하며 계선줄을 잡는다.
병. 구조선의 풍하 현측으로 이동하여 요구조자를 옮겨 태운다.
정. 조난선에 접근 시 바람에 의해 압류되는 것을 주의한다.

> **정답 및 해설**
> 풍하 쪽에서 접근해야 안전하다. (풍상 쪽 X)
>

84 〈보기〉의 그림이 의미하는 것은 무엇인가? ★★

> **보기**
>

<u>갑. 비상집합장소</u>　　　　　　을. 강하식탑승장치
병. 비상구조선　　　　　　　정. 구명뗏목

> **정답 및 해설**
> 비상집합장소는 선박 비상시 승객들이 모이는 장소이다.
>

제4절 • 응급처치 및 구급법

85 침실에서 석유난로를 사용하던 중 담뱃불에서 인화되어 유류 화재가 발생하였다. 이 화재의 종류는 무엇인가? ★★★

갑. A급 화재　　　　　　　<u>을. B급 화재</u>
병. C급 화재　　　　　　　정. D급 화재

> **정답 및 해설**
> 유류 화재는 B급 화재로, 연소 후 재가 남지 않는다.
>

86 화재 발생 시 유의 사항에 대한 설명으로 맞는 것은?

갑. 화재 발생원이 풍상측에 있도록 보트를 돌리고 엔진을 정지한다.
을. 엔진룸 화재와 같은 B급 유류 화재에는 대부분의 소화기 사용이 가능하다.
병. 화재 예방을 위해 기름이나 페인트가 묻은 걸레는 공기가 잘 통하지 않는 곳에 보관한다.
정. C급 화재인 전기화재에 물이나 분말소화기는 부적합하여 포말소화기나 이산화탄소(CO_2) 소화기를 사용한다.

> **정답 및 해설**
> B급 유류 화재에는 대부분의 소화기(CO_2, 포말, 분말 등) 사용이 가능하다.

87 모터보트의 연료 계통에서 화재가 발생하였다. 가장 우선해야 할 대처 방법은 무엇인가?

갑. 엔진을 끄고 연료 밸브를 차단 후 소화기를 분사한다.
을. 구명장비를 즉시 착용하고 보트에서 벗어난다.
병. 모터보트를 빠르게 조종하여 넓은 바다로 이동시킨다.
정. 소화기를 분사한 후 엔진을 끄고 연료 밸브를 차단한다.

> **정답 및 해설**
> 엔진 정지 → 연료 차단 후 소화기로 진압해야 2차 폭발을 막을 수 있다.

88 〈보기〉의 화상의 정도는?

> **보기**
> 피부 표피와 진피 일부의 화상으로 수포가 형성되고 통증이 심하며 일반적으로 2주에서 3주 안으로 치유된다.

갑. 1도 화상   **을. 2도 화상**
병. 3도 화상   정. 4도 화상

> **정답 및 해설**
> 2도 화상은 수포가 생기고 통증이 심하며 2~3주 내 치유된다.
> • 1도 화상: 표피만 손상, 수포 없음, 통증은 경미. 햇볕에 그을린 정도.
> • 2도 화상: 표피 + 진피 일부 손상, 수포 생김, 통증 심함, 2~3주 내 자연 치유 가능.
> • 3도 화상: 피부 전층 손상, 신경까지 파괴돼 통증 없음, 흉터 남음, 수술 필요.
> • 4도 화상: 피하 조직을 넘어 근육, 뼈까지 손상. 생명 위협, 심한 변형 초래.

89 휴대용 CO_2 소화기의 최대 유효거리는?

갑. 4.5~5m
을. 1.5~2m
병. 2.5~3m
정. 3.5~4m

> **정답 및 해설**
> CO_2 소화기는 분사압은 강하지만 유효거리는 1.5~2m로 짧다.

90 흡입화상에 대한 설명으로 틀린 것은?

갑. 흡입 화상으로 인두와 후두에 부종이 발생될 수 있다.
을. 초기에 호흡곤란 증상이 없었더라면 정상으로 볼 수 있다.
병. 흡입 화상 시 안면 또는 콧털 그을림이 관찰될 수 있다.
정. 흡입화상은 화염이나 화학물질을 발생하며 짧은 시간 내에 호흡기능상실로 진행될 수 있다.

> **정답 및 해설**
> 흡입화상은 초기에 증상이 없어도 나중에 호흡곤란이 생길 수 있다.

91 화학화상에 대한 응급처치 중 잘못된 것은? ★★

갑. 화학화상은 화학반응을 일으키는 물질이 피부와 접촉할 때 발생한다.
을. 연무 형태의 강한 화학물질로 인하여 기도, 눈에 화상이 발생하기도 한다.
병. 중화제를 사용하여 제거할 수 있도록 한다.
정. 눈에 노출 시 부드러운 물줄기를 이용하여 손상된 눈이 아래쪽을 향하게 하여 세척한다.

> **정답 및 해설**
> 중화제는 조직 손상을 악화시킬 수 있어 사용하지 않는다.

92 모터보트 운항 중 우현 쪽으로 사람이 빠졌을 때 가장 먼저 해야 할 일은?

갑. 좌현변침
을. 우현변침
병. 기관후진
정. 기관전진

> **정답 및 해설**
> 익수자 쪽(우현)으로 변침해 프로펠러로부터 멀어지게 한다.

93 보트를 조종하여 익수자를 구조하는 방법으로 가장 틀린 것은?

갑. 타력을 이용하여 미속으로 접근한다.
을. 익수자까지 최대 속력으로 접근한다.
병. 익수자 접근 후 레버를 중립에 둔다.
정. 여분의 노, 구명환 등을 이용하여 구조한다.

> **정답 및 해설**
> 고속 접근은 위험하므로 저속이나 타력으로 접근해야 한다.
> 을

94 저체온증 응급처치에 대한 설명으로 잘못된 것은?

갑. 신체 말단부위부터 따뜻하게 한다.
을. 노약자, 영아에게 저체온증이 발생할 가능성이 높다.
병. 체온보호를 위하여 젖은 옷은 벗기고 마른 담요로 감싸준다.
정. 작은 충격에도 심실세동과 같은 부정맥이 쉽게 발생하므로 최소한의 자극으로 환자를 다룬다.

> **정답 및 해설**
> 몸 중심부부터 따뜻하게 해야 하며 말단부터 따뜻하게 하면 위험하다.
> 갑

95 임의좌주(임시좌주, Beaching)를 위해 적당한 해안을 선정할 때 유의사항으로 올바른 것은?

갑. 해저가 모래나 자갈로 구성된 곳은 피한다.
을. 경사가 완만하고 육지로 둘러싸인 곳을 선택한다.
병. 임의좌주 후 자력 이초를 고려하여 강한 조류가 있는 곳을 선택한다.
정. 임의좌주 후 자력 이초에 도움을 줄 수 있도록 갯벌로 된 곳을 선택한다.

> **정답 및 해설**
> 경사가 완만하고 육지로 둘러싸인 해안으로 선택한다.
>
>
> 을

96 저체온증은 일반적으로 체온이 몇 도 이하로 떨어졌을 때를 말하는가?

갑. 33℃ 이하
을. 34℃ 이하
병. 35℃ 이하
정. 37℃ 이하

> **정답 및 해설**
> 저체온증은 체온이 35℃ 이하로 떨어진 상태를 말한다.
> 병

97 의도하지 않은 사고로 저체온에 빠지게 되면 심각한 문제가 발생할 수 있다. 물에 빠져 저체온증을 호소하는 익수자를 구조하였다. 이송 도중 체온 손실을 막기 위한 응급처치로 가장 올바른 것은?

갑. 전신을 마사지 해준다.
을. 젖은 옷 속에 핫 팩을 넣어 보온을 해준다.
병. 젖은 의류를 벗기고 담요를 덮어 보온을 해준다.
정. 젖은 옷 위에 담요를 덮어 보온을 해준다.

> **정답 및 해설**
> 젖은 옷은 벗기고 마른 담요로 덮어 보온하는 것이 원칙이다.
> 병

98 선박 충돌 시 조치사항으로 가장 틀린 것은?

갑. 인명구조에 최선을 다한다.
을. 침수량이 배수량보다 많으면 배수를 중단한다.
병. 퇴선할 때에는 구명조끼를 반드시 착용한다.
정. 침몰할 염려가 있을 때에는 임의좌초 시킨다.

> **정답 및 해설**
> 침수량이 많아도 배수는 계속해야 침몰을 늦출 수 있다.
> 을

99 구명뗏목에 승선 완료 후 즉시 취해야 할 지침으로 보기 쉬운 곳에 게시되어 있는 것은 무엇인가?

갑. 생존지침서
을. 의료설명서
병. 행동지침서
정. 구명신호 설명서

> **정답 및 해설**
> 행동지침서는 구명뗏목 내 눈에 잘 띄는 곳에 게시되어 있다.
> 병

100 동상에 대한 설명으로 가장 잘못된 것은?

갑. 현장에서 수포(물집)을 터뜨리지 않는다.

을. 동상의 가장 흔한 증상은 손상부위 감각저하이다.

병. 동상으로 인해 다리가 붓고 물집이 있을 시 가능하면 누워서 이송하도록 한다.

정. 동상부위를 녹이기 위해 문지르거나 마사지 행동은 하지 않으며 열을 직접 가하는 것이 도움이 된다.

> **정답 및 해설**
> 문지르거나 열을 직접 가하면 동상 부위의 조직 손상이 악화한다.

101 외상환자 응급처치로 잘못된 것은?

갑. 탄력붕대 적용 시 과하게 압박하지 않도록 한다.

을. 생명을 위협하는 심한 출혈로(지혈이 안 되는) 지혈대 적용 시 최대한 가는 줄이나 철사를 사용한다.

병. 폐쇄성 연부조직 손상 시 상처부위를 심장보다 높이 올려준다.

정. 복부 장기 노출 시 환자의 노출된 장기는 다시 복강 내로 밀어 넣어서는 안 된다.

> **정답 및 해설**
> 지혈대는 5cm 이상 천을 사용해야 하며, 철사 등은 금지된다.

102 자동심장충격기 등 심폐소생술을 행할 수 있는 응급장비를 갖추어야 하는 기관으로 잘못된 곳은?

갑. 철도산업발전 기본법에 따른 철도차량 중 객차

을. 선박법에 따른 선박 중 총톤수 10톤 이상 선박

병. 공공보건의료에 관한 법률에 따른 공공보건의료기관

정. 항공안전법에 따른 항공기 중 항공운송사업에 사용되는 여객 항공기

> **정답 및 해설**
> 자동심장충격기(AED) 설치 의무는 총톤수 20톤 이상 선박부터 적용된다.

103 근골격계 손상 응급처치로 잘못된 것은?

갑. 붕대를 감을 때에는 중심부위에서 신체의 말단부위 쪽으로 감는다.

을. 고관절탈구 시 현장에서 정복술을 시행하지 않는다.

병. 부목 고정 시 손상된 골격은 위쪽과 아래쪽의 관절을 모두 고정한다.

정. 부목 고정 시 손상된 관절은 위쪽과 아래쪽에 위치한 골격을 함께 고정한다.

> **정답 및 해설**
> 붕대는 말단에서 중심부 방향으로 감아야 혈류 방해를 줄일 수 있다.

104 조난 신호용구 중 물 위에 부유하면서 오렌지색의 연기를 15분 이상 연속하여 발할 수 있는 것은 무엇인가?

갑. 자기점화등
을. 자기발연신호
병. 신호홍염
정. 발연부신호

> **정답 및 해설**
> 자기발연신호는 물에 떠서 오렌지색 연기를 15분 이상 낸다.

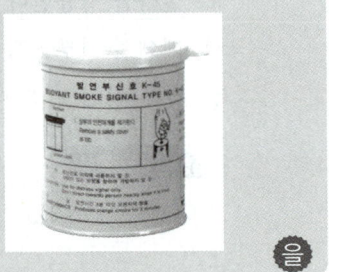

105 열로 인한 질환에 대한 설명 및 응급처치에 대한 설명으로 잘못된 것은?

갑. 열경련은 열 손상 중 가장 경미한 유형이다.

을. 열사병은 열 손상 중 가장 위험한 상태로 땀을 많이 흘려 피부가 축축하다.

병. 일사병 환자 응급처치로 시원한 장소로 옮긴 후 의식이 있으면 이온음료 또는 물을 공급한다.

정. 일사병은 열 손상 중 가장 흔히 발생하며 어지러움, 두통, 경련, 일시적으로 쓰러지는 등의 증상을 나타낸다.

> **정답 및 해설**
> 열사병은 땀이 거의 나지 않아 피부가 건조하고 뜨겁다.

106 현장 응급처치에 대한 설명 중 틀린 것은?

갑. 현장에서 화상으로 인한 수포는 터뜨리지 않는다.
을. 콘택트렌즈를 착용한 모든 안구손상 환자는 현장에서 즉시 렌즈를 제거한다.
병. 동상부위는 건조하고 멸균거즈로 손상부위를 덮어주고 느슨하게 붕대를 감는다.
정. 의식이 없는 환자에게 물 등을 먹이는 것은 기도로 넘어갈 수 있으므로 피한다.

> **정답 및 해설**
> 안구손상 시 콘택트렌즈는 현장에서 제거하지 않는다.

107 상처를 드레싱하는 목적으로 가장 틀린 것은?

갑. 상처부위를 고정하기 전 드레싱이 필요하다.
을. 드레싱은 지혈에 도움이 되지 않는다.
병. 드레싱은 상처 오염을 예방하기 위함이다.
정. 드레싱이란 상처부위를 소독거즈나 붕대로 감는 것도 포함된다.

> **정답 및 해설**
> 드레싱은 지혈에도 도움이 되며 상처 보호와 오염 예방 역할도 한다.

108 외부 출혈을 조절하는 방법 중 가장 효과적인 방법으로 틀린 것은?

갑. 국소 압박법　　　　　　　을. 선택적 동맥점 압박법
병. 지혈대 사용법　　　　　　**정. 냉찜질을 통한 지혈법**

> **정답 및 해설**
> 냉찜질은 보조적일 뿐 출혈 조절에는 직접적인 효과가 낮다.

109 지혈대 사용에 대한 설명 중 가장 틀린 것은?

갑. 팔, 다리관절 부위에도 사용이 가능하다.
을. 지혈대 적용 후 반드시 착용시간을 기록한다.
병. 지혈대를 적용했다면 가능한 신속히 병원으로 이송한다.
정. 다른 지혈방법을 사용하여도 외부 출혈이 조절 불가능할 때 사용을 고려할 수 있다.

> **정답 및 해설**
> 지혈대는 관절 부위엔 사용하지 않는다 → 압박 효과도 낮고 위험하기 때문이다.

110 개방성 상처의 응급처치 방법으로 가장 틀린 것은?

갑. 상처주위에 관통된 이물질이 보이더라도 현장에서 제거하지 않는다.

을. 손상부위를 부목을 이용하여 고정한다.

병. 무리가 가더라도 손상부위를 움직여 정확히 고정하는 것이 중요하다.

정. 상처부위에 소독거즈를 대고 압박하여 지혈시킨다.

> **정답 및 해설**
> 손상부위를 움직여서는 안 된다.

111 상처 처치 드레싱에 대한 설명 중 잘못된 것은?

갑. 드레싱은 상처가 오염되는 것을 방지한다.

을. 드레싱은 출혈을 방지하는 기능이 있다.

병. 거즈로 드레싱 후에도 출혈이 계속되면 기존 드레싱한 거즈를 제거하지 않고 그 위에 다시 거즈를 덮어주면서 압박한다.

정. 개방성 상처 세척용액으로 알코올이 가장 효과적이다.

> **정답 및 해설**
> 알코올은 자극이 강해 상처 세척에 적합하지 않다. (생리식염수 사용)

112 기도폐쇄 치료 방법으로 잘못된 것은?

갑. 기도폐쇄 환자가 의식을 잃으면 구조자는 환자를 바닥에 눕히고 즉시 심폐소생술을 시행한다.

을. 기도가 부분적으로 막힌 경우에는 기침을 하면 이물질이 배출될 수 있기 때문에 환자가 기침을 하도록 둔다.

병. 1세 미만 영아는 복부 밀어내기를 한다.

정. 임신, 비만 등으로 인해 복부를 감싸 안을 수 없는 경우에는 가슴밀어내기를 사용할 수 있다.

> **정답 및 해설**
> 1세 미만 영아는 복부 밀어내기 금지, 등 두드리기와 가슴 누르기를 번갈아 시행한다. (장기 손상 우려)

113 골절 시 나타나는 증상과 징후로 가장 틀린 것은?

갑. 손상부위를 누르면 심한 통증을 호소한다.

을. 손상부위의 움직임이 제한될 수 있다.

병. 골절 부위의 골격끼리 마찰되는 느낌이 있을 수 있다.

정. 관절이 아닌 부위에서 골격의 움직임은 관찰되지 않는다.

> **정답 및 해설**
> 골절 부위는 관절이 아닌 곳에서도 비정상적인 움직임이 생긴다.

114 부목고정의 일반원칙에 대한 설명으로 잘못된 것은?

갑. 상처는 부목을 적용하기 전에 소독된 거즈로 덮어 준다.

을. 골절부위를 포함하여 몸쪽 부분과 먼 쪽 부분의 관절을 모두 고정해야 한다.

병. 골절이 확실하지 않을 때에는 손상이 의심되더라도 부목은 적용하지 않는다.

정. 붕대로 압박 후 상처보다 말단부위의 통증, 창백함 등 순환·감각·운동상태를 확인한다.

> **정답 및 해설**
> 손상이 의심될 때도 부목 고정은 필요하다.

115 기도폐쇄 응급처치방법 중 하임리히법의 순서를 바르게 연결한 것을 고르시오. ★

보기

㉠ 환자의 뒤에 서서 환자의 허리를 팔로 감싸고 한쪽 다리를 환자의 다리 사이에 지지한다.
㉡ 이물질이 밖으로 나오거나 환자가 의식을 잃을 때까지 계속한다.
㉢ 다른 한 손으로 주먹 쥔 손을 감싸고, 빠르게 후상방으로 밀쳐 올린다.
㉣ 주먹 쥔 손의 엄지를 배꼽과 명치 중간에 위치한다.

갑. ㉠ – ㉡ – ㉢ – ㉣   을. ㉠ – ㉣ – ㉢ – ㉡
병. ㉡ – ㉢ – ㉣ – ㉠   정. ㉠ – ㉡ – ㉣ – ㉢

> **정답 및 해설**
> 뒤에 선다 → 배꼽과 명치 사이에 주먹 위치 → 후상방 밀어올림 → 이물질 제거 시까지 반복

116 30대 한 남자가 목을 쥐고 기침을 하고 있다. 환자에게 청색증은 없었고, 목격자는 환자가 떡을 먹다가 기침을 하기 시작하였다고 한다. 당신이 해야 할 응급처치 중 가장 올바른 것은? ★★

갑. 복부 밀어내기를 실시한다.

을. 환자를 거꾸로 들고 등을 두드린다.

병. 손가락으로 이물질을 꺼내기 위한 시도를 한다.

정. 등을 두드려 기침을 유도한다.

> **정답 및 해설**
> 기침이 가능하면 기침을 유도해 스스로 이물질을 배출하도록 돕는다. 정

117 심폐소생술을 시작한 후에는 불필요하게 중단해서는 안 된다. 불가피하게 중단할 경우 얼마를 넘지 말아야 하는가? ★★

갑. 10초   을. 15초
병. 20초   정. 30초

> **정답 및 해설**
> 흉부 압박 중단은 10초 이내로 끝내야 생존율 저하를 막을 수 있다. 갑

118 성인 심정지 환자에게 심폐소생술을 시행할 때 적절한 가슴 압박속도는 얼마인가? ★

갑. 분당 60~80회   을. 분당 70~90회
병. 분당 100~120회   정. 분당 120~140회

> **정답 및 해설**
> 가슴압박은 분당 100~120회 속도로 시행해야 효과적이다. 병

119 심정지 환자에게 자동심장충격기 사용 시 전기충격 후 바로 이어서 시행해야 할 응급처치는 무엇인가? ★★

갑. 가슴압박   을. 맥박확인
병. 심전도 리듬분석   정. 패드 제거

> **정답 및 해설**
> 전기충격 후 지체 없이 가슴압박을 바로 재개해야 한다. 갑

120 심정지 환자 응급처치에 대한 설명 중 가장 잘못된 것은?

갑. 인공호흡 하는 방법을 모르거나 인공호흡을 꺼리는 일반인 구조자는 가슴압박소생술을 하도록 권장한다.

을. 인공호흡을 할 수 있는 구조자는 인공호흡이 포함된 심폐소생술을 시행할 수 있는데 방법은 가슴압박 30회 한 후 인공호흡 2회 연속하는 과정이다.

병. **인공호흡을 할 시 약 2~3초에 걸쳐 가능한 빠르게 많이 불어 넣는다.**

정. 인공호흡을 불어 넣을 때에는 눈으로 환자의 가슴이 부풀어 오르는지를 확인한다.

> **정답 및 해설**
> 인공호흡은 '빠르고 많이'가 아니라 1초간 천천히 가슴이 부풀 정도로만 불어넣는다.

121 심폐소생술 시행 중 인공호흡에 대한 설명으로 가장 틀린 것은?

갑. 가슴 상승이 눈으로 확인될 정도의 호흡량으로 불어 넣는다.

을. 기도를 개방한 상태에서 인공호흡을 실시한다.

병. **인공호흡량이 많고 강하게 불어 넣을수록 환자에게 도움이 된다.**

정. 너무 많은 양의 인공호흡은 위팽창과 그 결과로 역류, 흡인같은 합병증을 유발할 수 있다.

> **정답 및 해설**
> 과도한 인공 호흡은 위 팽창과 흡인 위험이 있어 오히려 해롭다.

122 가슴압박과 인공호흡에 대한 설명 중 잘못된 것은?

갑. 인공호흡 하는 방법을 모르거나 인공호흡을 꺼리는 구조자는 가슴압박 소생술을 하도록 권장한다.

을. 인공호흡을 할 수 있는 구조자는 인공호흡이 포함된 심폐소생술을 시행할 수 있는데 가슴압박 30회, 인공호흡 2회 연속하는 과정을 반복한다.

병. 가슴압박소생술이란 인공호흡은 하지 않고 가슴압박만을 시행하는 소생술 방법이다.

정. **옆에 다른 구조자가 있는 경우 3분마다 가슴압박을 교대한다.**

> **정답 및 해설**
> 가슴압박은 2분마다 교대해야 피로를 줄이고 압박의 질을 유지할 수 있다.

123 일반인 구조자에 대한 기본소생술 순서로 올바른 것은?

갑. 반응확인-도움요청-맥박확인-심폐소생술
을. 맥박확인-호흡확인-도움요청-심폐소생술
병. 호흡확인-맥박확인-도움요청-심폐소생술
정. 반응확인-도움요청-호흡확인-심폐소생술

> **정답 및 해설**
> 일반인 구조자의 기본 소생술 순서는 반응 확인 → 도움 요청 → 호흡 확인 → 심폐소생술 순 (맥박 확인은 생략)
> 정

124 심정지 환자 응급처치에 대한 설명 중 잘못된 것은?

갑. 가슴압박시 다른 구조자가 있는 경우 2분마다 교대한다.
을. 쓰러진 사람에게 접근하기 전 현장의 안전을 확인하고 접근한다.
병. 쓰러진 사람의 호흡확인 시 얼굴과 가슴을 10초 정도 관찰하여 호흡이 있는지 확인한다.
정. 자동심장충격기는 도착해도 5주기 가슴압박 완료 후 사용하여야 한다.

> **정답 및 해설**
> 자동심장충격기(AED)는 도착 즉시 전원 켜고 즉시 사용해야 하며 5주기 후까지 기다리면 안 된다.
> 정

125 계류장에 계류를 시도하는 중 50세가량의 남자가 쓰러져 있으며, 주위는 구경꾼으로 둘러싸여 있다. 심폐소생술은 시행되고 있지 않다. 당신은 심폐소생술을 배운 적이 있다. 이 환자에게 어떤 절차에 의해서 응급처치를 실시할 것인가? 가장 올바른 것은?

갑. 119 신고 및 자동심장충격기 요청 → 의식확인 및 호흡 확인 → 심폐소생술 시작(가슴압박 30 : 인공호흡 2)
을. 119 신고 → 의식확인 및 호흡확인 → 심폐소생술 시작(가슴압박 30 : 인공호흡 2) → 자동심장충격기 사용 → 119가 올 때까지 심폐소생술 실시
병. 자동심장충격기 요청 → 의식확인 및 호흡 확인 → 심폐소생술 시작(가슴압박 30 : 인공호흡 2) → 자동심장충격기 사용 → 심폐소생술 계속 실시
정. 119 신고 및 자동심장충격기 요청 → 의식확인 및 호흡 확인 → 인공호흡 2회 실시 → 가슴 압박 30회 실시 → 자동심장충격기 사용 → 119가 올 때까지 심폐소생술 실시

> **정답 및 해설**
> 119 신고 및 AED 요청 → 의식 · 호흡 확인 → 심폐소생술(30:2) 즉시 시작이 원칙이다.
>

126 심폐소생술 중 가슴압박에 대한 설명으로 잘못된 것은?

갑. 성인 가슴압박 위치는 가슴뼈 아래쪽 1/2이다.

을. 소아, 영아의 가슴압박 깊이는 적어도 가슴 두께의 1/3 깊이이다.

병. 소아, 영아 가슴압박 위치는 젖꼭지 연결선 바로 아래의 가슴뼈이다.

정. 가슴압박은 심장과 뇌로 충분한 혈류를 전달하기 위한 필수적 요소이다.

> **정답 및 해설**
> 소아도 성인과 같이 가슴뼈 아래쪽 1/2이 압박 위치이고, 영아는 젖꼭지 선 아래 가슴뼈가 맞다.
>
>

127 심폐소생술에 대한 설명 중 잘못된 것은?

갑. 성인의 가슴압박 깊이는 약 5cm이다.

을. 소아와 영아의 가슴압박은 적어도 가슴 두께의 1/3 깊이로 압박하여야 한다.

병. 소아의 가슴압박 깊이는 4cm, 영아는 3cm이다.

정. 심정지 확인 시 10초 이내 확인된 무맥박은 의료제공자만 해당된다.

> **정답 및 해설**
> 소아는 4~5cm, 영아는 약 4cm 깊이로 가슴을 압박해야 한다.
>
>

128 쓰러진 환자의 호흡을 확인하는 방법으로 가장 올바른 것은?

갑. 환자를 흔들어 본다.

을. 동공의 움직임을 보고 판단한다.

병. 얼굴과 가슴을 10초 정도 관찰하여 호흡이 있는지 확인한다.

정. 맥박을 확인하여 맥박유무를 확인한다.

> **정답 및 해설**
> 얼굴과 가슴을 10초간 관찰해 호흡 여부를 확인한다.
>
>

129 기본소생술의 주요 설명 중 잘못된 것은?

갑. 심장전기충격이 1분 지연될 때마다 심실세동의 치료율이 7~10%씩 감소한다.

을. 압박 깊이는 성인 약 5cm, 소아 4~5cm이다.

병. 만 10세 이상은 성인, 만 10세 미만은 소아에 준하여 심폐소생술 한다.

정. 인공호흡을 할 때는 평상시 호흡과 같은 양으로 1초에 걸쳐서 숨을 불어넣는다.

> **정답 및 해설**
> 성인은 만 8세 이상, 소아는 만 1세~8세 미만이다.

130 경련 시 응급처치 방법에 대한 설명으로 올바른 것은?

갑. 경련 중 호흡곤란을 예방하기 위해 입-입 인공호흡을 한다.
을. 경련하는 환자 손상을 최소화하기 위하여 경련 시 붙잡거나 움직임을 멈추게 한다.
병. 경련하는 환자를 발견 시 기도유지를 위해 손가락으로 입을 열어 손가락을 넣고 기도유지를 한다.
정. 경련 후 기면상태가 되면 환자의 몸을 한쪽 방향으로 기울이고 기도가 막히지 않도록 한다.

정답 및 해설
경련 후에는 환자를 옆으로 돌려 기도가 막히지 않도록 한다.

131 절단 환자 응급처치 방법으로 가장 올바른 것은?

갑. 절단물은 바로 시원한 물이 담긴 통에 넣어서 병원으로 간다.
을. 절단물은 바로 얼음이 담긴 통에 넣어서 병원으로 간다.
병. 절단된 부위는 깨끗한 거즈나 천으로 감싸고 비닐주머니에 밀폐하여 얼음이 닿지 않도록 얼음이 채워진 비닐에 보관한다.
정. 절단부위 지혈을 위하여 지혈제를 뿌린다.

정답 및 해설
절단 부위는 비닐에 밀봉 후 얼음에 직접 닿지 않게 보관한다.

132 응급처치 방법으로 잘못된 것은?

갑. 머리 다친 환자가 의식을 잃었을 때 깨우기 위해 환자 머리를 잡고 흔들지 않도록 한다.
을. 복부를 강하게 부딪힌 환자는 대부분 검사에서 금식이 필요할 수 있으므로 음식물 섭취는 금하고 진통제는 필수로 먹을 수 있도록 한다.
병. 흉부 관통상 후 이물질이 제거되어 상처로부터 바람 새는 소리가 나거나 거품 섞인 혈액이 관찰되는 폐손상 시 3면 드레싱을 하여 호흡을 할 수 있도록 도와주어야 한다.
정. 척추를 다친 환자에게 잘못된 응급처치는 사지마비 등의 심한 후유증을 남길 수 있으므로 조심스럽게 접근해야 한다.

정답 및 해설
진통제는 의료진 지시 없이 복용하면 안 되며 복부 외상 시 음식 섭취도 금해야 한다.

133 심정지 환자의 가슴압박 설명 중 잘못된 것은? ★★

갑. 불충분한 이완은 흉강 내부의 압력을 증가시켜 뇌동맥으로 가는 혈류를 증가시킨다.
을. 불충분한 이완은 심박출량 감소로 이어진다.
병. 매 가슴압박 후에는 흉부가 완전히 이완되도록 한다.
정. 2명 이상의 구조자가 있으면 가슴압박 역할을 2분마다 교대한다. 가슴압박 교대는 가능한 빨리 수행하여 가슴압박 중단을 최소화해야 한다.

> **정답 및 해설**
> 불충분한 이완은 뇌 혈류를 줄이므로 혈류를 증가시킨다는 설명은 틀렸다.

134 뇌졸중 환자에 대한 주의사항으로 잘못된 것은? ★★

갑. 의식을 잃었을 시 혀가 기도를 막을 수 있으므로 기도유지에 주의한다.
을. 입안 및 인후 근육이 마비될 수 있으므로 구강을 통하여 음식물 섭취에 주의한다.
병. 뇌졸중 증상 발현 시간은 중요하지 않다.
정. 뇌졸중 대표 조기증상은 편측마비, 언어장애, 시각장애, 어지럼증, 심한 두통 등이 있다.

> **정답 및 해설**
> 뇌졸중은 증상 발생 시간이 치료와 예후에 매우 중요하다. ('중요하지 않다'는 것은 잘못된 설명)

135 해파리에 쏘였을 때 대처요령으로 잘못된 것은? ★★

갑. 쏘인 즉시 환자를 물 밖으로 나오게 한다.
을. 남아있는 촉수를 제거해주고 바닷물로 세척해준다.
병. 증상으로는 발진, 통증, 가려움증이 나타나며 심한 경우 혈압저하, 호흡곤란, 의식불명 등이 나타날 수 있다.
정. 해파리에 쏘인 모든 환자는 식초를 이용하여 세척해준다.

> **정답 및 해설**
> 식초는 해파리 종류에 따라 독액 방출을 유발할 수 있어 주의가 필요하다.

136 선박 침수 시 조치로 잘못된 것은? ★★

갑. 즉각적인 퇴선 조치   을. 침수원인 확인 후 응급조치
병. 수밀문을 밀폐   정. 모든 수단을 이용하여 배수

> **정답 및 해설**
> 즉시 퇴선하기보다 침수 원인 확인과 응급조치, 배수가 우선이다.

제2장 | 운항 및 운용

제1절 • 선박 일반 구조

137 〈보기〉의 ( ) 안에 들어갈 용어로 올바른 것은? ★★★

> **보기**
> 선박에 비치해야 하는 닻과 닻줄, 계류색의 굵기 등은 선박 설비 규정에서 정해져 있는 ( )에 따라 결정된다.

갑. 선형계수 을. 프루드 수
병. 비척계수 정. 의장수

정답 및 해설
의장수는 설비 기준 산정에 쓰이는 수치이다.

138 〈보기〉의 ( ) 안에 들어갈 말로 올바른 것은? ★★★

> **보기**
> ( )이란, 선박이 물 위에 떠 있는 상태에서 외부로부터 힘을 받아 경사하려고 할 때의 저항, 또는 경사한 상태에서 그 외력을 제거하였을 때 원래의 상태로 돌아오려고 하는 힘을 말한다.

갑. 감항성 을. 만곡부
병. 복원력 정. 이븐킬

정답 및 해설
복원력은 선박이 기울었을 때 다시 바로 서려는 힘이다.

139 프로펠러가 한 번 회전할 때 선박이 나아가는 거리로 올바른 것은? ★★★

갑. ahead 을. kick
병. pitch 정. teach

정답 및 해설
피치(pitch)는 프로펠러 1회전 시 선박이 나아가는 거리를 의미한다.

140 복원력 감소의 원인으로 잘못된 것은?

갑. 선박의 무게를 줄이기 위하여 건현의 높이를 낮춤
을. 연료유 탱크가 가득 차 있지 않아 유동수가 발생
병. 갑판 화물이 빗물이나 해수에 의해 물을 흡수
정. 상갑판의 중량물을 갑판 아래 창고로 이동

> **정답 및 해설**
> 중량물을 아래로 내리면 복원력은 증가한다. (감소 원인 X)

141 〈보기〉의 ( ) 안에 들어갈 말로 올바른 것은?

> **보기**
> 스크루 프로펠러가 회전하면서 물을 뒤로 차 밀어내면, 그 반작용으로 선체를 앞으로 미는 추진력이 발생하게 된다. 이와 같이 스크루 프로펠러가 360도 회전하면서 선체가 전진하는 거리를 ( )라 한다.

갑. 종거 을. 횡거
병. 리치 정. 피치

> **정답 및 해설**
> 피치(pitch)는 프로펠러 1회전당 선체가 나아가는 이론적 거리이다.

142 프로펠러가 수면 위로 노출되어 공회전하는 현상은 무엇인가?

갑. 피칭 을. 레이싱
병. 스웨잉 정. 롤링

> **정답 및 해설**
> 레이싱은 파도 등으로 프로펠러가 수면 밖에 노출되어 공회전하는 현상.

143 "선체가 파도를 받으면 동요한다." 선박의 복원력과 가장 밀접하게 관계가 있는 운동은?

갑. 롤링(rolling) 을. 서지(surge)
병. 요잉(yawing) 정. 피칭(pitching)

> **정답 및 해설**
> 롤링은 좌우로 흔들리는 운동으로 복원력과 직접 관련된다.

144 〈보기〉의 설명으로 맞는 것을 고르시오. ★★

> **보기**
> 선수가 좌우 교대로 선회하려는 왕복 운동이며, 선박의 보침성과 깊은 관계가 있다.

갑. 롤링(rolling) 을. 서지(surge)
병. 요잉(yawing) 정. 피칭(pitching)

> **정답 및 해설**
> 요잉(yawing)은 선수가 좌우로 흔들리는 운동으로 보침성과 관련된다.

145 ( )에 적합한 것은 무엇인가? ★★★

> **보기**
> 타(舵)는 선박의 ( )과 ( )을 제공하는 장치이다.
> A. 감항성　B. 보침성　C. 복원성　D. 선회성

갑. A. 감항성, C. 복원성 을. A. 감항성, D. 선회성
병. B. 보침성, C. 복원성 **정. B. 보침성, D. 선회성**

> **정답 및 해설**
> 타는 선박의 보침성(침로 유지)과 선회성(방향 전환)을 제공하는 장치이다.

146 〈보기〉의 ( ) 안에 들어갈 말로 올바른 것은? ★★★

> **보기**
> 선체가 세로 길이 방향으로 경사져 있는 정도를 그 경사각으로써 표현하는 것보다 선수 흘수와 선미 흘수의 차이로써 나타내는 것이 미소한 경사 상태까지 더욱 정밀하게 표현할 수 있는 방법이다. 이와 같이 길이 방향의 선체 경사를 나타내는 것을 ( )이라 한다.

갑. 길이 을. 건현
병. 트림 정. 흘수

> **정답 및 해설**
> 트림은 선수와 선미 흘수의 차이로 나타나는 길이 방향 경사를 말한다.

147 〈보기〉의 ( ) 안에 들어갈 말로 올바른 것은? ★★★

보기

선체가 수면 아래에 잠겨 있는 깊이를 나타내는 ( )는 선체의 선수부와 중앙부 및 선미부의 양쪽 현측에 표시되어 있다.

갑. 길이 을. 건현
병. 트림 정. **흘수**

정답 및 해설

흘수는 선박이 수면 아래로 잠긴 깊이이며, 양 현측에 표시된다.

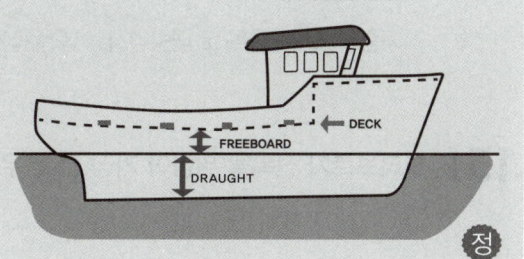

148 선박의 주요 치수로 잘못된 것은? ★★★

갑. 폭 을. 길이
병. 깊이 정. **높이**

정답 및 해설

선박의 주요 치수는 길이, 폭, 깊이이며, '높이'는 포함되지 않는다.

149 〈보기〉의 ( ) 안에 들어갈 말로 올바른 것은? ★★

보기

선체가 앞으로 나아가면서 물을 배제한 수면의 빈 공간을 주위의 물이 채우려고 유입하는 수류로 인하여, 주로 뒤쪽 선수미선상의 물이 앞쪽으로 따라 들어오는데 이것을 ( )라고 한다.

갑. 배출류 을. 흡입류
병. 횡압류 정. **추적류(반류)**

정답 및 해설

추적류(반류)는 선박이 나아가며 생긴 빈 공간을 채우려는 수류로 뒤에서 앞쪽으로 흐른다.

150 〈보기〉의 (　) 안에 들어갈 말로 올바른 것은? ★★★

> **보기**
> 직진 중인 선박이 전타를 행하면, 초기에 수면 상부의 선체는 (㉠)경사하며, 선회를 계속하면 선체는 각속도로 정상 선회를 하며 (㉡)경사하게 된다.

갑. ㉠ 내방, ㉡ 내방　　　　　을. ㉠ 내방, ㉡ 외방
병. ㉠ 외방, ㉡ 내방　　　　　정. ㉠ 외방, ㉡ 외방

> **정답 및 해설**
> 처음엔 조타 방향으로 내방경사, 이후 원심력으로 외방경사가 생긴다.

151 모터보트가 전복될 위험이 가장 큰 경우는 언제인가? ★★★

갑. 기관 공전이 생길 때　　　　을. 횡요주기와 파랑의 주기가 일치할 때
병. 조류가 빠른 수역을 항해할 때　정. 선수 동요를 일으킬 때

> **정답 및 해설**
> 횡요 주기와 파랑 주기가 일치하면 공진 현상이 발생해 전복 위험이 커진다.

152 운항 중 보트가 얕은 모래톱에 올라앉은 경우, 제일 먼저 취해야 하는 조치는 무엇인가? ★★★

갑. 선체의 파손 확인　　　　　을. 조수간만 확인
병. 배의 위치를 확인　　　　　정. 기관(엔진)을 정지

> **정답 및 해설**
> 추가 손상을 막기 위해 먼저 기관(엔진)을 정지해야 한다.

153 모터보트로 얕은 수로를 항해하기에 가장 적당한 선체 트림 상태는 무엇인가? ★★

갑. 선수 트림　　　　　　　　을. 선미 트림
병. 선수미 등흘수　　　　　　정. 약간의 선수 트림

> **정답 및 해설**
> 선수미 등흘수는 앞뒤 흘수가 비슷해 얕은 수로 항해에 안전하다.

154 육상에 계선줄을 연결하여 계류할 경우, 계선줄의 길이를 결정하는 데에 우선 고려해야 할 사항으로 가장 올바른 것은? ★★

갑. 수심
을. **조수간만의 차**
병. 흘수
정. 선체트림

> **정답 및 해설**
> 조수간만의 차에 따라 수위가 변하므로 계선줄은 여유 있게 잡아야 한다.

155 수상오토바이에 대한 설명으로 잘못된 것은? ★

갑. 핸들과 조종자의 체중이동으로 방향을 변경한다.
을. **선체의 안정성이 좋아 전복할 위험이 적다.**
병. 후진장치가 없는 것도 있다.
정. 선외기 보트에 비해 낮은 수심에서 운항할 수 있다.

> **정답 및 해설**
> 수상 오토바이는 안정성이 낮고 전복 위험이 크다.

156 선체의 가장 넓은 부분에 있어서 양현 외판의 외면에서 외면까지의 수평거리는? ★★

갑. **전폭**
을. 전장
병. 건현
정. 수선장

> **정답 및 해설**
> 전폭은 선체에서 가장 넓은 좌우 폭을 의미한다.

157 좁은 수로나 항만의 입구 등에 2~3개의 등화를 앞뒤로 설치하여 그 중심선에 의해 선박을 인도하도록 하는 것은 무엇인가? ★★

갑. 부등
을. **도등**
병. 임시등
정. 가등

> **정답 및 해설**
> 도등은 등화의 중심선을 따라 선박을 유도하는 장치이다.
> • 부등 : 위험 구역 인근의 등대에 강력한 투광기를 설치해 위험을 알리는 등화
> • 임시등 : 선박 통행이 일시적으로 많은 항만 · 어로 구역에 임시로 점등되는 등화
> • 가등 : 등대를 개축할 때 긴급조치로 가설되는 임시 등화

제2편 필기 기출 및 예상 문제 풀이 | 101

158 여객이나 화물을 운송하기 위하여 쓰이는 용적을 나타내는 톤수는 무엇인가?

갑. 총톤수
을. 순톤수
병. 배수톤수
정. 재화중량톤수

> **정답 및 해설**
> 순톤수는 수익용 공간(여객·화물)의 용적을 나타낸다.
>
>

159 선체의 형상이 유선형일수록 가장 적어지는 저항은 무엇인가? ★★

갑. 와류저항
을. 조와저항
병. 공기저항
정. 마찰저항

> **정답 및 해설**
> 유선형 선체는 조와(파형) 발생이 줄어들어 조와저항이 감소한다.
>
>

제2절 • 항해 계기

160 1해리를 미터 단위로 환산한 것으로 올바른 것은?

갑. 1,582m
을. 1,000m
병. 1,852m
정. 1,500m

> **정답 및 해설**
> 1해리 = 1,852m
>
>

161 입항을 위해 이동 중 항·포구까지의 거리가 5해리 남았음을 알았다면, 레저기구 속력이 10노트로 이동하면 입항까지 소요되는 시간은? ★★★

갑. 10분
을. 20분
병. 30분
정. 40분

> **정답 및 해설**
> 시간 = 거리 ÷ 속력. 5(해리) ÷ 10(노트) = 0.5(시간) = 30분
>
>

162 6분 동안 1.2마일(해리)을 항주한 선박의 속력은? ★★★

갑. 6노트 을. 8노트
병. 10노트 <u>정. 12노트</u>

> **정답 및 해설**
> 1노트는 1시간에 1해리를 항해하는 속도다. 6분에 1.2해리를 갔으므로 1시간엔 12해리
> → 12노트
>
> 정

163 선박 'A호'는 20노트(knot)의 속력으로 3시간 30분 동안 항해하였다면, 선박'A호'의 항주 거리는 얼마인가? ★★★

갑. 50해리 을. 60해리
병. 65해리 <u>정. 70해리</u>

> **정답 및 해설**
> 1노트는 1시간에 1해리, 20노트로 3.5시간 항해하면 20 × 3.5 = 70해리
>
> 정

164 유속 5노트의 해류를 뒤에서 받으며, GPS로 측정한 선속이 15노트라면, 대수속력(S)과 대지속력(V)는 얼마인가? ★★★

<u>갑. S=10노트, V=15노트</u> 을. S=10노트, V=10노트
병. S=20노트, V=5노트 정. S=15노트, V=15노트

> **정답 및 해설**
> GPS로 측정한 대지속력(V)이 15노트이고 뒤에서 받는 해류 유속이 5노트이므로 대수속력 (S) = 15 − 5 = 10노트. → 따라서 S=10노트, V=15노트가 맞다.
>
> 갑

165 해상에서 선박이 항해한 거리를 나타낼 때 사용하는 단위는 무엇인가? ★★★

갑. 노트 을. 미터
<u>병. 해리</u> 정. 피트

> **정답 및 해설**
> 해리는 선박이 항해한 거리를 나타낼 때 사용하는 대표 단위다.
>
> 병

166 모터보트에서 사용하는 항해 장비 중 레이더의 특징으로 잘못된 것은? ★★★

갑. 날씨에 영향을 받지 않는다.

을. 충돌방지에 큰 도움이 된다.

병. 탐지거리에 제한을 받지 않는다.

정. 자선 주의의 지형 및 물표가 영상으로 나타난다.

> **정답 및 해설**
> 레이더는 탐지거리에 제한이 있으며 기상이나 성능에 따라 달라진다. 　　　병

167 선박에 설치된 레이더의 기능으로 볼 수 없는 것은? ★★★

갑. 거리측정　　　　　　　　**을. 풍속측정**

병. 방위측정　　　　　　　　정. 물표탐지

> **정답 및 해설**
> 레이더는 거리, 방위, 물체 탐지는 가능하지만 풍속 측정 기능은 없다. 　　　을

168 레이더에서는 여러 주변 장치로부터 다양한 정보를 받아 화면상에 표시한다. 레이더에 연결되는 주변 장치가 아닌 것은? ★★

갑. 자이로컴퍼스　　　　　　을. GPS

병. 선속계　　　　　　　　　**정. VHF**

> **정답 및 해설**
> VHF는 통신용 장비로, 레이더에 연결되어 정보를 제공하지 않는다. 　　　정

169 레이더 플로팅을 통해 알 수 있는 타선 정보가 아닌 것은? ★★

갑. 선박 형상　　　　　　　을. 진속력

병. 진침로　　　　　　　　　정. 최근접 거리

> **정답 및 해설**
> 레이더 플로팅으로 선박의 형상은 확인할 수 없다. 　　　갑

170 레이더 화면의 영상을 판독하는 방법에 대한 설명으로 가장 잘못된 것은?

갑. 상대선의 침로와 속력 변경으로 인해 상대방위가 변화하고 있다면 충돌의 위험이 없다고 가정한다.
을. 다른 선박의 침로와 속력에 대한 정보는 일정한 시간 간격을 두고 계속적인 관측을 해야 한다.
병. 해상의 상태나 눈, 비로 인해 영상이 흐려지는 부분이 생길 수 있다는 것도 알고 있어야 한다.
정. 반위 변화가 거의 없고 거리가 가까워지고 있으면 상대선과 충돌의 위험성이 있다는 것이다.

> **정답 및 해설**
> 상대 방위가 변해도 충돌 위험은 존재할 수 있으므로 거리와 함께 판단해야 한다.

171 해도에서 수심이 같은 장소를 연결한 선을 무엇이라고 하는가?

갑. 경계선 을. 등고선
병. 등압선 정. 등심선

> **정답 및 해설**
> 수심이 같은 지점을 연결한 선은 등심선이다.

172 해안선을 나타내는 경계선의 기준은 무엇인가?

갑. 약최저저조면 을. 기본수준면
병. 평균수면 정. 약최고고조면

> **정답 및 해설**
> 해안선은 약최고고조면을 기준으로 표시된다. 정

173 해도에 나타나지 않는 것은 무엇인가?

갑. 조류 속도 을. 조류 방향
병. 수심 정. 풍향

> **정답 및 해설**
> 해도에는 주로 수심, 조류 정보 등이 표시되며 풍향은 나타나지 않는다. 정

174 선박과 선박, 선박과 육상 기지국 간에 선명, 호출부호, 위치, 침로, 속력, 목적지, 적재 화물 등의 선박 정보 및 항해 관련 정보를 송수신할 수 있는 장비는 무엇인가? ★★★

갑. 전자해도표시장치(ECDIS)
을. **선박자동식별장치(AIS)**
병. 위성항법장치(GPS)
정. VHF 무선전화

> **정답 및 해설**
> AIS(선박자동식별장치)는 선명·위치·침로 등 항해 정보를 자동 송수신한다.
> • 갑: ECDIS, 전자해도 표시 장치로 통신 기능은 없음.
> • 병: GPS, 위치 수신만 가능, 정보 송수신은 불가.
> • 정: VHF 무선전화, 음성통신용, 자동 송수신 기능 없음.
>
> **을**

175 해도에서 'RK'라고 표시되는 저질은? ★★

갑. 펄
을. 자갈
병. 모래
정. **바위**

> **정답 및 해설**
> 해도의 'RK'는 Rock(바위)을 의미한다.
>
> **정**

176 선박자동식별장치(AIS)에서 확인할 수 없는 정보는 무엇인가? ★★★

갑. 선명
을. 침로, 속력
병. 적재 화물의 종류
정. **선원의 국적**

> **정답 및 해설**
> AIS는 선원 개별 정보(예:국적)는 제공하지 않는다.
>
> **정**

177 선박자동식별장치(AIS)와 관련이 없는 VHF 채널은 무엇인가? ★★

갑. **채널 14**
을. 채널 70
병. 채널 87
정. 채널 88

> **정답 및 해설**
> 채널 14는 항만 관제용 채널로 AIS 통신에는 사용되지 않는다.
>
> **갑**

178 선박자동식별장치(AIS)의 정적정보(선명, 호출부호, 선박의 길이 등)의 갱신주기는 몇 분인가? ★★

갑. 2분   을. 4분
병. 6분   정. 8분

> **정답 및 해설**
> AIS 정적 정보는 6분마다, 또는 수정되거나 요청이 있을 때 갱신된다.

병

179 두 지점 사이의 실제 거리와 해도에서 이에 대응하는 두 지점 사이의 거리의 비는? ★★

갑. 축척   을. 지명
병. 위도   정. 경도

> **정답 및 해설**
> 축척은 실제 거리와 해도상 거리 간의 비율을 의미한다.

갑

180 모터보트의 현재 위치 측정방법으로 가장 정확한 방법은 무엇인가? ★★★

갑. 위성항법장치(GPS)   을. 어군탐지기
병. 해안선   정. 수심측정기

> **정답 및 해설**
> GPS는 위치를 가장 정확하게 측정할 수 있는 장치이다.

갑

181 위성항법장치(GPS) 플로터에 대한 설명으로 가장 잘못된 것은? ★★

갑. GPS 플로터의 모든 해도는 선위 확인 등 안전한 항해를 위한 목적으로 사용할 수 있다.
을. GPS 위성으로부터 정보를 수신하여 자선의 위치, 시간, 속도 등이 표시된다.
병. 표시된 데이터로 선박 항해에 필요한 정보를 제공한다.
정. 화면상에 각 항구의 해도와 경위도선, 항적 등을 표시할 수 있다.

> **정답 및 해설**
> GPS 플로터 해도는 공식 전자해도가 아니며 보조용으로만 사용해야 한다.

갑

182 GPS 수신기를 통해 얻을 수 있는 정보로 잘못된 것은? ★★★

갑. 본선의 위치
을. 본선의 대지속력
병. 본선의 항적
정. 상대선과 충돌 위험성

> **정답 및 해설**
> GPS는 상대선 정보나 충돌 위험성은 판단하지 않는다.
>
> 정

183 위성으로부터 송신된 전파 신호가 지표면, 해면 및 각종 구조물 등에 부딪혔다가 수신될 때에 생기는 GPS 오차는 무엇인가? ★★★

갑. 고의 오차(S/A 오차)
을. 다중 경로 오차
병. 수신기 오차
정. 전파 속도의 변동에 의한 오차

> **정답 및 해설**
> 다중 경로 오차는 반사된 전파로 인해 생기는 위치 오차다.
>
>

184 DGPS 수신기에서 제거할 수 없는 오차는 무엇인가? ★★

갑. 다중 경로 오차
을. 고의 오차(S/A 오차)
병. 전리층 오차
정. 대류권 오차

> **정답 및 해설**
> 다중 경로 오차는 DGPS로도 보정 불가능한 대표적인 오차이다.
>
>

185 자기컴퍼스에서 자차가 생기는 원인으로 잘못된 것은? ★★★

갑. 선수 방위가 변할 때
을. 선수를 여러 방향으로 잠깐 두었을 때
병. 선체가 심한 충격을 받았을 때
정. 지방 자기의 영향을 받을 때

> **정답 및 해설**
> 자차는 여러 방향으로 잠깐이 아닌 같은 방향에 오래 둘 때 생긴다.
>
>

186 자기컴퍼스를 사용할 때에는 해당 해역의 편차는 어디에서 확인할 수 있는가?

갑. 조석표
을. 등대표
병. 천측력
<u>정. 해도</u>

> **정답 및 해설**
> 자기 편차는 해도에 표시되어 있어 해당 해역의 방위 보정 시 참고한다.
> 정

187 자기컴퍼스(Magnetic Compass)의 특징으로 잘못된 것은?

갑. 구조가 간단하고 관리가 용이하다.
을. 전원이 필요 없다.
<u>병. 단독으로 작동이 불가능하다.</u>
정. 오차를 지니고 있으므로 반드시 수정해야 한다.

> **정답 및 해설**
> 자기컴퍼스는 전원 없이 단독 작동이 가능한 장치다.
> 병

188 동력수상레저기구를 조종할 때 확인해야 할 계기로 잘못된 것은?

갑. 엔진 회전속도(RPM) 게이지
을. 온도(TEMP) 게이지
병. 압력(PSI) 게이지
<u>정. 축(SHAFT) 게이지</u>

> **정답 및 해설**
> 축 게이지는 항상 확인해야 할 주요 계기에는 해당하지 않는다.
> 정

189 중시선에 대한 설명 중 가장 잘못된 것은?

<u>갑. 중시선은 일정 시간에만 보인다.</u>
을. 선박의 위치 편위를 중시선을 활용하여 손쉽게 알 수 있다.
병. 관측자는 2개의 식별 가능한 물표를 하나의 선으로 볼 수 있다.
정. 통항 계획의 수립 단계에서 찾아낸 자연적이고 명확하게 식별할 수 있는 물표로도 표시할 수 있다.

> **정답 및 해설**
> 중시선은 항상 식별할 수 있어야 하며 일정 시간에만 보이는 것은 아니다.
> 갑

190 침로에 대한 설명으로 올바른 것은? ★★★

갑. 진침로와 자침로 사이에는 자차만큼의 차이가 있다.

을. 선수미선과 선박을 지나는 자오선이 이루는 각이다.

병. 자침로와 나침로 사이에는 편차만큼의 차이가 있다.

정. 보통 북을 000°로 하여 반시계 방향으로 360°까지 측정한다.

> **정답 및 해설**
> 침로는 선수미선과 자오선이 이루는 각으로 항해 방향을 나타낸다.
> • 갑: 진침로 – 자침로는 편차, 자침로 – 나침로는 자차 차이
> • 병: 자차 · 편차 개념이 뒤바뀜
> • 정: 침로는 시계방향으로 측정, 반시계 방향은 오답

191 항해 시 변침 목표물로서 가장 잘못된 것은? ★★★

갑. 등대　　　　　　　　**을. 부표**

병. 입표　　　　　　　　정. 산꼭대기

> **정답 및 해설**
> 부표는 유동성 있는 부유물로 위치가 바뀔 수 있어 부적절하다.
> • 등대: 고정 구조물로 위치가 명확하여 변침 목표물로 적합함.
> • 입표: 해상에 고정 설치된 표지로 항로 안내용으로 사용 가능.
> • 산꼭대기: 육상 고정 지형물로 눈에 잘 띄고 움직이지 않아 변침 기준으로 적합.

192 연안 항해에서 선위를 측정할 때 가장 부정확한 방법은? ★★

갑. 한 목표물의 레이더 방위와 거리에 의한 방법

을. 레이더 거리와 실측 방위에 의한 방법

병. 둘 이상의 목표물의 레이더 거리에 의한 방법

정. 둘 이상의 목표물의 레이더 방위에 의한 방법

> **정답 및 해설**
> 레이더 방위는 오차가 커서, 선위 측정 시 정확도가 낮다.

193 기상, 해류, 조류 등의 자연환경과 도선사, 검역, 항로의 상황, 연안의 지형, 항만의 시설 등이 수록되어 있는 수로서지는?

갑. 조석표
을. 천측력
병. 등대표
정. 항로지

> **정답 및 해설**
> 항로지는 기상·해류·항만 등의 정보를 담은 수로 서지다.

194 음향 표지 또는 무중 신호에 대한 설명으로 잘못된 것은?

갑. 밤에만 작동한다.
을. 사이렌이 많이 쓰인다.
병. 공중 음신호와 수중 음신호가 있다.
정. 일반적으로 등대나 다른 항로 표지에 부설되어 있다.

> **정답 및 해설**
> 음향 표지나 무중 신호는 주야간 모두 작동한다.

195 우리나라의 우현 표지에 대한 설명으로 올바른 것은?

갑. 우측 항로가 일반적인 항로임을 나타낸다.
을. 공사 구역 등 특별한 시설이 있음을 나타낸다.
병. 고립된 장애물 위에 설치하여 장애물이 있음을 나타낸다.
정. 항행하는 수로의 우측 한계를 표시함으로, 표지 좌측으로 항행해야 안전하다.

> **정답**

196 점장도에 대한 설명으로 잘못된 것은? ★★

갑. 항정선이 직선으로 표시된다.
을. 침로를 구하기에 편리하다.
병. 두 지점 간의 최단거리를 구하기에 편리하다.
정. 자오선과 거등권은 직선으로 나타낸다.

> **정답 및 해설**
> 점장도는 침로 계산엔 적합하지만 최단 거리 계산엔 편리하지 않다.

제3절 · 국제신호기

197 해저 저질의 종류 중 자갈을 나타내는 것은 무엇인가? ★★

갑. G
을. M
병. R
정. S

> **정답 및 해설**
> G는 자갈(Gravel), M은 진흙(Mud), R은 암석(Rock), S는 모래(Sand).
> 갑

198 우리나라 우현 표지의 표지 몸체 색깔은 무엇인가? ★★★

갑. 녹색
을. 홍색
병. 황색
정. 흑색

> **정답 및 해설**
> 우리나라 우현 표지는 몸체가 홍색(빨간색)으로 표시된다.
> 을

199 〈보기〉에서 설명하는 항로표지는 무엇인가? ★★★

> **보기**
> **두표**: 흑색 원뿔형 꼭짓점을 위쪽 방향으로 2개를 세로로 설치
> **도색**: 상부 흑색, 하부 황색

갑. 북방위표지
을. 서방위표지
병. 동방위표지
정. 남방위표지

> **정답 및 해설**
> 북방위표지는 꼭짓점이 위를 향한 흑색 원뿔 2개, 상부 흑색·하부 황색으로 구분된다.

갑

200 〈보기〉의 기류신호 방법으로 올바른 것은? ★★★

> **보기**
> 본선은 조난 중이다. 즉시 지원을 바란다.

갑. AC
을. DC
병. NC
정. UC

> **정답 및 해설**
> NC는 '조난 중 즉시 지원 요청'을 의미하는 기류신호다.

병

201 〈보기〉의 기류신호 방법으로 올바른 것은? ★★★

> **보기**
> 피하라 : 본선은 조종이 자유롭지 않다.

갑. D
을. E
병. F
정. G

> **정답 및 해설**
> 국제신호기 D는 '본선은 조종이 자유롭지 않다. 피하라'는 의미이다.
> • E : '본선은 우현으로 변침하고 있다.'
> • F : '본선은 조종할 수 없으며 통신을 원한다.'
> • G : '본선은 도선사가 필요하다.' / (어선의 경우) '본선은 어망을 올리고 있다.'

갑

202 〈보기〉의 기류신호 방법으로 올바른 것은? ★★★

> **보기**
> 본선에 불이 나고, 위험 화물을 적재하고 있다. 본선을 충분히 피하라.

갑. J
을. K
병. L
정. M

> **정답 및 해설**
> 국제신호기 J는 '본선에 화재가 발생했고 위험 화물을 적재하고 있다. 충분히 피하라'는 의미를 나타낸다.
> • K : '귀선과 통신하고자 한다.' (통신 요청 신호)
> • L : '귀선은 즉시 정지하라.' (정지 지시 신호)
> • M : '본선은 정지하고 있으며 대수속력은 없다.' (정지 상태 알림)

갑

203 〈보기〉의 기류신호 방법으로 올바른 것은?

> **보기**
> 본선의 기관은 후진중이다.

갑. T   을. S
병. V   정. W

> **정답 및 해설**
> 국제신호기 S는 '본선의 기관은 후진 중이다'를 의미한다.
> • T : '본선을 피하라. 본선은 2척 1쌍의 트롤 어로 중이다.'
> • V : '본선은 지원을 바란다.'
> • W : '본선은 의료지원을 바란다.'

204 〈그림〉 교량표지 ③번의 이름과 기능을 가장 올바르게 설명한 것은? ★★

그림

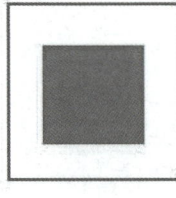  

① ② ③

갑. 좌측단표, 교량 아래의 항로 좌측 끝을 표시하는 표지판
을. 우측단표, 교량 아래의 항로 우측 끝을 표시하는 표지판
병. 중앙표, 주위의 가항 수역이나 항로의 중앙을 표시하는 표지판
정. 교각표, 교각의 존재를 표시하는 표지판

> **정답 및 해설**
> 교량표지 ③번은 교량 아래 항로의 우측 끝을 표시하는 표지판이다. 이는 선박이 안전하게 항로를 통과할 수 있도록 유도하는 역할을 한다.
> • 좌측단표 : ①번 그림 – 항로 좌측 끝 표시
> • 중앙표 : ②번 그림 – 항로 중앙 또는 가항 수역의 중심 표시

205 〈그림〉의 항로표지에 대한 설명으로 잘못된 것은? ★★

그림
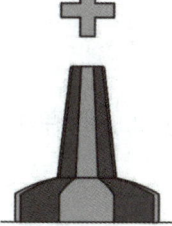

갑. 수로도지에 등재되지 않은 새롭게 발견된 위험물들을 표시하기 위함
을. 침몰·좌초선박 등에 설치
병. 황색과 청색을 교차 점등
정. 준설, 발굴, 매립 등 해상공사 구역 표시

정답 및 해설
해상공사 구역이 아닌 새로운 위험물을 표시한다.

206 해도 상의 〈그림〉의 의미는 무엇인가? ★★

그림

갑. 대기 정박구역
을. 대형 흘수선용 정박구역
병. 일반 적박구역
정. 유조선 정박구역

정답 및 해설
해도에 표시된 DW(Deep Water) 기호는 대형 흘수선용 정박구역, 즉 깊은 수심이 필요한 선박을 위한 정박지를 의미한다.

을

207 해도 상의 〈그림〉의 의미는 무엇인가? ★★

그림

갑. 대기 정박구역
을. 대형 흘수선용 정박구역
병. 일반 정박구역
정. 유조선 정박구역

정답 및 해설
〈그림〉은 해도 상에서 일반 정박구역을 의미한다.

병

208 〈보기〉는 무엇에 관한 설명인가? ★★★

> **보기**
> - 항행하는 수로의 좌·우측 한계를 표시하기 위해 설치된 표지
> - B지역은 좌현 부표의 색깔이 녹색으로 표시됨
> - 좌현 부표는 이 부표의 위치가 항로의 왼쪽 한계에 있음을 의미하며 부표의 오른쪽이 가항 수역을 의미함

갑. **측방표지** 을. 방위표지
병. 특수표지 정. 고립장애표지

> **정답 및 해설**
> 측방표지에 대한 설명이며 이는 선박의 항로를 안전하게 안내하기 위해 설치된다.

209 동력수상레저기구 운항 중 조난을 당하였다. 조난 신호로서 가장 잘못된 것은? ★★★

갑. 야간에 손전등을 이용한 모르스 부호(SOS) 신호
을. 인근 선박에 좌우로 벌린 팔을 상하로 천천히 흔드는 신호
병. 초단파(VHF) 통신 설비가 있을 때 메이데이라는 말의 신호
정. **백색 등화의 수직 운동에 의한 신체 동작 신호**

> **정답 및 해설**
> 이 신호는 '이곳은 상륙 가능'을 뜻하며, 조난 신호는 아니다.

210 선박의 조난신호에 관한 사항으로 잘못된 것은? ★★★

갑. 조난을 당하여 구원을 요청하는 경우에 사용하는 신호이다.
을. 조난신호는 국제해사기구가 정하는 신호로 행하여야 한다.
병. 구원 요청 이외의 목적으로 사용해서는 안 된다.
정. **유사시를 대비하여 정기적으로 조난신호를 행하여야 한다.**

> **정답 및 해설**
> 조난신호는 실제 조난 시에만 사용해야 한다. (유사시 대비 목적 X)

211 해도 및 수로서지의 소개정에 관한 내용을 제공하기 위한 것으로, 국립해양조사원에서 주 1회 발행하는 소책자는? ★★

갑. 항로지
을. 항행통보
병. 해도도식
정. 수로도서지 목록

정답 및 해설

항행통보는 해도·수로서지 정정 정보를 제공하는 주간 소책자이다.

212 서로 시계 안에 있는 상황에서 다른 선박이 동력레저기구 방향으로 접근하여 오는 경우, 탐조등(searchlight)을 이용하여 경고 신호를 보내고자 할 때 가장 올바른 발광신호 방법은 무엇인가? ★★

갑. 1회 섬광
을. 2회 섬광
병. 3회 섬광
정. 5회 이상의 짧고 빠른 섬광

정답 및 해설

5회 이상의 짧고 빠른 섬광은 위험 경고나 주의 촉구 신호로 사용된다.

213 VHF 무선전화로 '선박이 긴박한 위험에 처해 즉각적인 구조를 바란다'는 통신을 보낼 때 사용하는 용어는 무엇인가? ★★★

갑. MAYDAY(메이데이)
을. PAN PAN(팡팡)
병. SECURITE(세큐리테)
정. SOS(에스 오 에스)

정답 및 해설

MAYDAY(메이데이)는 즉각적 구조가 필요한 조난상황에서 사용하는 국제 무선 호출 신호이다.

214 비상 상황에서 조난 통신의 원활한 전달을 위해 '모든 무선국은 지금 즉시 통신을 중지하라'는 의미의 무선통신 용어는 무엇인가? ★★★

갑. SILENCE('시롱스'로 발음)
을. MAYDAY('메이데이'로 발음)
병. PAN PAN('팡팡'으로 발음)
정. SECURITE('세큐리테'로 발음)

정답 및 해설

SILENCE(시롱스)는 조난 통신을 방해하지 않도록 모든 무선국에 통신 중지를 명령할 때 사용하는 용어이다.

215 보트나 부이에 국제신호서상 A기가 게양되어 있을 때, 깃발이 뜻하는 의미는 무엇인가? ★★★

갑. 스쿠버 다이빙을 하고 있다.
을. 낚시를 하고 있다.
병. 수상스키를 타고 있다.
정. 모터보트 경기를 하고 있다.

> **정답 및 해설**
> A(알파기)는 잠수부 작업 중이므로 저속으로 충분히 피하라는 의미다.
> 갑

216 동력수상레저기구는 위험물 운반선 부근을 통항 시 멀리 떨어져서 운항하여야 한다. 위험물 운반선의 국제 문자 신호기로 올바른 것은? ★★★

갑. A기(왼쪽 흰색 바탕 | 오른쪽 파랑색 바탕 〈 모양)
을. B기(빨간색 바탕 기류, 오른쪽 〈 모양)
병. Q기(노란색 바탕 사각형 기류)
정. H기(왼쪽 흰색 바탕 | 오른쪽 빨간색 바탕 사각형 기류)

> **정답 및 해설**
> B기는 위험물 운반선임을 나타내며 타 선박은 안전을 위해 충분히 거리 유지해야 한다.
> • A기:잠수부 작업 중 – 저속으로 피항해야 함
> • Q기:검역 허가 요청 – 항만 입항 전 보건 당국 확인 필요
> • H기:도선사를 태우고 있음 – 도선 중인 선박임을 알림
> 을

217 바다에 사람이 빠져 수색 중인 선박을 발견하였다. 이 선박에 게양되어 있는 국제 기류 신호는? ★★★

갑. F기(흰색 바탕에 마름모꼴 빨간색 모양 기류)
을. H기(왼쪽 흰색 바탕 오른쪽 | 빨간색 바탕 사각형 기류)
병. L기(왼쪽 위 노란색, 아래 검정색 | 오른쪽 상단 검정색, 아래 노란색)
정. O기(왼쪽 아래 노란색, 오른쪽 위 빨간색 사선 모양 기류)

> **정답 및 해설**
> O기는 '사람이 바다에 빠졌다'는 의미로 수색·구조 중인 선박에 게양된다.
> • F기:조종 불능 상태
> • L기:즉시 정선하라 (정지 명령 신호)
> 정

제4절 조종원칙

218 항해 중 안개가 끼었을 때 본선의 행동사항 중 가장 올바른 것은? ★★★

갑. 최고의 속력으로 빨리 인근 항구에 입항한다.
을. 레이더에만 의존하여 최고 속력으로 항해한다.
병. 안전한 속력으로 항해하며 가용할 수 있는 방법을 다하여 소리를 발생하고 근처에 항해하는 선박에 알린다.
정. 컴퍼스를 이용하여 선위를 구한다.

> **정답 및 해설**
> 무중항해 시에는 모든 수단을 다해 충돌을 예방해야 한다.

219 모터보트 운항 중에 기상특보가 발효되었다면 우선 취해야 할 조치로 올바른 것은? ★★★

갑. 최대 속도로 항해하여 구역을 빨리 벗어난다.
을. 파도의 크기에 따라 항로를 조정하며 속도를 낮춘다.
병. 원래 항로에서 벗어나지 않도록 유의하여 이동한다.
정. 승객과 화물을 최대한 빠르게 이동시킨다.

> **정답 및 해설**
> 속도를 줄이고 파도에 따라 항로를 조정해 충격과 전복 위험을 줄여야 한다.

220 항행 중 비나 안개 등에 의해 시정이 나빠졌을 때 조치사항으로 잘못된 것은? ★★★

갑. 낮에도 항해등을 점등하고 속력을 줄인다.
을. 다른 선박의 무중신호 청취에 집중한다.
병. 주변의 무중신호 청취를 위해 기적이나 싸이렌은 작동하지 않는다.
정. 시계가 좋아질 때를 기다린다.

> **정답 및 해설**
> 시정이 나쁠 때는 기적이나 싸이렌 등 무중 신호를 적극적으로 사용해야 하며 청취만 하고 소리를 내지 않는 것은 잘못된 행동이다.

221 파도가 높은 구역의 모터보트 운항에 대한 설명 중 잘못된 것은? ★★★

갑. 파도를 보트의 정면 쪽으로 받으면 롤링이 덜하여 안정적으로 항해할 수 있다.

을. 측면에서 파도를 받으면 모터보트가 크게 흔들려 전복될 위험이 있다.

병. 높은 파도에서는 모터보트의 속도를 줄여야 안정성이 높아진다.

정. 파도를 모터보트의 선미에서 빠르게 받으며 신속히 통과해야 안전하다.

> **정답 및 해설**
> 파도는 정면으로 천천히 마주해야 하며 선미로 빠르게 받는 건 전복 위험이 크다.

222 수상오토바이를 타고 주행 중 파도가 높아 전복하려 할 경우 대처법으로 올바른 것은? ★★★

갑. 파도가 높은 쪽으로 방향을 틀어준다.

을. 빠르게 주행하여 파도를 지나간다.

병. 속도를 낮추고 파도를 비스듬히 맞으며 지나간다.

정. 파도를 뒤로 받으며 이동한다.

> **정답 및 해설**
> 속도를 줄이고 파도를 비스듬히 맞아야 전복 위험이 줄어든다.

223 좁은 수로에서 보트 운항자가 주의하여야 할 것으로 올바른 것은? ★★★

갑. 속력이 너무 빠르면 조류영향을 크게 받으며, 타의 효력도 나빠져서 조종이 곤란할 수 있다.

을. 야간에는 보트의 조종실 등화를 밝게 점등하여 타 선박이 나의 존재를 확인하기 쉽도록 한다.

병. 음력 보름 만월인 야간에는 해면에 파랑이 있고 달이 후방에 있을 때가 전방 경계에 용이하다.

정. 일시에 대각도 변침을 피하고, 조류 방향과 직각되는 방향으로 선체가 가로 놓이게 되면 조류 영향을 크게 받는다.

> **정답 및 해설**
> 좁은 수로에서 속력이 빠르면 조류 영향이 커지고 조종이 어려워진다.

224 좁은 수로에서 선박 조종 시 주의해야 할 내용으로 잘못된 것은? ★★★

갑. 회두 시 대각도 변침
을. 인근 선박의 운항상태를 지속 확인
병. 닻 사용 준비상태를 계속 유지
정. 안전한 속력 유지

> **정답 및 해설**
> 좁은 수로에서는 대각도 변침은 위험하며 소각도로 나눠 조종하는 것이 안전하다.
>
> 갑

225 협수로 통과 시나 입출항 통과 시에 준비된 위험 예방선은 무엇인가? ★★

갑. 피험선
을. 중시선
병. 경계선
정. 위치선

> **정답 및 해설**
> 피험선은 위험을 피하고자 미리 설정해 두는 가상의 예방 항로이다.
>
> 갑

226 동력수상레저기구의 야간 항해 시 주의사항으로 올바른 것은? ★★★

갑. 모든 등화는 밖으로 비치도록 한다.
을. 레이더에 의하여 관측한 위치를 가장 신뢰한다.
병. 다소 멀리 돌아가는 일이 있더라도 안전한 침로를 택하는 것이 좋다.
정. 등부표 등은 항해 물표로서 의심할 필요가 없다.

> **정답 및 해설**
> 야간에는 위험 요소가 많으므로 멀더라도 안전한 침로를 선택하는 것이 원칙이다.
>
> 병

227 야간에 항해 시 주의사항으로 가장 잘못된 것은? ★★★

갑. 양 선박이 정면으로 마주치면 서로 오른쪽으로 변침하여 피한다.
을. 다른 선박을 피할 때에는 소각도로 변침한다.
병. 기본적인 항법 규칙을 철저히 이행한다.
정. 적법한 항해등을 점등한다.

> **정답 및 해설**
> 야간에는 소각도보다 대각도로 명확하게 변침해야 회피 의도가 분명히 전달되어 안전하다.
>
> 을

228 물 때 변화에 따라 모터보트 운항 경로를 조정하는 가장 중요한 이유는 무엇인가? ★★★

갑. 파도의 크기 변화에 대비하기 위해
을. 수온 변화에 적응하기 위해
병. 얕은 수심으로 인한 사고를 예방하기 위해
정. 항로 내 물고기의 활동을 피하기 위해

> **정답 및 해설**
> 수심이 낮아지면 좌초 위험이 커지므로, 사고 예방을 위해 경로를 조정해야 한다.

229 폭풍우 시 대처방법으로 잘못된 것은? ★★★

갑. 파도의 충격과 동요를 최대로 줄이기 위해 속력을 줄이고 풍파를 선수 20°~30° 방향에서 받도록 조종한다.
을. 파도의 충격과 동요를 최대로 줄이기 위해 속력을 줄이고 풍파를 우현 90° 방향에서 받도록 조종한다.
병. 파도를 보트의 횡방향에서 받는 것은 대단히 위험하다.
정. 보트의 위치를 항상 파악하도록 노력한다.

> **정답 및 해설**
> 파도를 측면(90°)에서 받으면 전복 위험이 크며, 선수 방향에서 비스듬히 받는 것이 안전하다.

230 수상레저 활동자가 지켜야 할 운항규칙에 대한 설명으로 잘못된 것은? ★★★

갑. 다른 수상레저기구와 정면으로 충돌할 위험이 있을 때에는 음성신호, 수신호 등 적당한 방법으로 상대에게 이를 알리고 우현 쪽으로 진로를 피해야 한다.
을. 다른 수상레저기구의 진로를 횡단하는 경우에 충돌의 위험이 있을 때에는 다른 수상레저기구를 오른쪽에 두고 있는 수상레저기구가 진로를 피해야 한다.
병. 다른 수상레저기구와 같은 방향으로 운항하는 경우에는 2미터 이내로 근접하여 운항해서는 안 된다.
정. 안개 등으로 가시거리가 0.5마일 이내로 제한되는 경우에는 수상레저기구를 운항해서는 안 된다.

> **정답 및 해설**
> 운항 금지 기준은 가시거리 0.5km이며, 0.5마일(약 0.8km)은 잘못된 기준이다.

231 동력수상레저기구 운항 중 수중의 암초를 피하기 위한 가장 좋은 방법은 무엇인가?

갑. 수중 암초가 있는 지역을 미리 확인하고, 그 지역을 피해서 주행한다.
을. 암초가 있을 수 있는 지역에서 속도를 더 높여 빠르게 지나간다.
병. 암초 지역에서 빠른 속도로 회전하여 피한다.
정. 수중 암초를 발견하면 바로 엔진을 끄고 수심을 체크한다.

> **정답 및 해설**
> 암초는 사전에 위치를 파악하고 해당 지역을 우회하는 것이 가장 안전하다. 　　**병**

232 조석 간만의 영향을 받는 항구에서 레저보트로 입출항할 때, 오전 08시 14분 출항했을 때가 만조였다면, 다음 중 어느 시간대를 선택해야 만조 시의 입항이 가능한가?

갑. 당일 11시경(오전 11시경)
을. 당일 14시경(오후 2시경)
병. 당일 20시경(오후 8시경)
정. 다음날 02시경(오전 2시경)

> **정답 및 해설**
> 만조는 약 12시간 간격으로 반복되므로, 08시 14분 만조 출항 시 20시경이 다음 만조 시점이다. 　　**병**

233 모터보트 운항 중 연료가 고갈되어 표류 중이다. 다음 중 우선 고려해야 할 조치로 올바른 것은?

갑. GPS로 위치를 확인하고 구조 요청을 보낸다.
을. 엔진을 계속 가동하면서 조금씩 이동을 시도한다.
병. 안전 장비를 착용하고 조류를 타고 이동한다.
정. 모든 전원을 끄고 연료를 절약한다.

> **정답 및 해설**
> 표류 시에는 GPS로 위치를 확인하고 즉시 구조 요청을 보내야 한다. 　　**갑**

234 황천 항해 중 선박조종법으로 잘못된 것은?

갑. 라이 투(Lie to)
을. 히브 투(Heave to)
병. 스커딩(Scudding)
정. 브로칭(Broaching)

> **정답 및 해설**
> 브로칭은 선미로 파도를 받을 때 조종을 잃고 전복 위험이 크므로, 잘못된 조종법이다. 　　**정**

235 안전한 속력을 결정할 때에 고려해야 할 사항으로 가장 잘못된 것은?

갑. 시계의 상태

을. 해상교통량의 밀도

병. **선박의 승선원과 수심과의 관계**

정. 선박의 정지거리·선회성능, 그 밖의 조종성능

> **정답 및 해설**
> 승선원과 수심의 관계는 안전한 속력 결정 요소가 아니며, 관련 없는 설명이다.

236 〈보기〉의 설명으로 올바른 것은?

> **보기**
> 선체가 횡동요 중에 옆에서 돌풍을 받든지 또는 파랑 중에서 대각도 조타를 하면 선체는 갑자기 큰 각도로 경사하게 된다.

갑. 동조 횡동요　　　　　　을. **러칭**

병. 브로칭　　　　　　　　정. 슬래밍

> **정답 및 해설**
> 러칭은 횡동요 중 돌풍이나 조타로 인해 선체가 갑자기 크게 기우는 현상이다.
> • 동조 횡동요 : 파랑 주기와 선체의 횡동요 주기가 일치해 횡동요가 크게 증폭되는 현상
> • 브로칭 : 파도를 선미로 받을 때 선수가 갑자기 파도 측으로 틀어지며 조종을 잃는 현상
> • 슬래밍 : 선체가 파도 위로 들렸다가 수면에 강하게 떨어지며 충격이 발생하는 현상

237 킥(Kick) 현상에 대한 설명으로 잘못된 것은?

갑. 원침로에서 횡 방향으로 무게중심이 이동한 거리로 선미 킥은 배 길이의 1/4 ~ 1/7 정도이다.

을. 장애물을 피할 때나 인명구조 시 유용하게 사용한다.

병. 선속이 빠른 선박과 타효가 좋은 선박은 커지며, 전타 초기에 현저하게 나타난다.

정. **선회 초기 선체는 원침로보다 안쪽으로 밀리면서 선회한다.**

> **정답 및 해설**
> 킥 현상은 선체가 원침로보다 바깥쪽으로 밀리는 현상이므로, '안쪽'이라는 설명은 틀렸다.

238 〈보기〉의 설명으로 옳은 것은? ★★★

> **보기**
> 황천으로 항행이 곤란할 때, 풍랑을 선미 쿼터(quarter)에서 받으며, 파에 쫓기는 자세로 항주하는 방법이며, 이 방법은 선체가 받는 충격 작용이 현저히 감소하고, 상당한 속력을 유지할 수 있으나, 보침성이 저하되어 브로칭 현상이 일어날 수도 있다.

갑. 라이 투
병. 스커딩
을. 빔 엔드
정. 히브 투

정답 및 해설
병 스커딩에 관한 설명이다.
- 라이 투 : 기관을 정지하고 풍하로 표류하게 하는 방식으로, 주로 대형선에서 사용
- 빔 엔드 : 풍파를 측면에서 받는 상태로 매우 위험해 일반적으로 피해야 하는 자세
- 히브 투 : 선수를 바람 쪽으로 향하게 하여 최소 속력으로 항주하며 충격을 줄이는 방법

239 황천에서 항해가 곤란할 때, 바람을 선수 좌·우현 25~35도 방향으로 받으며 최소한의 속력으로 전진하는 항법을 무엇이라고 하는가? ★★★

갑. 히브 투(heave to)
을. 스커딩(scudding)
병. 라이 투(lie to)
정. 브로칭 투(broaching to)

정답 및 해설
히브 투(Heave to)는 바람을 정면 비스듬히 받아 속도를 줄이며 파도 충격을 완화하는 항법이다.

240 우회전 프로펠러로 운행하는 선박이 계류 시 우현계류보다 좌현계류가 더 유리한 이유는 무엇인가? ★★★

갑. 후진 시 배출류의 측압작용으로 선미가 좌선회하는 것을 이용한다.
을. 후진 시 횡압력의 작용으로 선미가 좌선회하는 것을 이용한다.
병. 후진 시 반류의 작용으로 선미가 좌선회하는 것을 이용한다.
정. 후진 시 흡수류의 작용으로 선수가 우회두하는 것을 이용한다.

정답 및 해설
후진 시 배출류의 측압작용으로 선미가 좌측으로 돌아가 좌현 계류가 유리하다.

241 풍랑을 선미 좌우현 25~35도에서 받으며, 파에 쫓기는 자세로 항주하는 것은?

갑. 히브 투
을. 스커딩
병. 라이 투
정. 러칭

> **정답 및 해설**
> 스커딩(scudding)은 풍랑을 선미 쿼터 방향으로 받으며 파도에 쫓기듯 항해하는 방법이다. **을**

242 전타 선회 시 제일 먼저 생기는 현상은 무엇인가?

갑. 킥(Kick)
을. 종거
병. 선회경
정. 횡거

> **정답 및 해설**
> 킥(Kick)은 전타 직후 선체가 횡방향으로 밀리는 초기 반응으로, 선회 시 가장 먼저 나타난다. **갑**

243 모터보트 상호 간의 흡인·배척 작용을 설명한 내용으로 잘못된 것은?

갑. 접근거리가 가까울수록 흡인력이 크다.
을. 추월시가 마주칠 때보다 크다.
병. 저속항주시가 크다.
정. 수심이 얕은 곳에서 뚜렷이 나타난다.

> **정답 및 해설**
> 흡인·배척 작용은 저속보다 고속 항주시 더 크게 나타난다. **병**

244 시계가 제한된 상황에서 정박 중인 동력레저기구 방향으로 접근하여 오는 선박이 있을 경우, 충돌의 가능성을 경고하기 위해 가장 올바른 타종 방법은?

갑. 3회 타종(3점타)
을. 5회 타종(5점타)
병. 1분을 넘지 않는 간격으로 5초 동안 빠르게 타종(5초간 연속 타종)
정. 1분을 넘지 않는 간격으로 5초 동안 빠르게 타종(5초간 연속 타종)에 이어 3회 타종(3점타)

> **정답 및 해설**
> 정박 중일 때는 1분 이내 간격으로 5초간 빠르게 타종하여 충돌 위험을 경고한다.

245 상대 선박과 충돌위험이 가장 큰 경우는 언제인가?

갑. 방위가 변하지 않을 때
을. 거리가 변하지 않을 때
병. 방위가 빠르게 변할 때
정. 속력이 변하지 않을 때

> **정답 및 해설**
> 방위가 변하지 않고 거리만 가까워질 때는 충돌 경로에 있다는 의미로 가장 위험하다. 갑

246 모터보트를 현측으로 접안하고자 한다. 선수미 방향을 기준으로 진입각도가 가장 적당한 것은 어느 것인가?

갑. 계류장과 평행하게
을. 약 20°~30°
병. 약 45°~60°
정. 직각

> **정답 및 해설**
> 약 20°~30°의 진입 각도로 접근하면 안정적이고 안전한 접안이 가능하다. 을

247 모터보트 운항 시 속력을 낮추거나 정지해야 할 경우로 잘못된 것은?

갑. 농무에 의한 시정제한
을. 다른 보트가 추월을 시도하는 경우
병. 좁은 수로에서 침로만을 변경하기 어려운 경우
정. 진행 침로방향에 장애물이 있을 때

> **정답 및 해설**
> 추월 상황에서는 속력을 줄이지 않고 침로와 속력을 유지하는 것이 원칙이다. 을

248 수심이 얕은 해역을 항해할 때 발생하는 현상으로 잘못된 것은?

갑. 조종성능 저하
을. 속력 감소
병. 선체 침하 현상
정. 공기저항 증가

> **정답 및 해설**
> 공기 저항은 수심과 무관하므로, 수심 얕은 해역에서 발생하는 현상과 관련 없다. 정

249 선박이 전진 중 횡방향에서 바람을 받으면 선수가 향하는 방향은 어느 쪽인가?

갑. 변화 없이 지속유지 을. 바람이 불어가는 방향
<u>병. 바람이 불어오는 방향</u> 정. 풍하방향

> **정답 및 해설**
> 선미가 바람 쪽으로 밀리며 선수는 바람이 불어오는 방향으로 돌아간다.

250 모터보트를 조종할 때 주의할 사항으로 잘못된 것은?

갑. 좌우를 살피며 안전속력을 유지한다.
을. 움직일 수 있는 물건은 고정한다.
병. 자동 정지줄은 항상 몸에 부착한다.
<u>정. 교통량이 많은 해역은 최대한 신속하게 이탈한다.</u>

> **정답 및 해설**
> 교통량이 많은 해역에서는 신속한 이탈보다, 주의 깊은 관찰과 안전 속력이 우선이다.

251 동력수상레저기구 두 대가 근접하여 나란히 고속으로 운항할 때 일어나는 현상으로 옳은 것은?

갑. 수류의 배출작용 때문에 멀어진다.
을. 평행하게 운항을 계속하면 안전하다.
<u>병. 흡인작용에 의해 서로 충돌할 위험이 있다.</u>
정. 상대속도가 0에 가까워 안전하다.

> **정답 및 해설**
> 고속 병행 운항 시 흡인 작용으로 인해 서로 끌려 충돌 위험이 커진다.

252 선외기 등을 장착한 활주형 선박이 운항 중 선회할 때, 선체는 어떤 방향으로 경사하는가?

갑. 외측경사 을. 내측경사
병. 외측경사 후 내측경사 <u>정. 내측경사 후 외측경사</u>

> **정답 및 해설**
> 처음에는 내측경사, 이후 원심력에 의해 외측으로 기울어지는 현상이 나타난다.

253 항해 중 선박이 충돌하였을 때의 조치로써 잘못된 것은?

갑. 주기관을 정지시킨다.

을. 두 선박을 밀착시킨 상태로 밀리도록 한다.

병. 절박한 위험이 있을 때는 음향신호 등으로 구조를 요청한다.

정. 선박을 후진시켜 두 선박을 분리한다.

> **정답 및 해설**
> 충돌 후 무리하게 후진하면 침수 면적이 넓어져 위험하므로, 선박은 밀착 상태로 두는 것이 안전하다. 정

254 모터보트를 계류장에 접안할 때 주의사항으로 잘못된 것은?

갑. 타선의 닻줄 방향에 유의한다. 을. 선측 돌출물을 걷어 들인다.

병. 외력의 영향이 작을 때 접안이 쉽다. 정. 선미접안을 먼저 한다.

> **정답 및 해설**
> 접안은 선수를 먼저 붙이고 선미를 나중에 붙이는 것이 원칙이다. 정

255 모터보트의 조타설비에 대한 설명으로 올바른 것은?

갑. 무게를 측정하기 위한 설비 을. 크기를 측정하기 위한 설비

병. 운항 방향을 제어하는 설비 정. 강도를 측정하기 위한 설비

> **정답 및 해설**
> 조타 설비는 선박의 방향을 조종하고 침로를 유지하는 장치로, 운항 방향을 제어한다. 병

256 안전한 항해를 하기 위해서는 변침 지점과 물표를 미리 선정해 두어야 한다. 이때 주의사항으로 잘못된 것은?

갑. 변침 후 침로와 거의 평행 방향에 있고 거리가 먼 것을 선정한다.

을. 변침하는 현측 정횡 부근의 뚜렷한 물표를 선정한다.

병. 곶, 등부표 등은 불가피한 경우가 아니면 이용하지 않는다.

정. 물표가 변침 후의 침로 방향에 있는 것이 좋다.

> **정답 및 해설**
> 변침물표는 침로와 가까운 위치에 있어야 자선 위치를 정확히 파악할 수 있다. 갑

257 선박에서 말하는 '상대방위'는 무엇을 의미하는가?

갑. 선수를 기준으로 한 방위
을. 물표와 물표사이의 방위각 차
병. 나북을 기준으로 한 방위
정. 진북을 기준으로 한 방위

> **정답 및 해설**
> 상대 방위는 선수를 기준으로 측정한 방위이다.
>
> 갑

258 〈그림〉과 같이 선수 트림(Trim by the head)이 클 때, 나타나는 현상이 아닌 것은? ★★

그림

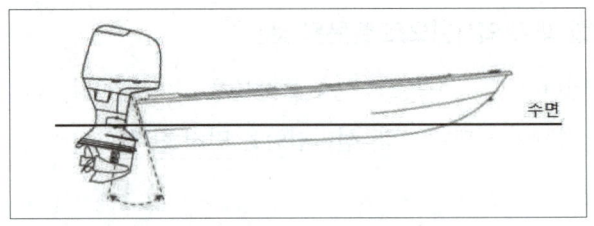

갑. 엔진을 가속할수록 선수가 들린다.
을. 잔잔한 물에서도 선수가 위아래로 흔들린다.
병. 활주 상태에서 보트가 급격히 좌우로 흔들린다.
정. 선수부에서 항주파가 형성된다.

> **정답 및 해설**
> 선수가 들리면 항주파는 보통 선미 쪽에서 형성되므로, 선수부에서의 항주파 형성은 잘못된 설명이다.
>
> 정

259 소형 모터보트의 중, 고속에서의 직진과 정지에 대한 설명으로 가장 잘못된 것은? ★★★

갑. 키는 사용한 만큼 반드시 되돌려야 하고, 침로 수정은 침로선을 벗어나기 전에 한다.
을. 침로유지를 위한 목표물은 가능한 가까운 쪽에 있는 목표물을 선정한다.
병. 키를 너무 큰 각도로 돌려서 사용하는 것보다 필요한 만큼 사용한다.
정. 긴급시를 제외하고는 급격한 감속을 해서는 안 된다.

> **정답 및 해설**
> 침로 유지를 위해선 가까운 목표물보다 먼 목표물을 보는 것이 안정적이다. 가까운 목표물은 조타에 따라 진로가 쉽게 흔들린다.
>
> 을

260 〈그림〉과 같이 보트 용골(Keel)에서 프로펠러까지의 높이(H)가 길 때 나타나는 현상은? ★★

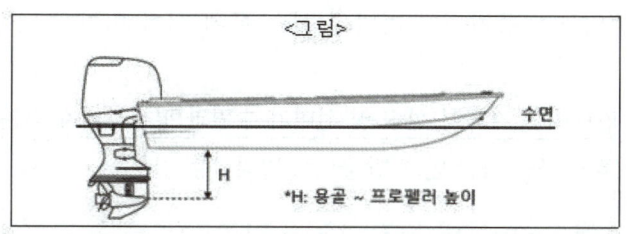

갑. 벤틸레이션(Ventilation) 현상이 나타난다.
을. 엔진 하부의 취수구에서 충분한 물이 흡입되지 않는다.
병. 물과 공기가 접촉되기 쉽다.
정. 불필요한 항력이 발생하고 트랜섬(엔진거치대)에 무리를 준다.

> **정답 및 해설**
> H(높이)가 길면 물의 저항이 커져 항력이 증가하고, 트랜섬에 무리가 가는 구조적 문제가 생긴다.
> **정**

261 모터보트가 저속으로 항해할 때 가장 크게 작용하는 선체 저항은 무엇인가? ★★★

갑. 마찰저항
을. 조파저항
병. 조와저항
정. 공기저항

> **정답 및 해설**
> 저속일수록 물과 선체 표면 간의 마찰 저항이 가장 크게 작용한다.
> **갑**

262 모터보트의 선회 성능에 대한 설명으로 가장 잘못된 것은? ★★★

갑. 속력이 느릴 때 선회 반경이 작고 빠를 때 크다.
을. 선회 시는 선체 저항의 증가로 속력은 떨어진다.
병. 타각이 클 때보다 작을 때 선회 반경이 크다.
정. 프로펠러가 1개인 경우 좌우의 선회권의 크기는 차이가 없다.

> **정답 및 해설**
> 프로펠러가 1개인 보트는 회전 방향에 따라 좌우 선회 반경이 달라진다. 좌우 선회권이 같다는 것은 잘못된 설명이다.
> **정**

263 모터보트를 조종할 때 활주 상태에 대한 설명으로 가장 올바른 것은?

갑. 정지된 상태에서 속도전환 레버를 조작하여 전진 또는 후진하는 것

을. 속력을 증가시키면 양력이 증가되어 가벼운 선수 쪽에 힘이 미치게 되어 선수가 들리는 상태

병. 모터보트의 속력과 양력이 증가되어 선수 및 선미가 수면과 평행상태가 되는 것

정. 선회 초기에 선미는 타를 작동하는 반대 방향으로 밀려나는 것

> **정답 및 해설**
> 활주 상태는 속도와 양력 증가로 선수와 선미가 수면과 거의 평행해지는 고속 주행 상태를 말한다.
> 병

264 바람이나 조류가 모터보트의 움직임에 미치는 영향에 관한 내용 중 가장 올바른 것은?

갑. 바람과 조류는 모두 모터보트를 이동만 시킨다.

을. 바람은 회두를 일으키고 조류는 모터보트를 이동시킨다.

병. 바람은 모터보트를 이동시키고 조류는 회두를 일으킨다.

정. 바람과 조류는 모두 회두만을 일으킨다.

> **정답 및 해설**
> 바람은 선수를 밀어 회두를 유발하고, 조류는 보트를 전체적으로 이동시키는 힘으로 작용한다.
> 을

265 모터보트를 조종할 때 조류의 영향을 설명한 것 중 가장 잘못된 것은?

갑. 선수 방향의 조류는 타효가 좋다.

을. 선수 방향의 조류는 속도를 저하시킨다.

병. 선미 방향의 조류는 조종성능이 향상된다.

정. 강조류로 인한 보트 압류를 주의해야 한다.

> **정답 및 해설**
> 선미 방향의 조류(순조)는 보트를 밀어내 타효를 약화시키므로, 조종 성능은 오히려 저하된다.
> 병

266 다른 동력수상레저기구 또는 선박을 추월하려는 경우에는 추월당하는 기구의 진로를 방해하여서는 안 된다. 이때 두 선박 간의 관계에 대한 설명으로 가장 잘못된 것은? ★★★

갑. 운항규칙상 2미터 이내로 근접하여 운항하면 안 된다.
을. 가까이 항해 시 두 선박 간에 당김, 밀어냄, 회두 현상이 일어난다.
병. 선박의 상호 간섭작용이 충돌사고의 원인이 된다.
정. 선박 크기가 다를 경우 큰 선박이 훨씬 큰 영향을 받는다.

> **정답 및 해설**
> 간섭 현상은 작은 선박이 더 쉽게 영향을 받는다. 큰 선박이 더 큰 영향을 받는다는 설명은 틀렸다.
> 정

267 계류 중인 동력수상레저기구 인근을 통항하는 선박 또는 동력수상레저기구가 유의하여야 할 내용으로 잘못된 것은? ★★★

갑. 통항 중인 레저기구는 가급적 저속으로 통항한다.
을. 계류 중인 레저기구는 계선줄 등을 단단히 고정한다.
병. 통항 중인 레저기구는 가능한 접안선 가까이 통항한다.
정. 계류 중인 레저기구는 펜더 등을 보강한다.

> **정답 및 해설**
> 통항 중인 레저기구는 접안선에서 멀리 떨어져 저속으로 항해해야 충돌 및 파손 위험을 줄일 수 있다.
> 병

268 동력수상레저기구 화재 시 소화 작업을 하기 위한 조종방법으로 가장 잘못된 것은? ★★★

갑. 선수부 화재 시 선미에서 바람을 받도록 조종한다.
을. 상대 풍속이 0이 되도록 조종한다.
병. 선미 화재 시 선수에서 바람을 받도록 조종한다.
정. 중앙부 화재 시 선수에서 바람을 받도록 조종한다.

> **정답 및 해설**
> 중앙부 화재 시에는 옆(정횡) 방향에서 바람을 받아야 불이 앞뒤로 번지는 걸 막을 수 있다. 선수에서 바람을 받으면 화재가 확산될 수 있어 위험하다.
> 정

269 동력수상레저기구 운항 중 전방의 선박에서 단음 1회의 음향신호 또는 단신호 1회의 발광신호를 인식하였다. 이에 대한 설명으로 가장 올바른 것은? ★★★

갑. 우현 변침 중이라는 의미
을. 좌현 변침 중이라는 의미
병. 후진 중이라는 의미
정. 정지 중이라는 의미

> **정답 및 해설**
> 단음 1회 또는 단신호 1회 발광은 "우현 변침 중"을 뜻하며, 이를 들은 선박은 우현 회피에 협조해야 한다.
> 갑

270 선박이 우현 쪽 둑에 가까이 접근할 때, 선수가 받는 영향으로 가장 적절한 것은? ★★★

갑. 우회두한다.
을. 흡인된다.
병. 반발한다.
정. 영향이 없다.

> **정답 및 해설**
> 선박이 둑에 가까워지면 수압 차이로 인해 선수가 둑 반대 방향으로 밀리는 반발 현상이 생긴다.
> 병

제3장 | 동력수상레저기구 장치

제1절 • 내연기관

271 복원력이 증가함에 따라 나타나는 영향에 대한 설명으로 잘못된 것은? ★★★

갑. 화물이 이동할 위험이 있다.
을. 승무원의 작업능률을 저하시킬 수 있다.
병. 선체나 기관 등이 손상될 우려가 있다.
정. 횡요 주기가 길어진다.

> **정답 및 해설**
> 복원력이 커질수록 선박은 더 빠르게 바로 서기 때문에 횡요 주기(좌우로 흔들리는 주기)는 짧아진다. 길어진다는 설명은 틀렸다.
> 정

272 내연기관의 열효율을 높이기 위한 조건으로 잘못된 것은? ★★★

갑. 배기로 배출되는 열량을 적게 한다.　**을. 압축압력을 낮춘다.**
병. 용적효율을 좋게 한다.　　　　　　　정. 연료분사를 좋게 한다.

> **정답 및 해설**
> 압축 압력은 높일수록 열효율이 좋아진다. 낮추면 효율이 떨어지므로 오답.
> 을

273 다음 중 왕복 운동형 내연기관의 시동 장치에 대한 설명으로 가장 잘못된 것은? ★★

갑. 기관을 시동시키기 위해서는 외부로부터 회전력을 공급해주어야 한다.
을. 시동 전동기(starting motor)는 기계적 에너지를 전기적 에너지로 바꾸어 회전력을 발생시킨다.
병. 축전지, 시동 전동기, 시동 스위치, 마그네틱 스위치, 배선 등으로 구성된다.
정. 솔레노이드 스위치(solenoid switch)는 피니언을 링 기어에 물려주는 역할을 한다.

> **정답 및 해설**
> 시동 전동기는 전기 에너지를 기계 에너지로 바꿔 회전력을 만든다. (반대 아님)
> 을

274 과급(supercharging)이 기관의 성능에 미치는 영향에 대한 설명 중 맞는 것은 모두 몇 개인가? ★★★

> 보기
> ① 평균 유효압력을 높여 기관의 출력을 증대시킨다.
> ② 연료소비율이 감소한다.
> ③ 단위 출력 당 기관의 무게와 설치 면적이 작아진다.
> ④ 미리 압축된 공기를 공급하므로 압축 초의 압력이 약간 높다.
> ⑤ 저질 연료를 사용하는데 불리하다.

갑. 2개 을. 3개
병. 4개 정. 5개

> 정답 및 해설
> ①, ②, ③, ④ → 총 4개, ⑤ 과급은 연소 상태를 개선해 저질 연료 사용에도 유리함 병

275 윤활유 소비량이 증가되는 원인으로 잘못된 것은? ★★

갑. 연료분사밸브의 분사상태 불량
을. 펌핑작용에 의한 연소실 내에서의 연소
병. 열에 의한 증발
정. 크랭크케이스 혹은 크랭크축 오일 리테이너의 누설

> 정답 및 해설
> 연료분사밸브 불량은 연소 상태에 영향을 줄 수 있지만, 윤활유 소비량 증가와는 직접 관련이 없다.

276 플라이휠의 주된 설치목적은 무엇인가? ★★★

갑. 크랭크축 회전속도의 변화를 감소시킨다.
을. 기관의 과속을 방지한다.
병. 기관의 부착된 부속장치를 구동한다.
정. 축력을 증가시킨다.

> 정답 및 해설
> 플라이휠은 회전 관성을 이용해 크랭크축의 회전 속도 변화를 줄여 속도를 일정하게 유지해 준다. 갑

277 수상오토바이 운항 중 기관(엔진)이 정지된 경우 즉시 점검해야 할 사항으로 잘못된 것은?

갑. 몸에 연결한 스톱스위치(비상정지)를 확인한다.
을. 연료잔량을 확인한다.
병. 임펠라가 로프나 기타부유물에 걸렸는지 확인한다.
정. 엔진의 노즐 분사량을 확인한다.

> **정답 및 해설**
> 노즐 분사량 점검은 엔진 정지 시 즉시 확인할 항목이 아니다.

278 실린더 윤활의 목적으로 잘못된 것은?

갑. 연소가스의 누설을 방지하기 위해
을. 과열을 방지하기 위해
병. 마찰계수를 감소시키기 위해
정. 연료펌프 고착을 방지하기 위해

> **정답 및 해설**
> 연료 펌프 고착 방지는 실린더 윤활의 목적과 관련 없다.

279 클러치의 동력전달 방식에 따른 구분에 해당하지 않는 것은?

갑. 마찰클러치
을. 유체클러치
병. 전자클러치
정. 감속클러치

> **정답 및 해설**
> 감속 클러치는 동력 전달 방식에 따른 클러치 구분에 해당하지 않는다.

280 내연기관의 피스톤 링(piston ring)이 고착되는 원인으로 잘못된 것은? ★★

갑. 실린더 냉각수의 순환량이 과다할 때
을. 링과 링홈의 간격이 부적당할 때
병. 링의 장력이 부족할 때
정. 불순물이 많은 연료를 사용할 때

> **정답 및 해설**
> 냉각수 순환량이 많으면 온도가 낮아져 고착과 관련 없다.

281 내연기관의 피스톤(piston)의 주된 역할 중 가장 잘못된 것은?

갑. 새로운 공기(소기)를 실린더 내로 흡입 및 압축
을. 상사점과 하사점 사이의 직선 왕복운동
병. 고온고압의 폭발 가스압력을 받아 연접봉을 통해 크랭크샤프트에 회전력 발생
정. 회전운동을 통해 외부로 동력을 전달

> **정답 및 해설**
> 피스톤은 왕복 운동만 수행한다.

282 선외기 4행정기관(엔진) 진동 발생 원인으로 잘못된 것은?

갑. 점화플러그 작동이 불량할 때
을. 실린더 압축압력이 균일하지 않을 때
병. 연료분사밸브의 분사량이 균일하지 않을 때
정. 냉각수 펌프 임펠러가 마모되었을 때

> **정답 및 해설**
> 냉각수 펌프 임펠러 마모는 진동과는 직접적인 관련이 없다. (과열 관련)

283 가솔린기관 진동 발생 원인으로 가장 잘못된 것은?

갑. 배기가스 온도가 높을 때   을. 기관이 노킹을 일으킬 때
병. 위험회전수로 운전하고 있을 때   정. 베어링 틈새가 너무 클 때

> **정답 및 해설**
> 배기가스 온도 상승은 진동과는 직접적인 관련이 없다. (연소 문제나 밸브 누설과 관련) 갑

284 가솔린 기관에서 노크와 같이 연소 화염이 매우 고속으로 전파되는 현상은 무엇인가?

갑. 데토네이션(Detonation)   을. 와일드 핑(Wild ping)
병. 럼블(Rumble)   정. 케비테이션(Cavitation)

> **정답 및 해설**
> 데토네이션에 관한 설명이다.

285 〈보기〉에서 설명하는 가솔린기관 이상 현상으로 가장 올바른 것은? ★★★

> **보기**
> [원인]: 오일팬 내 오일량 부족, 오일필터 오손, 오일 내 물이나 가솔린 유입, 오일 온도 상승
> [조치]: 오일 충유, 오일필터 교체 또는 계통검사 후 수리, 냉각계통 고장원인 확인 및 수리

갑. 윤활유 압력 상승 을. 윤활유 압력 저하
병. 냉각수 압력 상승 정. 냉각수 압력 저하

정답 및 해설
오일 이상은 윤활유 압력 저하로 이어진다.

286 〈보기〉에서 설명하는 디젤기관의 구성요소로 가장 올바른 것은? ★★

> **보기**
> 실린더 내를 왕복 운동하여 새로운 공기를 흡입하고 압축한다.
> 실린더와 함께 연소실을 형성한다.

갑. 커넥팅 로드(connecting rod) 을. 피스톤(piston)
병. 크로스헤드(crosshead) 정. 스커트(skirt)

정답 및 해설
피스톤에 관한 설명이다.

287 다음 중 디젤기관의 시동 방법에 대한 설명으로 가장 올바른 것은? ★★★

갑. 전동기에 의한 시동은 시동모터에서 발생한 전기를 이용한다.
을. 전동기에 의한 시동은 축전지를 이용하여 시동모터로 캠축을 회전시키는 시동 방법이다.
병. 압축 공기에 의한 시동은 각 피스톤에 압축 공기를 직접 분사할 때 생기는 힘을 이용한 것이다.
정. 압축 공기에 의한 시동 방법은 항상 피스톤이 작동 위치에 있을 때 시동 밸브가 열리도록 해야 한다.

정답 및 해설
압축 공기 시동은 피스톤 위치에 맞춰 시동 밸브가 열려야 한다.

288 가솔린기관에 비해 디젤기관이 갖는 특성으로 올바른 것은?

갑. 시동이 용이하다.   을. 운전이 정숙하다.
병. 압축비가 높다.   정. 마력당 연료소비율이 높다.

> **정답 및 해설**
> 디젤기관은 압축 점화 방식을 사용하므로 가솔린 기관보다 압축비가 높다. **병**

289 디젤기관에서 피스톤링 플러터(flutter) 현상의 영향으로 올바른 것은?

갑. 윤활유 소비가 감소한다.   을. 기관의 효율이 높아진다.
병. 압축압력이 높아진다.   **정. 블로바이 현상이 나타난다.**

> **정답 및 해설**
> 플러터 현상은 피스톤링이 뜨면서 가스 누설이 발생해 블로바이 현상을 유발한다. **정**

290 프로펠러 축에 슬리브(sleeve)를 씌우는 주된 이유는 무엇인가?

갑. 윤활을 양호하게 하기 위하여
을. 진동을 방지하기 위하여
병. 회전을 원활하게 하기 위하여
정. 축의 부식과 마모를 방지하기 위하여

> **정답 및 해설**
> 슬리브는 축의 부식과 마모를 방지하기 위해 설치된다. **정**

291 모터보트의 전기설비 중에 설치되어 있는 퓨즈(fuse)에 대한 설명 중 잘못된 것은?

갑. 전원을 과부하로부터 보호한다.
을. 부하를 과전류로부터 보호한다.
병. 과전류가 흐를 때 고온에서 녹아 전기회로를 차단한다.
정. 허용 용량 이상의 크기로 사용할 수 있다.

> **정답 및 해설**
> 퓨즈는 용량 초과 시 차단되므로 허용 용량 이상으로 사용할 수 없다. **정**

제2절 • 냉각 및 연료 장치

292 선박의 기관실 침수 방지대책에 대한 설명으로 잘못된 것은? ★★★

갑. 방수 기자재를 정비한다.
을. 해수관 계통의 파공에 유의한다.
병. 해수 윤활식 선미관에서의 누설량에 유의한다.
정. 기관실 선저밸브를 모두 폐쇄한다.

> **정답 및 해설**
> 선저밸브는 평소 열어두고, 침수 시에만 폐쇄해야 한다.

293 레저기구의 운항 전 연료유 확보에 대한 설명으로 잘못된 것은? ★★★

갑. 예비 연료도 추가로 확보해야 한다.
을. 일반적으로 1마일(mile) 당 연료 소모량은 속력에 비례한다.
병. 연료 소모량을 알면 필요한 연료량을 구할 수 있다.
정. 기존 운항 기록을 통하여 속력에 따른 연료 소모량을 알 수 있다.

> **정답 및 해설**
> 1마일당 연료 소모량은 속력의 제곱에 비례한다.

294 다음 중 가솔린기관에서 〈보기〉가 설명하는 윤활장치의 구성요소로 가장 올바른 것은? ★★★

보기
- 캠축 또는 크랭크축에 의해 구동된다
- 오일을 각 윤활부에 압송하는 기능을 수행한다

갑. 오일 팬(oil pan)
을. 오일 펌프(oil pump)
병. 오일 여과기(oil filter)
정. 오일 스트레이너(oil strainer)

> **정답 및 해설**
> 오일펌프는 캠축 또는 크랭크축으로 구동되며, 오일을 각 윤활부에 압송하는 역할을 한다.

295 다음 중 가솔린기관에서 전자제어 연료 분사 장치의 연료공급 계통에 포함되지 않는 요소로 가장 올바른 것은? ★★★

갑. 연료 탱크
을. 연료 여과기
병. 연료 펌프
정. 전자제어 유닛

정답 및 해설
전자 제어 유닛은 제어 계통에 속하며, 연료 공급 계통 구성 요소는 아니다.

정

296 다음 중 가솔린기관에서 배기가스 정화 장치의 종류로 가장 잘못된 것은? ★★★

갑. 블로바이 가스 환원 장치
을. 연료 증발 가스 처리 장치
병. 서지 탱크 장치
정. 배기가스 재순환 장치

정답 및 해설
서지 탱크 장치는 흡기계 압력 조절용으로 사용되며, 배기가스 정화 장치와는 관련이 없다.

병

297 다음 중 가솔린기관에서 〈보기〉가 설명하는 냉각 장치의 구성요소로 가장 올바른 것은? ★★★

보기
- 기관 내부의 냉각수 온도 변화에 따라 자동으로 밸브를 개폐한다.
- 냉각수의 적정온도를 유지시켜 주는 일종의 개폐장치이다.

갑. 수온 조절기(thermostat)
을. 워터 재킷(water jacket)
병. 라디에이터(radiator)
정. 냉각 핀(cooling fin)

정답 및 해설
수온 조절기는 냉각수 온도에 따라 자동으로 밸브를 개폐해 적정 온도를 유지한다.

갑

298 가솔린 기관에서 윤활유 압력저하가 되는 원인으로 잘못된 것은? ★★★

갑. 오일팬 내의 오일량 부족
을. 오일여과기 오손
병. 오일에 물이나 가솔린의 유입
정. 오일 온도 하강

정답 및 해설
오일 온도 하강 시, 점도 증가로 압력은 오히려 상승한다.

정

299 선외기 가솔린기관(엔진)이 시동되지 않아 연료계통을 점검하고자 한다. 유의사항으로 잘못된 것은?

갑. 프라이머 밸브(primer valve)를 제거한다.
을. 연료필터(fuel filter)에 불순물 또는 물이 차 있지 않은지 확인한다.
병. 연료계통 내에 누설되는 곳이 있는지 확인한다.
정. 연료탱크의 출구밸브 및 공기변(air vent)이 닫혀있는지 확인한다.

> **정답 및 해설**
> 프라이머 밸브를 제거하는 것이 아니라, 연료 공급과 공기 제거를 위해 작동해야 한다. 갑

300 윤활유의 기본적인 역할이 아닌 것은? ★★

갑. 감마작용 을. 냉각작용
병. 산화작용 정. 청정작용

> **정답 및 해설**
> 산화 작용은 윤활유의 역할이 아니다. 병

301 윤활유의 취급상 주의사항으로 잘못된 것은? ★

갑. 이물질이나 물이 섞이지 않도록 한다.
을. 점도가 적당한 윤활유를 사용한다.
병. 여름에는 점도가 높은 것, 겨울에는 점도가 낮은 것을 사용한다.
정. 고온부와 저온부에서 함께 쓰는 윤활유는 온도에 따른 점도 변화가 큰 것을 사용한다.

> **정답 및 해설**
> 윤활유는 온도 변화에도 점도가 안정적인 것이 바람직하다. 정

302 가솔린 기관(엔진)이 과열되는 원인이 아닌 것은?

갑. 냉각수 취입구 막힘 을. 냉각수 펌프 임펠러의 마모
병. 윤활유 부족 정. 점화시기가 너무 빠름

> **정답 및 해설**
> 점화 시기 빠름은 출력 저하 원인일 뿐 과열과는 무관하다. 정

303 윤활유의 점도에 대한 설명으로 올바른 것은?

갑. 윤활유의 온도가 올라가면 점도는 낮아진다.
을. 점도가 너무 높으면 유막이 얇아져 내부의 마찰이 감소한다.
병. 점도가 높으면 마찰이 적어 윤활계통의 순환이 개선된다.
정. 점도가 너무 낮으면 시동은 곤란해지나 출력이 올라간다.

> **정답 및 해설**
> 윤활유는 온도가 올라가면 점도가 낮아진다.
> 갑

304 가솔린기관의 연료가 구비해야 할 조건이 아닌 것은?

갑. 내부식성이 크고, 저장 시에 안정성이 있어야 한다.
을. 옥탄가가 높아야 한다.
병. 휘발성(기화성)이 작아야 한다.
정. 연소 시 발열량이 커야 한다.

> **정답 및 해설**
> 가솔린은 휘발성(기화성)이 커야 공기와 잘 섞여 연소 효율이 높다. 기화성이 작아야 한다는 것은 잘못된 조건이다.
> 병

305 엔진의 냉각수 계통에서 수온 조절기(thermostat)의 역할 중 가장 잘못된 것은?

갑. 과열 및 과냉각을 방지한다.
을. 오일의 열화방지 및 엔진의 수명을 연장시킨다.
병. 냉각수의 소모를 방지한다.
정. 냉각수의 녹 발생을 방지한다.

> **정답 및 해설**
> 수온 조절기는 온도 조절용이지, 녹 방지와는 무관하다.
> 정

306 선외기(outboard) 엔진에서 주로 사용되는 냉각방식은 무엇인가?

갑. 냉매가스식   을. 공냉식
병. 부동액냉각식   정. 담수 또는 해수냉각식

> **정답 및 해설**
> 선외기 엔진은 담수 또는 해수를 흡입해 냉각하는 방식이다.
> 정

307 엔진 시동 중 회전수가 급격하게 높아질 때 점검할 사항으로 잘못된 것은?

갑. 거버너 위치 등을 점검

을. 한꺼번에 많은 연료가 공급되는지를 확인

병. 시동 전 가연성 가스를 배제했는지 확인

정. 냉각수 펌프의 정상 작동 여부를 점검

> **정답 및 해설**
> 냉각수 펌프 작동 여부는 회전수 급증과 무관하며, 연료 공급 계통을 우선 점검해야 한다. 정

308 냉각수펌프로 주로 사용되는 원심펌프에서 호수(프라이밍)를 하는 목적은 무엇인가?

갑. 흡입수량을 일정하게 유지시키기 위해서

을. 송출량을 증가시키기 위해서

병. 기동 시 흡입 측에 국부진공을 형성시키기 위해서

정. 송출측 압력의 맥동을 줄이기 위해서

> **정답 및 해설**
> 프라이밍은 기동 시 흡입 측에 국부 진공을 형성해 물을 끌어올리기 위한 작업이다. 병

309 〈보기〉에서 나열된 냉각수 계통 세정 방법의 순서를 가장 바르게 나타낸 것은?

> **보기**
> ① 물이 완전히 빠지도록 선외기 엔진을 세워 놓는다.
> ② 냉각수 흡입구에 세정기를 끼우고, 세정기에 수돗물이 공급될 수 있도록 호스를 연결한다.
> ③ 기어를 중립에 두고 엔진을 시동하여 검수구에 물이 나오고 있는지 확인한다.
> ④ 3~5분간 냉각수 계통을 세정하고, 엔진을 정지한다.

갑. ① → ② → ③ → ④   **을. ② → ③ → ④ → ①**
병. ③ → ④ → ① → ②   정. ④ → ① → ② → ③

> **정답 및 해설**
> 세정기 연결 → 시동 후 검수 확인 → 세정 진행 → 물 제거 순서 을

310 모터보트 선외기에 과부하 운전이 장시간 지속되었을 때 기관(엔진)에 미치는 영향이 아닌 것은? ★

갑. **연료분사 압력이 낮아진다.**
을. 피스톤 및 피스톤링의 마멸이 촉진된다.
병. 흡·배기밸브에 카본이 퇴적되어 소기효율이 떨어진다.
정. 배기가스가 배출량이 많아진다.

> **정답 및 해설**
> 연료분사 압력은 과부하 운전과 직접 관련이 없다.
>
> 갑

311 디젤기관에서 연료소비율이란 무엇을 의미하는가? ★★★

갑. 기관이 1시간에 소비하는 연료량
을. 연료의 시간당 발열량
병. **기관이 1시간당 1마력을 얻기 위해 소비하는 연료량**
정. 기관이 1실린더당 1시간에 소비하는 연료량

> **정답 및 해설**
> 연료소비율은 1시간에 1마력을 내기 위해 소비되는 연료량을 의미한다.
>
> 병

312 〈보기〉에서 설명하는 디젤기관의 구성요소로 가장 올바른 것은? ★★★

> **보기**
> • 이 장치는 연료 분사 시기 및 분사량을 조정한다.
> • 이 장치의 작동상태는 기관의 성능에 직접 영향을 준다.

갑. 연료 분사 밸브(fuel injection valve)
을. 연료 분사 캠(fuel injection cam)
병. **연료 분사 펌프(fuel injection pump)**
정. 연료 분사 노즐(fuel injection nozzle)

> **정답 및 해설**
> 연료 분사 펌프는 분사 시기·분사량 조절과 고압 연료 공급을 담당한다.
>
> 병

313 모터보트 속력이 떨어지는 직접적인 원인으로 잘못된 것은?

갑. 수면 하선체에 조패류가 많이 붙어 있을 때
을. 선체가 수분을 흡수하여 무게가 증가했을 때
병. 선체 내부 격실에 빌지량이 많을 때
정. 냉각수 압력이 낮을 때

> **정답 및 해설**
> 냉각수 압력이 낮은 것은 속력 저하와 직접 관련 없다. 　　정

314 수상오토바이 출력저하 원인이 아닌 것은?

갑. Wear ring(웨어링) 과다 마모　　을. Impeller(임펠러) 손상
병. 냉각수 자동온도조절밸브 고장　　정. 피스톤링 과다마모

> **정답 및 해설**
> 냉각수 자동 온도 조절 밸브 고장은 과열 원인이지, 출력 저하와 직접 관련은 없다. 　　병

315 〈보기〉에서 설명하는 연료유의 종류로 가장 맞는 것은?

> **보기**
> • 기화하기 쉽고, 인화점이 낮아서 공기와 혼합되면 폭발성이 있다.
> • 비등점이 30℃~200℃ 정도이고, 비중은 0.69~0.77 정도이다.

갑. 휘발유(gasoline)　　을. 등유(kerosene)
병. 경유(light oil)　　정. 중유(heavy oil)

> **정답 및 해설**
> 휘발유에 대한 설명이다. 　　갑

316 연료유 연소성을 향상시키는 방법으로 잘못된 것은?

갑. 연료유를 미립화한다.　　을. 연료유를 가열한다.
병. 연소실을 보온한다.　　**정. 냉각수 온도를 낮춘다.**

> **정답 및 해설**
> 냉각수 온도를 낮추면 연소실 온도도 떨어져 연소성이 오히려 나빠진다. 　　정

317 연료소모량이 많아지고, 출력이 떨어지는 직접적인 원인으로 올바른 것은?

갑. 피스톤 및 실린더 마모가 심할 때
을. 윤활유 온도가 높을 때
병. 냉각수 압력이 낮을 때
정. 연료유 공급압력이 높을 때

> **정답 및 해설**
> 피스톤과 실린더의 마모는 압축 불량을 유발해, 출력 저하와 연료 소모 증가의 직접적인 원인이 된다.
> 갑

318 〈보기〉에서 설명하는 것으로 가장 올바른 것은?

> **보기**
> • 연소 과정을 통해 열, 빛, 동력 에너지 등을 얻을 수 있는 물질을 말한다.
> • 고체, 액체, 기체 형태가 있다.

갑. 휘발유(gasoline)   을. 등유(kerosene)
병. 연료(fuel)   정. 윤활(lubrication)

> **정답 및 해설**
> 연료(fuel)는 열·빛·동력을 만드는 물질로, 고체·액체·기체 형태를 모두 포함한다.
> 병

319 수상오토바이 배기냉각시스템의 플러싱(관내 청소) 절차로 올바른 것은?

갑. 냉각수 호스연결 → 냉각수 공급 → 엔진기동 → 엔진운전(약 5분) 후 정지 → 냉각수 차단

을. 냉각수 호스연결 → 엔진기동 → 냉각수 공급(약 5분) → 냉각수 차단 → 엔진정지

병. 냉각수 호스연결 → 엔진기동 → 냉각수 공급(약 5분) → 엔진정지 → 냉각수 차단

정. 엔진기동 → 냉각수 호스연결 → 냉각수 공급 → 엔진기동(약 5분) → 엔진정지 → 냉각수 차단

> **정답 및 해설**
> 플러싱은 연결 → 기동 → 공급 → 차단 → 정지 순이다. (연기공차정 암기)
> 을

320 릴리프밸브(relief valve)의 설명 중 올바른 것은?

갑. 압력을 일정치로 유지한다.

을. 압력을 일정치 이상으로 유지한다.

병. 유체의 방향을 제어한다.

정. 유량을 제어한다.

> **정답 및 해설**
> 릴리프밸브는 설정된 압력을 초과하면 작동하여 압력을 일정치로 유지하는 장치이다. 갑

321 선외기 가솔린엔진의 연료유에 해수가 유입되었을 때 엔진에 미치는 영향으로 잘못된 것은?

갑. 연료유 펌프 고장원인이 된다.

을. 시동이 잘 되지 않는다.

병. 해수 유입 초기에 진동과 엔진 꺼짐 현상이 발생한다.

정. 윤활유가 오손된다.

> **정답 및 해설**
> 연료에 섞인 해수는 윤활유 오손과는 관련이 없다. 정

제3절 • 추진 장치

322 추진기 날개면이 거칠어졌을 때 추진기 성능에 미치는 영향이 아닌 것은?

갑. 추력이 증가한다.

을. 소요 토크가 증가한다.

병. 날개면에 대한 마찰력이 증가한다.

정. 캐비테이션을 유발한다.

> **정답 및 해설**
> 날개면이 거칠어지면 마찰이 증가해 추력은 감소한다. 추력 증가라는 설명은 잘못되었다. 갑

323 프로펠러에 관한 설명 중 잘못된 것은? ★★★

갑. 프로펠러의 직경은 날개수가 증가함에 따라 작아진다.
을. 전개면적비가 작을수록 프로펠러의 효율은 감소한다.
병. 프로펠러의 날개는 공동현상에 의하여 손상을 받을 수 있다.
정. 가변피치 프로펠러의 경우는 회전수 여유를 주지 않는다.

> **정답 및 해설**
> 전개면적비가 작아지면 마찰 저항이 줄어 효율은 오히려 증가한다.

324 수상오토바이의 추진방식은? ★★

갑. 원심펌프에 의한 추진방식
을. 임펠러 회전에 의한 워터제트 추진방식
병. 프로펠러 회전에 의한 공기분사방식
정. 임펠러 회전에 의한 공기분사방식

> **정답 및 해설**
> 수상 오토바이는 임펠러 회전으로 물을 뒤로 분사하는 워터제트 추진 방식을 사용한다.

325 모터보트 운행 중 갑자기 선체가 심하게 떨림 현상이 나타날 때 즉시 점검해야 하는 부분이 아닌 것은? ★★

갑. 크랭크축 균열 상태를 확인한다.
을. 프로펠러의 축계(shaft) 굴절여부를 확인한다.
병. 프로펠러의 파손상태를 점검한다.
정. 프로펠러에 로프가 감겼는지 확인한다.

> **정답 및 해설**
> 크랭크축 균열은 분해 정비 시 확인하는 항목으로, 운행 중 떨림 발생 시 즉시 점검할 대상은 아니다. 우선은 프로펠러·축계·이물질부터 점검해야 한다.

326 수상오토바이 운행 중 갑자기 출력이 떨어질 경우 점검해야 하는 부분은? ★★★

갑. 냉각수 압력을 점검한다.
을. 연료혼합비를 점검한다.
병. 물 흡입구에 이물질 부착을 점검한다.
정. 임펠러의 피치를 점검한다.

> **정답 및 해설**
> 물 흡입구에 이물질이 붙으면 워터제트 흡입이 막혀 출력 저하가 발생하므로 가장 먼저 점검해야 할 부분이다.

327 스크루 용어에 대한 설명 중 잘못된 것은?

갑. 날개 : 스크루의 날개를 말하며 3~5매 정도이다.
을. 보스 : 스크루의 중심부로 둥글게 생긴 부분이다.
병. 압력면 : 선박이 전진할 때 날개의 뒷면을 말한다.
정. 피치 : 스크루가 1회전할 때 흡입되는 냉각수량을 말한다.

> **정답 및 해설**
> 피치란 1회전 할 때 축 방향으로 나아가는 거리를 의미하며, 냉각수량과는 관련이 없다. 　　**정**

328 선외기 프로펠러에 손상을 주는 요인이 아닌 것은?

갑. 캐비테이션(공동현상)이 발생할 때
을. 프로펠러가 공회전할 때
병. 프로펠러가 기준보다 깊게 장착되어 있을 때
정. 전기화학적인 부식이 발생할 때

> **정답 및 해설**
> 프로펠러가 깊이 잠기면 오히려 효율이 좋아져 손상의 원인이 아니다. 　　**병**

제4절 • 점검 및 정비

329 다음 중 가솔린기관에서 〈보기〉가 설명하는 점화 장치의 구성요소로 가장 올바른 것은?

> **보기**
> • 가혹한 조건에 견딜 수 있도록 전기적 절연성, 내열성, 기밀성 기계적 강도가 필요하다.
> • 구조가 간단하고 작지만, 기관의 성능에 직접적인 영향을 끼치는 부품이다.

갑. 점화 플러그(spark plug)　　을. 점화 코일(ignition coil)
병. 배전기(distributer)　　정. 차단기(NFB, no fuse breaker)

> **정답 및 해설**
> 점화 플러그는 작지만 고온·고압에서도 작동하며 성능에 직접 영향을 준다. 　　**갑**

330 수상레저기구 이용 중 물속에서 갑작스러운 저항이 느껴졌다면 무엇을 점검해야 할까?

갑. 기구의 손상 여부를 확인한다.
을. 탑승자를 확인한다.
병. 수심을 확인한다.
정. 유속을 확인한다.

> **정답 및 해설**
> 물속에서 저항이 느껴질 경우, 기구의 손상 여부 확인이 우선이다.
>
> 갑

331 고무보트를 운항하기 전에 확인할 사항 중 잘못된 것은? ★★★

갑. 공기압을 점검한다.
을. 기관(엔진)부착 정도를 확인한다.
병. 흔들림을 방지하기 위해 중량물을 싣는다.
정. 연료를 점검한다.

> **정답 및 해설**
> 고무보트에 중량물을 싣는 것은 오히려 균형을 무너뜨려 위험하다.
>
> 병

332 다음 중 〈보기〉의 현상에 대한 가솔린기관의 고장원인과 대책으로 가장 잘못된 것은? ★★★

> **보기**
> (a) 연료가 제대로 공급되지 않는다.
> (b) 축전지가 방전되었다.

갑. (a)의 고장원인은 연료 파이프나 연료 여과기의 막힘이며, 대책은 연료 파이프나 연료 여과기를 청소하고 필요시 교환.
을. (a)의 고장원인은 인젝터 작동 불량이며, 대책은 연료 분사 계통을 점검하고 인젝터를 교환하는 것이다.
병. (b)의 고장원인은 축전지 수명이 다했거나 접지 불량이며, 대책은 릴레이를 점검하고 필요시 교환.
정. (b)의 고장원인은 구동 벨트가 느슨하거나 전압 조정기의 결함이며, 대책은 구동 벨트의 장력 점검 및 발전기의 이상 유무를 점검하는 것이다.

> **정답 및 해설**
> 축전지 방전 문제는 접지 확인이나 축전지 교환이 우선이며, 릴레이 점검은 직접적인 대책이 아니다.
>
> 병

333 다음 중 〈보기〉의 현상에 대한 가솔린기관의 고장원인과 대책으로 가장 잘못된 것은? ★★★

> **보기**
> (a) 기관의 진동이 너무 크다.
> (b) 시동 전동기가 제대로 작동되지 않는다.

갑. (a)의 고장원인은 기관 및 변속기의 브래킷이 풀린 것이며, 대책은 풀림 여부 확인 후 풀린 경우 다시 조이는 것이다.

을. (a)의 고장원인은 기관 변속기의 부품 파손이며, 대책은 파손 부품을 확인하고 교체하는 것이다.

병. (b)의 고장원인은 시동 릴레이 불량이며, 대책은 릴레이를 점검하고 필요하면 교환하는 것이다.

정. (b)의 고장원인은 축전지의 충전 상태가 불량한 것이며, 대책은 축전지 충전기를 점검 후 필요시 교환하는 것이다.

> **정답 및 해설**
> 시동 불량은 축전지보다 시동 전동기 자체 문제일 가능성이 크므로, 축전지보단 전동기를 먼저 점검해야 한다.
>
> 정

334 〈보기〉에 나열된 가솔린기관의 오일펌프 정비 수행 순서가 가장 올바른 것은? ★★★

> **보기**
> ① 오일펌프 팁 간극과 사이드 간극을 필러게이지로 측정하여 규정값 이내에 있는지 점검한다.
> ② 프런트 케이스 기어 접촉면 및 오일펌프 커버의 마멸을 점검하고, 필요하면 교환한다.
> ③ 오일펌프 덮개와 기어를 프런트 케이스에서 떼어낸다.
> ④ 프런트 케이스 오일 통로 및 오일펌프 덮개의 통로가 막혔는지 점검하고, 필요하면 청소한다.

갑. ③ → ④ → ① → ② 을. ① → ③ → ② → ④
병. ④ → ① → ② → ③ **정. ③ → ② → ④ → ①**

> **정답 및 해설**
> 오일펌프 정비는 분해(③), 부품 점검(②), 통로 청소(④), 간극 측정(①) 순서로 진행한다.
>
> 정

335 <보기>에 나열된 가솔린기관의 마그네틱 스위치 점검 수행 순서가 가장 올바른 것은? ★★★

> **보기**
> ① 축전지의 (−)단자를 M단자에, (+)단자를 S단자에 접속하여 풀인 코일을 점검한다.
> ② 홀딩 코일을 점검한다.
> ③ 축전지의 (+)단자와 (−)단자를 시동 전동기의 몸체에 접지시켜 플런저의 되돌림을 점검한다.
> ④ 전동기에 조립한 상태에서 틈새 게이지를 이용하여 피니언 갭을 점검한다.

갑. ④ → ① → ② → ③ 을. ② → ③ → ④ → ①
병. ③ → ④ → ① → ② **정. ① → ② → ③ → ④**

정답 및 해설
마그네틱 스위치는 전기적 작동(①, ②) → 플런저 복귀 확인(③) → 기계적 간극 점검(④) 순으로 점검한다.

336 멀티테스터기로 직접 측정할 수 없는 것은 무엇인가? ★★★

갑. 직류전압 을. 직류전류
병. 교류전압 **정. 유효전력**

정답 및 해설
멀티테스터는 유효 전력을 직접 측정할 수 없다. (전압 · 전류 · 저항 측정 가능)

337 선외기(outboard) 기관(엔진)의 시동 전 점검사항으로 잘못된 것은? ★★★

갑. 엔진오일의 윤활방식이 자동 혼합장치일 경우 잔량을 확인한다.
을. 연료탱크의 환기구가 열려있는가를 확인한다.
병. 비상정지스위치가 RUN에 있는지 확인한다.
정. 엔진내부의 냉각수를 확인한다.

정답 및 해설
선외기는 외부 수원을 흡입하므로, 냉각수 확인은 시동 전 점검 사항이 아니다.

338 전자기기의 절연상태가 나빠지는 경우가 아닌 것은?

갑. 습기가 많을 때
을. 먼지가 많이 끼었을 때
병. 과전류가 흐를 때
정. 절연저항이 클 때

> **정답 및 해설**
> 절연 저항이 크면 절연 상태가 양호하다는 의미이다. (나빠지는 경우 아님)

339 장기 보관에 대비한 가솔린기관 정비에 대한 설명으로 잘못된 것은?

갑. 냉각 계통에 청수를 연결하여 세척한다.
을. 엔진 내부의 연료를 완전히 제거한다.
병. 최소한의 전력공급을 위해 축전지를 완충한다.
정. 제작사의 취급설명서에서 요구하는 조치를 정확히 한다.

> **정답 및 해설**
> 장기 보관 시 축전지 단자를 엔진과 분리해야 한다.

340 〈보기〉에 열거된 시동 준비 항목을 절차에 따라 순서대로 가장 올바르게 나열한 것은?

보기
① 선저, 드라이브 유니트, 스크루 이상 유무를 확인한다.
② 기관실 빌지 배수 및 누수 개소를 확인한다.
③ 엔진 장착 상태, 각종 벨트, 엔진 및 엔진오일, 연료 계통 등을 확인한다.
④ 선외기(2행정일 경우) 연료는 가솔린과 오일을 일정 비율로 혼합하여 사용한다.
⑤ 연료 계통 밸브를 열고, 기관실 환기 후 기관을 시동한다.

갑. ① → ② → ③ → ④ → ⑤
을. ① → ③ → ② → ④ → ⑤
병. ⑤ → ② → ③ → ④ → ①
정. ⑤ → ③ → ② → ④ → ①

> **정답 및 해설**
> 외부 → 내부(기관실) → 연료 → 시동 순서로 진행한다.

341 수상오토바이 출항 전 반드시 점검하여야 할 사항으로 잘못된 것은? ★★★

갑. 선체 드레인 플러그가 잠겨 있는지 확인한다.
을. 예비 배터리가 있는 것을 확인한다.
병. 오일량을 점검한다.
정. 엔진룸 누수 여부를 확인한다.

> **정답 및 해설**
> 출항 전에는 배터리 충전 상태는 점검해야 하지만, 예비 배터리까지 꼭 준비할 필요는 없다.

342 모터보트 기관(엔진) 시동불량 시 점검사항이 아닌 것은? ★★★

갑. 자동정지 스위치 확인   을. 연료유량 확인
병. 냉각수량 확인   정. 점화코일용 퓨즈(Fuse) 확인

> **정답 및 해설**
> 냉각수량은 시동 불량과 직접적인 관련이 없다.

343 모터보트 시동 전 점검사항이 아닌 것은? ★★★

갑. 배터리 충전상태를 확인한다.   을. 연료탱크 에어벤트를 개방한다.
병. 엔진오일 및 연료유량 점검   **정. 냉각수 검수구에서 냉각수 확인**

> **정답 및 해설**
> 냉각수는 시동 후 배출 상태로 확인하므로, 시동 전 점검 항목이 아니다.

344 기관(엔진) 시동 후 점검사항으로 잘못된 것은? ★★★

갑. 기관(엔진)의 상태를 점검하기 위해 모든 계기를 관찰한다.
을. 연료, 오일 등의 누출 여부를 점검한다.
병. 기관(엔진)의 시동모터를 점검한다.
정. 클러치 전·후진 및 스로틀레버 작동상태를 점검한다.

> **정답 및 해설**
> 시동모터는 시동 전에 점검해야 한다.

제4장 | 동력수상레저기구 관련 법규

제1절 • 수상레저안전법

345 수상레저안전법상 ( )에 들어갈 내용으로 알맞은 것은? ★★★

> **보기**
>
> 기상특보 중 풍랑 · 폭풍 · 해일 · 호우 · 대설 · 강풍 (A)가 발효된 구역에서 파도 또는 바람만을 이용하여 활동이 가능한 수상레저기구를 운항할 경우, 관할 해양경찰서장 또는 시장 · 군수 · 구청장에게 (B)를 제출해야 한다.

갑. 주의보, 운항신고서
을. 경보, 기상특보활동신고서
병. 경보, 운항신고서
<u>정. 주의보, 기상특보활동신고서</u>

> **정답 및 해설**
> 주의보 발효 시, 파도나 바람을 이용한 활동을 할 경우 기상특보 활동 신고서를 관할관청에 제출해야 한다.
> 정

346 수상레저안전법상 원거리 수상레저 활동의 신고 내용 중 가장 잘못된 것은? ★★★

갑. 선박입출항법에 따른 출입 신고를 하거나, 선박안전조업규칙에 따른 출항입항 신고를 한 선박의 경우에는 원거리 수상레저활동 신고를 할 필요가 없다.
을. 등록 대상 동력수상레저기구가 아닌 수상레저기구로 수상레저활동을 하려는 사람은 출발항으로부터 10해리 이상 떨어진 곳에서 수상레저활동을 하여서는 아니 된다.
병. 출발항으로부터 10해리 이상 떨어진 곳에서 등록 대상 동력수상레저기구가 아닌 수상레저기구로 수상레저활동을 하고자 할 때에는 안전관리 선박의 동행 등이 필요하다.
<u>정. 출발항으로부터 10해리 이상 떨어진 곳에서 수상레저활동을 하려는 사람은 해양경찰관서나 소방관서에 신고하여야 한다.</u>

> **정답 및 해설**
> 원거리 수상레저활동 신고는 해양경찰관서 또는 경찰관서에 해야 한다. (소방관서 X)
> 정

347 수상레저안전법상 해양경찰청장의 권한을 위임받은 관청에 대한 연결이 잘못된 것은? ★★★

갑. 해양경찰서장 : 면허증의 발급
을. 해양경찰서장 : 조종면허의 취소 · 정지처분
병. 지방해양경찰청장 : 조종면허를 받으려는 자의 수상안전교육
정. 지방해양경찰청장 : 수상레저안전관리 시행 · 계획의 수립시행에 필요한 지도 · 감독

정답 및 해설
수상안전교육은 해양경찰서장 소관으로, 지방해양경찰청장 담당이 아니다.

348 수상레저안전법상 수상레저 활동을 하는 사람은 수상레저기구에 동승한 사람이 사망실종 또는 중상을 입은 경우 지체없이 사고 신고를 하여야 한다. 이때 신고를 받는 행정기관의 장이 아닌 것은? ★★★

갑. 경찰서장
을. 해양경찰서장
병. 시장 · 군수 · 구청장
정. 소방서장

정답 및 해설
사고 신고는 해경 · 경찰 · 소방서장에게 해야 한다. (시장 · 군수 · 구청장은 제외)

349 수상레저안전법상 수상레저사업 등록 시, 영업구역이 2개 이상의 해양경찰서 관할구역 또는 시 · 군 · 구에 걸쳐 있는 경우, 사업등록을 해야 하는 관청은 어디인가? ★★★

갑. 수상레저사업장 소재지를 관할하는 관청
을. 수상레저사업장 주소지를 관할하는 관청
병. 영업구역이 중복되는 관청 간에 상호 협의하여 결정
정. 수상레저기구를 주로 매어두는 장소를 관할하는 관청

정답 및 해설
수상레저기구를 주로 매어두는 장소를 관할하는 해양경찰서장 또는 시장 · 군수 · 구청장에게 등록해야 한다.

정

350 수상레저안전법상 수상레저활동자가 착용하여야 할 인명안전장비 종류를 조정할 수 있는 권한이 없는 사람은? ★★★

갑. 해양경찰서장
을. 경찰서장
병. 구청장
정. 시장·군수

정답 및 해설
인명안전장비 착용 종류를 조정할 수 있는 권한은 해양경찰서장과 시장·군수·구청장에게만 있다. (경찰서장 X)

을

351 일정한 거리 이상에서 수상레저활동을 하고자 하는 자는 해양경찰관서에 신고하여야 한다. 신고 대상으로 올바른 것은? ★★★

갑. 해안으로부터 5해리 이상
을. 출발항으로부터 5해리 이상
병. 해안으로부터 10해리 이상
정. 출발항으로부터 10해리 이상

정답 및 해설
출발항으로부터 10해리 이상 떨어진 곳에서 활동할 경우, 해양경찰관서에 신고해야 한다.

정

352 수상레저안전법 위반자에 대해 과태료를 부과할 수 없는 사람은 누구인가? ★★★

갑. 통영시장
을. 영도소방서장
병. 해운대구청장
정. 속초해양경찰서장

정답 및 해설
소방서장은 수상레저안전법 위반에 대해 과태료를 부과할 권한이 없다.

을

353 수상레저안전법상 영업구역이 내수면인 경우, 수상레저사업 등록을 관할하는 기관으로 올바른 것은? ★★

갑. 해양경찰서장
을. 해양경찰청장
병. 광역시장·도지사
정. 시장·군수·구청장

정답 및 해설
내수면 영업 구역의 수상레저사업 등록은 시장·군수·구청장이 관할한다.

정

354 수상레저안전법을 위반한 사람에 대해 과태료 처분권한이 없는 사람은? ★★

갑. 한강사업본부장 을. 강동소방서장
병. 연수구청장 정. 인천해양경찰서장

> **정답 및 해설**
> 강동소방서장은 과태료 처분 권한이 없다. 해수면은 해양경찰서장이, 내수면은 시장·군수·구청장이 처리한다.
> 을

355 수상레저안전법상 수상레저활동 금지구역을 지정할 수 없는 사람은? ★★

갑. 소방서장 을. 시장
병. 구청장 정. 해양경찰서장

> **정답 및 해설**
> 소방서장은 금지구역 지정 권한 없음
> 갑

356 수상레저안전법상 수상레저기구 등록원부를 열람하거나 사본을 발급받으려는 자는 누구에게 신청하여야 하는가? ★★

갑. 시·도지사 을. 해양경찰서장
병. 경찰서장 정. 시장·군수·구청장

> **정답 및 해설**
> 등록원부 열람·발급은 시장·군수·구청장에게 신청
> 정

357 수상레저안전법상 수상레저 활동자가 착용하여야 할 구명조끼·구명복 또는 안전모 등 인명구조장비 착용에 관하여 특별한 지시를 할 수 있는 행정기관의 장이 아닌 것은? ★★

갑. 인천해양경찰서장 을. 가평소방서장
병. 춘천시장 정. 가평군수

> **정답 및 해설**
> 소방서장은 특별 지시 권한 없음
> 을

358 〈보기〉 중 수상레저안전법상 1년 이하의 징역 또는 1천만 원 이하의 벌금 처분 대상자로 옳은 것은 모두 몇 개인지 고르시오. ★★★

보기

㉠ 면허증을 빌리거나 빌려주거나 이를 알선한 사람
㉡ 조종면허를 받지 아니하고 동력수상레저기구를 조종한 사람
㉢ 술에 취한 상태에서 동력수상레저기구를 조종한 사람
㉣ 술에 취한 상태라고 인정할 만한 상당한 이유가 있는데도 관계공무원의 측정에 따르지 아니한 사람
㉤ 약물복용 등으로 인하여 정상적으로 조종하지 못할 우려가 있는 상태에서 동력수상레저기구를 조종한 사람
㉥ 등록 또는 변경등록을 하지 아니하고 수상레저사업을 한 사람
㉦ 수상레저사업 등록취소 후 또는 영업정지기간에 수상레저사업을 한 사람

갑. 3개   을. 4개
병. 5개   **정. 7개**

> **정답 및 해설**
> 보기의 모든 항목은 1년 이하 징역 또는 1천만 원 이하 벌금 처분 대상에 해당한다.

359 〈보기〉 중 수상레저안전법상 6개월 이하의 징역 또는 500만 원 이하의 벌금 처분 대상자로 옳은 것은 모두 몇 개인지 고르시오. ★★

보기

㉠ 정비·원상복구의 명령을 위반한 수상레저사업자
㉡ 안전을 위하여 필요한 조치를 하지 아니하거나 금지된 행위를 한 수상레저사업자와 그 종사자
㉢ 영업구역이나 시간의 제한 또는 영업의 일시정지 명령을 위반한 수상레저사업자
㉣ 수상레저활동 금지구역에서 수상레저활동을 한 사람

갑. 1개   을. 2개
병. 3개   정. 4개

> **정답 및 해설**
> ㉠~㉢은 수상레저사업 관련 위반으로 6개월 이하 징역 또는 500만 원 이하 벌금 대상. (㉣ 금지구역 위반은 과태료 대상)

360 수상레저안전법상 수상레저사업자 및 그 종사자의 고의 또는 과실로 사람을 사상한 경우 처분으로 가장 올바른 것은? ★★

갑. 6개월 이내의 기간을 정하여 영업의 전부 또는 일부의 정지를 명하여야 한다.

을. 수상레저사업의 등록을 취소하거나 3개월 범위에서 영업의 전부 또는 일부의 정지를 명할 수 있다.

병. 수상레저사업의 등록을 취소하거나 6개월 이내의 기간을 정하여 영업의 전부 또는 일부의 정지를 명할 수 있다.

정. 수상레저사업의 등록을 취소하여야 한다.

> **정답 및 해설**
> 고의 또는 과실로 사람을 사상한 경우, 등록을 취소하거나 3개월 이내의 영업정지를 명할 수 있다.
>
> 을

361 수상레저안전법상 1번만 위반하여도 조종면허를 취소해야 하는 경우가 아닌 것은? ★★

갑. 거짓이나 그 밖의 부정한 방법으로 조종면허를 받은 경우

을. 조종면허 효력정지 기간에 조종을 한 경우

병. 조종 중 고의 또는 과실로 사람을 사상한 경우

정. 조종면허를 받을 수 없는 사람이 조종면허를 받은 경우

> **정답 및 해설**
> 조종 중 고의·과실 사상은 효력 정지 대상이다. (면허 취소 X)
>
>

362 수상레저안전법상 등록대상 수상레저기구를 보험에 가입하지 않았을 경우 수상레저안전법상 과태료의 부과 기준은 얼마인가? ★★★

갑. 30만 원

을. 10일 이내 1만 원, 10일 초과 시 1일당 1만 원 추가, 최대 30만 원까지

병. 10일 이내 5만 원, 10일 초과 시 1일당 1만 원 추가, 최대 50만 원까지

정. 50만 원

> **정답 및 해설**
> 보험 미가입 시 10일 이내 1만 원, 10일 초과 후 1일당 1만 원 추가, 최대 30만 원 한도로 과태료가 부과된다.
>
> 을

363 수상레저안전법상 수상레저활동 금지구역에서 수상레저기구를 운항한 경우 부과되는 과태료 금액으로 옳은 것은?

갑. 30만 원
을. 40만 원
병. 60만 원
정. 100만 원

> **정답 및 해설**
> 수상레저활동 금지구역에서 수상레저기구를 운항한 경우, 과태료 60만 원이 부과된다. **병**

364 수상레저안전법상 정원을 초과하여 사람을 태우고 수상레저기구를 조종한 경우 과태료 부과 기준은 얼마인가?

갑. 50만 원
을. 60만 원
병. 70만 원
정. 100만 원

> **정답 및 해설**
> 정원 초과 조종 시 과태료는 60만 원이다. **을**

365 수상레저안전법상 동력수상레저기구를 이용한 범죄의 종류가 아닌 것은?

갑. 살인·시체유기 또는 방화
을. 강도·강간 또는 강제추행
병. 방수방해 또는 수리방해
정. 약취·유인 또는 감금

> **정답 및 해설**
> 방수방해나 수리방해는 동력수상레저기구를 이용한 범죄 종류에 해당하지 않는다. **병**

366 수상레저안전법상 (   )에 들어갈 알맞은 내용은?

[보기]
사람을 사상한 후 구호조치 등 필요한 조치를 하지 아니하고 달아난 사람은 이를 위반한 날부터 (   )간 조종면허를 받을 수 없다.

갑. 3년
을. 2년
병. 1년
정. 4년

> **정답 및 해설**
> 사람을 사상한 후 달아난 경우, 4년간 조종 면허를 받을 수 없다. **정**

367 수상레저안전법상 수상레저기구에 동승한 사람이 사망하거나 실종된 경우, 해양경찰관서에 신고할 내용이 아닌 것은? ★★

갑. 사고 발생 장소
을. 수상레저기구 종류
병. 사고자 인적사항
정. 레저기구의 엔진상태

정답 및 해설
사고 신고 시 레저기구의 엔진 상태는 신고 내용에 포함되지 않는다.

정

368 수상레저안전법상 구명조끼 등 안전장비를 착용하지 않은 수상레저활동자에 대한 과태료 부과기준은 얼마인가? ★★★

갑. 5만 원
을. 10만 원
병. 20만 원
정. 30만 원

정답 및 해설
인명안전장비를 착용하지 않으면 10만 원의 과태료가 부과된다.

을

369 〈보기〉 중 수상레저안전법 시행규칙 상 동력수상레저기구를 사용하여 행한 범죄행위로 올바른 것은 모두 몇 개인가? ★★

보기
㉠ 살인, 사체유기 또는 방화
㉡ 상습절도(절취한 물건을 운반한 경우로 한정)
㉢ 약취, 유인 또는 감금
㉣ 강도, 강간 또는 강제추행

갑. 4개
을. 3개
병. 2개
정. 1개

정답 및 해설
모두 형법상 범죄.

갑

370 수상레저안전법상 원거리 수상레저활동 신고를 하지 않은 경우 과태료 기준은? ★★★

갑. 10만 원
을. 20만 원
병. 30만 원
정. 40만 원

정답 및 해설
원거리 수상레저활동 신고를 하지 않으면 20만 원의 과태료가 부과된다.

을

371 수상레저안전법상 50만 원 이하의 과태료를 부과하는 대상자가 아닌 것은?

갑. 원거리 수상레저활동 신고를 하지 아니한 사람

을. 수상레저활동을 하는 사람 중 운항규칙 등을 준수하지 아니한 사람

병. 수상레저활동을 하는 사람 중 구명조끼 등 인명안전장비를 착용하지 아니한 사람

정. 면허증을 빌리거나 빌려주거나 이를 알선한 사람

> **정답 및 해설**
> 면허증 대여는 형사처벌 대상이다. (과태료 X)

정

372 수상레저안전법상 수상레저사업장에 비치하는 비상구조선에 대한 설명으로 잘못된 것은?

갑. 비상구조선임을 표시하는 주황색 깃발을 달아야 한다.

을. 비상구조선은 30미터 이상의 구명줄을 갖추어야 한다.

병. 비상구조선은 탑승정원이 4명 이상, 속도가 시속 30노트 이상이어야 한다.

정. 망원경, 호루라기 1개, 구명부환 또는 레스큐튜브 2개 이상을 갖추어야 한다.

> **정답 및 해설**
> 비상 구조선은 탑승정원 3명 이상, 속도 시속 20노트 이상이어야 한다.

병

373 수상레저안전법상 인명안전장비의 착용에 대한 내용이다. ( )안에 들어갈 단어가 올바른 것은?

> **보기**
> 인명안전장비에 관하여 특별한 지시를 하지 아니하는 경우에는 구명조끼를 착용하며, 서프보드 또는 패들보드를 이용한 수상레저활동의 경우에는 (㉠)를 착용하여야 하며, 워터슬레드를 이용한 수상레저활동 또는 래프팅을 할 때에는 구명조끼와 함께(㉡)를 착용하여야 한다.

갑. ㉠ 보드리쉬, ㉡ 안전모

을. ㉠ 구명장갑, ㉡ 드로우백

병. ㉠ 구명슈트, ㉡ 구명장갑

정. ㉠ 구명줄, ㉡ 노

> **정답 및 해설**
> 서프보드나 패들보드를 이용할 때는 보드리쉬, 워터슬레드나 래프팅에는 구명조끼와 안전모를 함께 착용해야 한다.

갑

374 수상레저안전법상 수상레저사업장 비상구조선의 기준으로 잘못된 것은? ★★

갑. 주황색 깃발을 달아야 함
을. 탑승정원 5명 이상, 시속 20노트 이상
병. 망원경 1개 이상
정. 30미터 이상의 구명줄

> **정답 및 해설**
> 비상 구조선은 탑승정원 3명 이상, 속도 시속 20노트 이상이어야 한다.

375 수상레저안전법상 수상레저사업에 이용되는 인명구조용 장비에 대한 설명 중 잘못된 것은? ★★

갑. 구명조끼는 탑승정원의 110퍼센트 이상에 해당하는 수의 구명조끼를 갖추어야 하고 탑승정원의 10퍼센트는 소아용으로 한다.
을. 비상구조선은 비상구조선임을 표시하는 주황색 깃발을 달아야 한다.
병. 영업구역이 3해리 이상인 경우에는 수상레저기구에 사업장 또는 가까운 무선국과 연락할 수 있는 통신장비를 갖추어야 한다.
정. 탑승정원이 13명 이상인 동력수상레저기구에는 선실, 조타실 및 기관실에 각각 1개 이상의 소화기를 갖추어야 한다.

> **정답 및 해설**
> 영업 구역이 2해리 이상이면 통신장비를 갖추어야 한다. (3해리 X)

376 수상레저안전법상 수상레저사업에 이용하는 비상구조선의 수에 대한 설명으로 잘못된 것은? ★★★

갑. 수상레저기구가 30대 이하인 경우 1대 이상의 비상구조선을 갖춰야 한다.
을. 수상레저기구가 31대 이상 50대 이하인 경우 2대 이상의 비상구조선을 갖춰야 한다.
병. 수상레저기구가 31대 이상인 경우 30대를 초과하는 30대마다 1대씩 더한 수 이상의 비상구조선을 갖춰야 한다.
정. 수상레저기구가 51대 이상인 경우 50대를 초과하는 50대마다 1대씩 더한 수 이상의 비상구조선을 갖춰야 한다.

> **정답 및 해설**
> 수상레저기구가 31대 이상이면, 20대 초과마다 1대씩 추가해야 한다. (30대마다 X)

377 수상레저안전법상 래프팅을 할 때, 일반 안전장비 외에 추가로 착용해야 하는 안전장비는 무엇인가?

갑. 방수화
을. 팽창식 구명벨트
병. 가슴보호대
정. 헬멧

> **정답 및 해설**
> 래프팅을 할 때는 구명조끼와 안전모(헬멧)를 추가로 착용해야 한다.
> 정

378 수상레저안전법상 수상레저사업장에서 갖춰야 할 구명조끼에 대한 설명으로 잘못된 것은?

갑. 수상레저기구 탑승정원 수만큼 갖춰야 한다.
을. 소아용은 탑승정원의 10%만큼 갖추어야 한다.
병. 사업자는 이용객이 구명조끼를 착용토록 조치하여야 한다.
정. 「전기용품 및 생활용품 안전관리법」에 따른 안전기준에 적합한 제품이어야 한다.

> **정답 및 해설**
> 구명조끼는 탑승정원의 110% 이상을 갖춰야 한다.
> 갑

379 수상레저안전법상 수상레저사업장에서 갖추어야 하는 구명조끼에 대한 설명이다. ( ) 안에 들어갈 내용으로 옳은 것은?

> **보기**
> 수상레저기구 탑승 정원의 ( )퍼센트 이상에 해당하는 수의 구명조끼를 갖추어야 하고, 탑승정원의 ( )퍼센트는 소아용으로 한다.

갑. 100, 10
을. 100, 20
병. 110, 10
정. 110, 20

> **정답 및 해설**
> 110% 구명조끼, 10% 소아용
> 병

380 수상레저안전법상 인명안전장비의 설명으로 잘못된 것은?

<u>갑. 서프보드 이용자들은 구명조끼 대신 보드리쉬(리쉬코드)를 착용할 수 있다.</u>
을. 시장군수구구청장은 인명안전장비의 종류를 특정하여 착용 등의 지시를 할 수 있다.
병. 래프팅을 할 때는 구명조끼와 함께 안전모(헬멧)를 착용해야 한다.
정. 해양경찰서장 또는 시·군·구청장이 안전장비의 착용기준을 조정한 때에는 수상레저 활동자가 보기 쉬운 장소에 그 사실을 게시하여야 한다.

> **정답 및 해설**
> 서프보드 이용자는 반드시 보드리쉬(리쉬코드)를 착용해야 하는데, 이는 구명조끼 대신이 아니다.
> 갑

381 수상레저안전법상 무동력 수상레저기구를 이용하여 수상에서 노를 저으며 급류를 타거나 유락행위를 하는 수상레저 활동은 무엇인가?

갑. 윈드서핑　　　　　　　　을. 스킨스쿠버
<u>병. 래프팅</u>　　　　　　　　정. 파라세일

> **정답 및 해설**
> 무동력 수상레저기구로 급류를 타는 활동은 래프팅이다.
> 병

382 수상레저안전법상 무동력 수상레저기구끼리 짝지어진 것으로 올바른 것은?

갑. 세일링요트, 파라세일　　을. 고무보트, 노보트
병. 수상오토바이, 워터슬레드　<u>정. 워터슬레드, 서프보드</u>

> **정답 및 해설**
> 워터슬레드와 서프보드는 모두 무동력 수상레저기구에 해당한다. (고무보트·세일링요트 등은 동력기구로 분류됨)
> 정

383 수상레저안전법에 규정된 수상레저기구가 아닌 것은?

갑. 스쿠터　　　　　　　　<u>을. 관광잠수정</u>
병. 조정　　　　　　　　　정. 호버크라프트

> **정답 및 해설**
> 관광잠수정은 수상레저기구에 해당하지 않는다.
> 을

384 수상레저안전법상 땅콩보트, 바나나보트, 플라잉피시 등과 같은 튜브형 기구로서 동력수상레저기구에 의해 견인되는 형태의 기구는 무엇인가? ★★★

갑. 에어바운스(Air bounce)   을. 튜브체이싱(Tube chasing)
병. 워터슬레드(Water sled)   정. 워터바운스(Water bounce)

> **정답 및 해설**
> 땅콩보트, 바나나보트, 플라잉피시처럼 동력수상레저기구에 의해 견인되는 튜브형 기구는 워터슬레드(Water sled) 이다.
>
> 병

385 수상레저안전법상 풍력을 이용하는 수상레저기구가 아닌 것은? ★★★

갑. 케이블 웨이크보드(Cable wake-board)
을. 카이트보드(Kite-board)
병. 윈드서핑(Wind surfing)
정. 딩기요트(Dingy yacht)

> **정답 및 해설**
> 케이블 웨이크보드는 전동모터와 케이블 추진을 이용하는 무동력 수상스포츠이다. (풍력 이용 X)
>
> 갑

386 수상레저안전법상 동력수상레저기구에 해당하지 않는 것은? ★★★

갑. 수상오토바이   을. 스쿠터
병. 호버크래프트   정. 워터슬레드

> **정답 및 해설**
> 워터슬레드는 무동력 수상레저기구에 해당한다.
>
> 정

387 수상레저안전법상 풍랑·폭풍·해일·호우·대설·강풍 주의보가 발효된 구역에서 관할 해양경찰서장 또는 시장·군수·구청장에게 기상특보활동신고서를 제출한 경우 활동이 가능한 수상레저기구는?

갑. 워터슬레드   을. 윈드서핑
병. 카약   정. 모터보트

> **정답 및 해설**
> 주의보 발효 시에도 기상특보 활동 신고서를 제출하면 윈드서핑은 가능하다.
>
> 을

388 수상레저안전법상 주취 중 조종금지에 대한 설명 중 잘못된 것은?

갑. 술에 취한 상태의 기준은 혈중알코올농도 0.03% 이상으로 한다.

을. 술에 취하였는지 여부를 측정한 결과에 불복하는 수상레저활동자에 대해서는 해당 수상레저 활동자의 동의를 받아 혈액채취 등의 방법으로 다시 측정할 수 있다.

병. 술에 취한 상태에서 동력수상레저기구를 조종한 자는 1년 이하의 징역 또는 1천만 원 이하의 벌금에 처하고, 조종면허의 효력을 정지할 수 있다.

정. 술에 취한 상태라고 인정할 만한 상당한 이유가 있는데도 관계 공무원의 측정에 따르지 아니한 자는 1년 이하의 징역 또는 1천만 원 이하의 벌금에 처하고 조종면허를 취소하여야 한다.

> **정답 및 해설**
> 술에 취해 조종한 경우는 조종 면허를 취소해야 한다. (정지 아님)
>

389 수상레저안전법상 주취 중 조종금지에 대한 내용으로 잘못된 것은?

갑. 술에 취했는지 여부를 측정한 결과에 불복하는 사람에 대하여는 해당 수상레저활동자의 동의 없이 혈액채취 등의 방법으로 다시 측정할 수 있다.

을. 수상레저활동을 하는 자는 술에 취한 상태에서는 동력수상레저기구를 조종해서는 안 된다.

병. 수상레저안전법에서 말하는 술에 취한 상태는 해상교통안전법을 준용하고 있다.

정. 시·군·구 소속 공무원 중 수상레저안전업무에 종사하는 자는 수상레저활동을 하는 자가 술에 취하여 조종을 하였다고 인정할 만한 상당한 이유가 있는 경우에는 술에 취하였는지를 측정할 수 있다.

> **정답 및 해설**
> 술에 취했는지 측정 결과에 불복하는 경우, 본인 동의 없이 혈액채취를 할 수 없다.
> 갑

390 평수구역을 항해하는 총톤수 2톤 이상의 소형선박에 반드시 설치해야 하는 무선통신 설비는 무엇인가? ★

갑. 초단파대 무선설비
을. 중단파(MF/HF) 무선설비
병. 위성통신설비
정. 수색구조용 레이더 트렌스폰더(SART)

> **정답 및 해설**
> 평수구역을 항해하는 2톤 이상 소형선박은 초단파대 무선설비(VHF)를 의무적으로 설치해야 한다.
> 갑

391 수상레저안전법상 술에 취한 상태에서의 조종금지에 대한 설명으로 가장 잘못된 것은? ★★★

갑. 누구든지 술에 취한 상태에서 동력수상레저기구를 조종하여서는 아니 되는데, 술에 취한 상태의 기준은 혈중알코올농도 0.05퍼센트 이상이다.
을. 동력수상레저기구를 조종한 사람이 술에 취한 상태라고 인정할 만한 상당한 이유가 있는 경우 술에 취했는지 측정할 수 있는 사람은 경찰공무원이다.
병. 동력수상레저기구를 조종한 사람이 술에 취한 상태라고 인정할만한 상당한 이유가 있는 경우 술에 취했는지 측정할 수 있는 사람은 시·군·구 소속 공무원 중 수상레저안전업무에 종사하는 사람이다.
정. 근무복을 착용한 경찰공무원을 제외하고는 술에 취했는지 측정하는 관계 공무원은 그 권한을 표시하는 증표를 지니고 이를 해당 동력수상레저기구를 조종한 사람에게 제시해야 한다.

> **정답 및 해설**
> 술에 취한 상태의 기준은 혈중알코올농도 0.03% 이상으로 한다. 갑

392 수상레저안전법상 수상레저사업장에서 금지되는 행위가 아닌 것은? ★

갑. 15세인 자를 보호자 없이 태우는 행위
을. 술에 취한 자를 태우는 행위
병. 정신질환자를 태우는 행위
정. 수상레저기구 내에서 주류제공 행위

> **정답 및 해설**
> 14세 미만 보호자 없는 자를 태우는 행위만 금지되며, 15세 이상은 금지 대상이 아니다. 갑

393 수상레저안전법상 수상레저사업장에서 금지되는 행위가 아닌 것은? ★

갑. 정원을 초과하여 탑승시키는 행위
을. 14세 미만인 사람을 보호자 없이 탑승시키는 행위
병. 알코올 중독자에게 기구를 대여하는 행위
정. 허가 없이 일몰 30분 이후 영업행위

> **정답 및 해설**
> 알코올 중독자에게 기구를 대여하는 것은 금지 규정에 명시되어 있지 않다.

394 수상레저안전법상, 수상레저사업자와 그 종사자가 영업구역에서 해서는 안 되는 행위에 해당하지 않는 것은? ★

<u>갑. 보호자를 동반한 14세 이상인 자를 수상레저기구에 태우는 행위</u>
을. 술에 취한 자를 수상레저기구에 태우거나 빌려주는 행위
병. 수상레저기구의 정원을 초과하여 태우는 행위
정. 영업구역을 벗어나 영업을 하는 행위

> **정답 및 해설**
> 14세 이상 보호자 동반은 금지 사항이 아니다.

395 초단파(VHF) 통신설비를 갖춘 수상레저기구의 무선통신 방법으로 가장 올바른 것은? ★★★

갑. 송신 전력은 가능한 최대 전력으로 사용해야 한다.
을. 중요한 단어나 문장을 반복해서 말하는 것이 좋다.
<u>병. 채널 16은 조난, 긴급, 안전 호출용으로만 사용되어야 한다.</u>
정. 조난 통신을 청수한 때에는 즉시 채널을 변경한다.

> **정답 및 해설**
> 채널 16은 조난 · 긴급 · 안전 통신 전용으로, 지정된 목적 외에는 사용하면 안 된다.

396 다음 〈보기〉 중 수상레저안전법상 동력수상레저기구의 종류에 포함되는 것은 모두 몇 개인가? ★

> **보기**
> ① 수상오토바이　　② 스쿠터　　③ 고무보트
> ④ 공기부양정(호버크라프트)　⑤ 모터보트　⑥ 수륙양용기구
> ⑦ 세일링요트(돛과 기관이 설치된 것)

갑. 3개　　　　　　　　　을. 4개
병. 5개　　　　　　　　　<u>정. 7개</u>

> **정답 및 해설**
> ①~⑦ 모두 기관 동력을 사용하므로, 동력수상레저기구에 포함된다.

397 수상레저안전법상 수상레저사업 등록 유효기간 내 갱신신청서 제출기간으로 올바른 것은? ★

갑. 등록의 유효기간 종료일 당일까지
을. 등록의 유효기간 종료일 5일 전까지
병. 등록의 유효기간 종료일 10일 전까지
정. 등록의 유효기간 종료일 1개월 전까지

정답 및 해설
수상레저사업 등록 갱신은 유효기간 종료일 5일 전까지 제출해야 한다.

398 수상레저안전법상 다른 수상레저기구의 진로를 횡단하는 운항규칙으로 올바른 것은? ★★★

갑. 속력이 상대적으로 느린 기구가 진로를 피한다.
을. 속력이 상대적으로 빠른 기구가 진로를 피한다.
병. 다른 기구를 왼쪽에 두고 있는 기구가 진로를 피한다.
정. 다른 기구를 오른쪽에 두고 있는 기구가 진로를 피한다.

정답 및 해설
진로를 횡단할 때는 다른 기구를 오른쪽에 두고 있는 쪽이 진로를 피해야 한다.

399 수상레저안전법의 내용 중 옳지 않은 것은? ★

갑. 등록을 갱신하려는 자는 등록의 유효기간 종료일 5일 전까지 수상레저사업 등록·갱신등록 신청서를 관할 해양경찰서장 또는 시장·군수·구청장에게 제출하여야 한다.
을. 과태료의 부과·징수, 재판 및 집행 등의 절차에 관한 사항은 「질서위반행위규제법」에 따른다.
병. 내수면이란 하천, 댐, 호수, 늪, 저수지, 그 밖의 인공으로 조성된 담수나 기수의 수류 또는 수면을 말한다.
정. 수상레저 일반조종면허시험 필기시험 법규과목으로 「수상레저안전법」, 「선박의 입항 및 출항 등에 관한 법률」, 「해상교통안전법」, 「선박안전법」이 포함되어 있다.

정답 및 해설
필기시험 법규 과목은 총 7과목이며, '수상레저기구의 등록 및 검사에 관한 법률', '해사안전기본법', '해양환경관리법', '전파법' 등이 포함되어야 한다. 따라서 보기 정은 과목 누락으로 옳지 않다.

400 수상레저안전법상 "수상"의 정의에 대해 가장 잘못 설명한 것은?

갑. 기수의 수류 또는 수면
을. 해수면과 내수면
병. 담수의 수류 또는 수면
정. 해수면의 수중

> **정답 및 해설**
> 수상은 수류나 수면을 의미하며, 수중(물속)은 포함되지 않는다.
> 정

401 수상레저안전법상 평수구역으로 지정된 동력수상레저기구가 연해구역 이상으로 지정된 기구와 500m 이내에서 동시에 운항하려는 경우, 운항신고 시 기재해야 할 내용으로 옳지 않은 것은?

갑. 수상레저기구의 종류
을. 운항시간
병. 운항자의 성명 및 연락처
정. 보험가입증명서

> **정답 및 해설**
> 운항 신고 시 보험 가입증명서는 제출 사항이 아니다.
> 정

402 수상레저안전법상 정의로 잘못된 것은?

갑. 웨이크보드는 수상스키의 변형된 형태로 볼 수 있다.
을. 강과 바다가 만나는 부분의 기수는 해수면으로 분류된다.
병. 수면비행선은 수상레저사업장에서 수상레저기구로 이용할 수 있지만, 선박법에 따라 등록하고, 선박직원법에서 정한 면허를 가지고 조종해야 한다.
정. 수상레저안전법상의 세일링요트는 돛과 마스트로 풍력을 이용할 수 있고, 기관(엔진)도 설치된 것을 말한다.

> **정답 및 해설**
> 기수는 내수면에 해당한다. (해수면 X)
> 을

403 수상레저안전법에 규정된 수상레저활동자의 준수사항으로 잘못된 것은?

갑. 정원초과금지
을. 과속금지
병. 면허증 휴대
정. 주취 중 조종금지

> **정답 및 해설**
> 과속 금지 규정 없음.
> 을

404 수상레저안전법상 운항규칙에 대한 내용 중 (   )안에 들어갈 단어로 올바른 것은? ★★★

> **보기**
> 다른 수상레저기구 등과 정면으로 충돌할 위험이 있을 때에는 음성신호·수신호 등 적절한 방법으로 상대에게 이를 알리고 (㉠)쪽으로 진로를 피해야 하며, 다른 수상레저기구 등의 진로를 횡단하여 충돌의 위험이 있을 때에는 다른 수상레저기구 등을 (㉡)에 두고 있는 수상레저기구가 진로를 피해야 한다.

갑. ㉠ 우현 ㉡ 왼쪽   을. ㉠ 우현 ㉡ 오른쪽
병. ㉠ 좌현 ㉡ 왼쪽   정. ㉠ 좌현 ㉡ 오른쪽

정답 및 해설
정면충돌 위험시 우현으로 피하고, 횡단 시 상대를 오른쪽에 둔 쪽이 진로를 양보해야 한다.

405 수상레저안전법상 안전준수의무에 대한 설명으로 가장 잘못된 것은? ★★★

갑. 1급 조종면허 소지자가 운항하는 동력수상레저기구에는 1명 이내로 정원을 초과하여 사람을 태울 수 있다.
을. 양귀비·아편·코카인 등 마약의 영향을 받은 누구라도 정상적인 조종을 못 할 우려가 있는 상태에서 동력수상레저기구를 조종하여서는 아니 된다.
병. 부포테닌, 사일로신 등 향정신성 의약품의 영향을 받은 누구라도 정상적인 조종을 못 할 우려가 있는 상태에서 동력수상레저기구를 조종하여서는 아니 된다.
정. 부탄가스, 아산화질소 등 환각물질의 영향을 받은 누구라도 정상적인 조종을 못 할 우려가 있는 상태에서 동력수상레저기구를 조종하여서는 아니 된다.

정답 및 해설
조종 면허 종류와 관계없이 정원 초과 운항이 금지된다.

406 수상레저안전법상 야간에 수상레저활동자가 갖추어야 할 장비가 아닌 것은? ★

갑. 통신기기   을. 레이더
병. 위성항법장치(GPS)   정. 등이 부착된 구명조끼

정답 및 해설
야간 수상레저활동에 레이더는 필수 장비가 아니다.

407 수상레저안전법상에서 명시한 적용 배제 사유가 아닌 것은?

갑. 「낚시관리 및 육성법」에 따른 낚시어선법 및 그 사업과 관련된 수상에서의 행위를 하는 경우

을. 「유선 및 도선사업법」에 따른 유도선사업 및 그 사업과 관련된 수상에서의 행위를 하는 경우

병. 「관광진흥법」에 의한 유원시설업 및 그 사업과 관련된 수상에서의 행위를 하는 경우

정. 「체육시설의 설치이용에 관한 법률」에 따른 체육시설업 및 그 사업과 관련된 수상에서의 행위를 하는 경우

> **정답 및 해설**
> 「관광진흥법」에 따른 유원시설업은 적용 배제 사유에 포함되지 않는다.
> 병

408 수상레저안전법상 수상안전교육에 대한 설명 중 잘못된 것은?

갑. 조종면허를 받으려는 사람은 면허시험 응시원서를 접수한 후부터 해양경찰청장이 실시하는 수상안전교육을 받아야 한다.

을. 면허증을 갱신하려는 사람은 면허증 갱신 기간 이내에 해양경찰청장이 실시하는 수상안전교육을 받아야 한다.

병. 수상안전교육에는 수상안전에 관한 법령, 수상레저기구의 사용과 관리에 관한 사항 및 그 밖의 수상안전을 위하여 필요한 사항이 포함된다.

정. 최초 면허시험 합격 전의 수상안전교육 유효기간은 1년이다.

> **정답 및 해설**
> 최초 면허시험 합격 전 수상안전교육의 유효기간은 6개월이다. (1년 X)
> 정

409 수상레저안전법상 수상레저활동을 하는 사람이 지켜야 할 운항규칙으로 잘못된 것은?

갑. 모든 수단에 의한 적절한 경계

을. 기상특보가 예보된 구역에서의 활동 금지

병. 다른 수상레저기구와 마주치는 경우 왼쪽으로 진로 변경

정. 다른 수상레저기구와 동일 방향 진행 시 2m이내 접근 금지

> **정답 및 해설**
> 오른쪽(우현)으로 진로를 변경해야 한다. (왼쪽 X)
> 병

410 수상레저안전법상 수상레저기구 등록대상이 아닌 것은?

갑. 총톤수 15톤인 선외기 모터보트 을. 총톤수 15톤인 세일링요트
병. 추진기관 20마력인 수상오토바이 <u>정. 추진기관 20마력인 고무보트</u>

> **정답 및 해설**
> 추진기관 30마력 미만 고무보트는 등록 대상이 아니다.
> 정

411 수상레저안전법상 무면허 조종이 허용되는 경우이다. 제1급 조종면허를 가진 사람의 감독 하에 수상레저활동을 하는 경우의 설명으로 잘못된 것은?

갑. 해당 수상레저기구에 다른 수상레저기구를 견인하고 있지 않을 경우
을. 수상레저사업장 안에서 탑승정원이 4인 이하인 수상레저기구를 조종하는 경우
병. 면허시험과 관련하여 수상레저기구를 조종하는 경우
<u>정. 수상레저기구가 4대 이하인 경우</u>

> **정답 및 해설**
> 무면허 조종 시 동시 감독 가능한 수상레저기구는 3대 이하여야 한다. (4대 이하 아님)
> 정

412 수상레저안전법상 동력수상레저기구 등록 · 검사에 대한 설명으로 가장 잘못된 것은?

갑. 등록대상과 안전검사 대상은 동일하다.
을. 무동력 요트는 등록 및 검사에서 제외된다.
병. 모든 수상오토바이는 등록 · 검사 대상에 포함된다.
<u>정. 책임보험가입 대상과 등록대상은 동일하다.</u>

> **정답 및 해설**
> 수상레저사업에 이용되는 수상레저기구는 등록 여부와 관계없이 보험 가입이 필요하다.
> 정

413 수상레저안전법상 등록대상 동력수상레저기구의 보험가입기간으로 가장 올바른 것은?

갑. 소유자의 필요시에 가입 을. 등록 후 1년까지만 가입
<u>병. 등록기간 동안 계속하여 가입</u> 정. 사업등록에 이용할 경우에만 가입

> **정답 및 해설**
> 보험은 등록기간 동안 계속 유지해야 한다.
> 병

414 수상레저안전법상 수상레저사업자가 영업구역 안에서 지켜야 할 금지사항에 대한 설명 중 옳지 않은 것은? ★★

갑. 영업구역을 벗어나 영업하는 행위
을. 보호자를 동반한 14세 미만자를 수상레저기구에 태우는 행위
병. 수상레저기구에 정원을 초과하여 태우는 행위
정. 수상레저기구 안으로 주류를 반입토록 하는 행위

> **정답 및 해설**
> 14세 미만자라도 보호자가 동반하면 탑승이 허용된다.

415 수상레저안전법상 수상레저활동 안전을 위한 안전점검에 대한 설명으로 잘못된 것은? ★

갑. 정비원상복구 명령 위반 사업자에게 기간을 정하여 해당 수상레저기구 사용정지를 명할 수 있다.
을. 수상레저사업자에 대한 정비 및 원상복구 명령은 구두로 한다.
병. 수상레저기구 및 선착장 등 수상레저 시설에 대한 안전점검을 실시한다.
정. 점검결과에 따라 정비 또는 원상복구를 명할 수 있다.

> **정답 및 해설**
> 정비 및 원상복구 명령은 서면(명령서)으로 해야 한다. (구두 X)

416 수상레저안전법상 야간 수상레저활동 시 갖춰야 할 장비로 바르게 나열된 것은? ★

갑. 항해등, 나침반, 전등, 자동정지줄
을. 소화기, 통신기기, EPIRB, 위성항법장치(GPS)
병. 야간 조난신호장비, 자기점화등, 위성항법장치(GPS), 구명부환
정. 등이 부착된 구명조끼, 구명부환, 나침반, EPIRB

> **정답 및 해설**
> 야간 수상레저활동 시에는 야간 조난신호장비, 자기점화등, GPS, 구명부환 등 필수 안전 장비를 갖춰야 한다.

417 수상레저안전법의 제정 목적으로 가장 잘못된 것은?

갑. 수상레저사업의 건전한 발전을 도모

을. 수상레저활동의 안전을 확보

병. 수상레저활동으로 인한 사상자의 구조

정. 수상레저활동의 질서를 확보

> **정답 및 해설**
> 수상레저안전법은 수상레저활동의 안전과 질서 확보, 사업의 건전한 발전을 목적으로 한다. (사상자 구조 목적 X)
>
> 병

418 수상레저안전법상 동력수상레저기구 조종면허 중, 제2급 조종면허를 취득한 자가 제1급 조종면허를 취득한 경우, 조종면허의 효력관계를 올바르게 설명한 것은?

갑. 제1급과 제2급 모두 유효하다.

을. 제2급 조종면허의 효력은 상실된다.

병. 제1급 조종면허의 효력은 상실된다.

정. 제1급과 제2급 조종면허 모두 유효하며, 각각의 갱신기간에 맞게 갱신만 하면 된다.

> **정답 및 해설**
> 제2급 조종면허를 가진 사람이 제1급을 취득하면, 제2급 면허의 효력은 상실된다.
>
> 을

419 수상레저안전법상 수상레저활동을 하는 사람이 준수해야 하는 내용으로 가장 잘못된 것은?

갑. 다이빙대, 교량으로부터 20m 이내의 구역에서는 12노트 이하로 운항해야 한다.

을. 해양경찰서장 등이 지정하는 위험구역에서는 10노트 이하의 속력으로 운항해야 한다.

병. 계류장으로부터 150미터 이내의 구역에서는 인위적으로 파도를 발생시키는 특수한 장치가 설치된 동력수상레저기구를 운항해서는 안 된다.

정. 수상에 띄우는 수상레저기구 및 설비가 설치된 곳으로부터 150미터 이내의 구역에서 인위적으로 파도를 발생시키지 않고 5노트 이하의 속력으로 운항이 가능하다.

> **정답 및 해설**
> 다이빙대 · 계류장 · 교량 20미터 이내에서는 12노트 이하가 아니라 10노트 이하로 운항해야 한다.
>
> 갑

420 수상레저안전법상 원거리 수상레저활동 관련 설명으로 잘못된 것은?

갑. 출발항으로부터 10해리 이상 떨어진 곳에서 활동할 경우 신고하여야 한다.

을. 선박안전 조업규칙에 의한 신고를 별도로 한 경우에는 원거리 수상레저활동 신고의무의 예외로 본다.

병. 출발항으로부터 5해리 이상 떨어진 곳에서 활동할 경우 신고하여야 한다.

정. 원거리 수상레저활동은 해양경찰관서 또는 경찰관서에 신고한다.

> **정답 및 해설**
> 원거리 수상레저활동 신고는 출발항으로부터 10해리 이상 떨어진 경우에 해야 한다.

421 수상레저안전법상 수상레저사업 등록 시 제출해야 할 구비서류가 아닌 것은?

갑. 수상레저기구 및 인명구조용 장비 명세서

을. 수상레저기구 수리업체 명부

병. 시설기준 명세서

정. 영업구역에 관한 도면

> **정답 및 해설**
> 수리업체 명부는 수상레저사업 등록 시 제출 서류가 아니다.

422 수상레저안전법상 해양경찰청장 또는 시장·군수·구청장에게 납부하는 수수료에 대한 설명으로 가장 올바른 것은?

갑. 훼손된 면허증을 재발급하거나 갱신하려는 사람이 납부해야 하는 수수료는 5,000원이다.

을. 안전교육을 받으려는 사람이 납부해야 하는 수수료는 14,400원이며 교재는 별도로 구매해야 한다.

병. 조종면허를 받으려는 사람이 납부해야 하는 면허시험 응시 수수료는 필기시험 4,800원, 실기시험 64,800원이다.

정. 면허증을 신규 발급 받으려는 사람이 납부해야 하는 수수료는 4,000원이다.

> **정답 및 해설**
> 면허시험 응시 수수료는 필기 4,800원, 실기 64,800원으로 맞다.

423 수상레저안전법상 해양경찰청장이 면허시험 과목의 전부 또는 일부를 면제할 수 있는 사람에 대한 설명으로 가장 잘못된 것은?

갑. **대통령령로 정하는 체육 관련 단체에 수상레저기구의 선수로 등록된 사람**
을. 해양경찰청장이 지정·고시하는 기관이나 단체에서 실시하는 교육을 이수한 사람
병. 항해사 6급 또는 기관사 6급 면허를 가진 사람
정. 제1급 조종면허 필기시험에 합격한 후 제2급 조종면허 실기시험으로 변경하여 응시하려는 사람

> **정답 및 해설**
> 면제 대상은 동력수상레저기구 선수로 등록된 사람이다. (수상레저기구 선수 X)
>
> 갑

424 수상레저안전법상 수상레저사업장에 대한 안전점검 항목으로 가장 잘못된 것은?

갑. **수상레저기구의 형식 승인 여부**
을. 수상레저기구의 안전성
병. 사업장 시설·장비 등이 등록 기준에 적합한지의 여부
정. 인명구조요원 및 래프팅가이드의 자격·배치 기준 적합 여부

> **정답 및 해설**
> 안전 점검 항목에는 형식 승인 여부는 포함되지 않는다.
>
> 갑

425 수상레저안전법상 수상레저사업 등록에 관한 설명으로 잘못된 것은? ★★★

갑. 수상레저사업의 등록 유효기간은 10년으로 하되, 10년 미만으로 영업하려는 경우에는 해당 영업기간을 등록 유효기간으로 한다.
을. 해양경찰서장 또는 시장·군수·구청장은 등록의 유효기간 종료일 1개월 전까지 해당 수상레저사업자에게 수상레저사업 등록을 갱신할 것을 알려야 한다.
병. 해양경찰서장 또는 시장·군수·구청장은 변경등록의 신청을 받은 경우에는 변경되는 사항에 대하여 사실 관계를 확인한 후 등록사항을 변경하여 적거나 다시 작성한 수상레저사업 등록증을 신청인에게 발급하여야 한다.
정. **등록을 갱신하려는 자는 등록의 유효기간 종료일 3일 전까지 수상레저사업 등록갱신등록 신청서를 관할 해양경찰서장 또는 시장·군수·구청장에게 제출하여야 한다.**

> **정답 및 해설**
> 수상레저사업 등록 갱신은 유효기간 종료 5일 전까지 신청해야 한다. (3일 전 X)
>
> 정

426 수상레저안전법상 수상레저활동이 금지되는 기상특보의 종류가 아닌 것은? ★

갑. 태풍주의보
을. 폭풍주의보
병. 대설주의보
정. 풍랑주의보

정답 및 해설
폭풍주의보는 수상레저활동 금지 대상 기상특보에 포함되지 않는다.

427 수상레저안전법상 수상레저활동의 안전을 위해 취할 수 있는 시정명령 조치에 해당하지 않는 것은? ★

갑. 탑승인원의 제한 또는 조종자 교체
을. 수상레저활동의 일시정지
병. 수상레저기구의 개선 및 교체
정. 동력수상레저기구 조종면허의 효력정지

정답 및 해설
조종 면허의 효력 정지는 시정명령이 아니라 면허에 대한 행정처분이다.

428 수상레저안전법상 수상레저사업장의 구명조끼 보유기준이 아닌 것은? ★★

갑. 구명조끼는 5년마다 교체하여야 한다.
을. 탑승정원의 110%에 해당하는 구명조끼를 갖추어야 한다.
병. 탑승정원의 10%는 소아용 구명조끼를 갖추어야 한다.
정. 구명조끼는 전기용품 및 생활용품 안전관리법(구. 품질경영 및 공산품안전관리법)에 따른 안전기준이나 해양수산부장관이 정하여 고시하는 선박 또는 어선의 구명설비기준에 적합한 제품이어야 한다.

정답 및 해설
구명조끼를 5년마다 교체해야 한다는 규정은 없다.

429 수상레저안전법상 수상레저사업 등록의 결격사유 중 잘못된 것은? ★★

갑. 수상레저사업 등록이 취소되고 2년이 경과되지 않은 자
을. 금고 이상의 형의 집행유예 선고를 받고 그 기간 중에 있는 자
병. 미성년자, 피성년후견인, 피한정후견인
정. 금고 이상의 형 집행이 종료 후 3년이 경과되지 않은 자

정답 및 해설
금고 이상의 형 집행이 종료된 경우, 2년이 지나야 하며, 3년이 아니다.

430 수상레저안전법상 해양경찰서장 또는 시장·군수·구청장이 영업구역 또는 영업시간의 제한이나 영업의 일시정지를 명할 수 있는 경우가 아닌 것은?

<u>갑. 사업장에 대한 안전점검을 하려고 할 때</u>
을. 기상수상 상태가 악화된 때
병. 수상사고가 발생한 때
정. 부유물질 등 장애물이 발생한 경우

정답 및 해설
안전 점검을 하려는 사유만으로는 영업 구역·시간 제한이나 일시 정지 명령을 내릴 수 없다.

431 수상레저안전법상 수상레저사업자가 휴업 또는 폐업을 하려는 경우, 며칠 전까지 등록관청에 신고해야 하는가?

갑. 1일   <u>을. 3일</u>
병. 5일   정. 10일

정답 및 해설
수상레저사업 휴업 또는 폐업 시 3일 전까지 등록관청에 신고해야 한다.

432 수상레저안전법상 수상레저사업 등록이 취소될 수 있는 사유로 올바른 것은? ★★

갑. 종사자의 과실로 사람을 사망하게 한 때
<u>을. 거짓이나 그 밖의 부정한 방법으로 수상레저사업을 등록한 때</u>
병. 보험에 가입하지 않고 영업 중인 때
정. 이용요금 변경 신고를 하지 아니하고 영업을 계속한 때

정답 및 해설
거짓이나 그 밖의 부정한 방법으로 등록한 경우, 등록이 취소된다. 을

433 수상레저안전법상 수상안전교육에 포함되지 않는 내용은? ★

갑. 수상레저기구의 사용과 관리에 관한 사항
을. 수상안전에 관한 법령
병. 수상구조
<u>정. 오염방지</u>

정답 및 해설
수상안전교육에는 오염 방지 내용이 포함되지 않는다.

434 수상레저안전법상 ( )안에 들어갈 알맞은 수를 고르시오.

> **보기**
> 수상레저사업 등록기준상 탑승정원 ( )명 이상인 동력수상레저기구에는 선실, 조타실, 기관실에 각각 ( )개 이상의 소화기를 갖추어야 한다.

갑. 3, 1
을. 10, 2
병. 13, 1
정. 5, 1

정답 및 해설
탑승정원 13명 이상이면 선실, 조타실, 기관실에 각각 1개 이상의 소화기를 갖추어야 한다.

435 수상레저안전법상 보험 가입 의무가 있는 사람에 대한 설명으로 가장 잘못된 것은?

갑. 등록 대상 동력수상레저기구의 소유자는 소유한 날로부터 1개월 이내에 보험이나 공제에 가입하여야 한다.
을. 등록 대상 동력수상레저기구의 소유자는 가입 기간 및 가입 금액을 충족하는 보험이나 공제에 가입해야 한다.
병. 등록 대상 동력수상레저기구의 소유자가 가입한 보험 또는 공제의 책임보험금은 사망의 경우 1억 원, 부상의 경우 부상 정도에 따라 최대 3천만 원 한도로 보장된다.
정. 수상레저사업자는 대통령령으로 정하는 바에 그 종사자와 이용자의 폐해를 보전하기 위하여 보험이나 공제에 가입하여야 한다.

정답 및 해설
책임보험금은 사망 시 1억 5천만 원, 부상 시 3천만 원 이상으로 가입해야 한다.

436 수상레저안전법상 영업구역이 ( )해리 이상인 경우에는 수상레저기구에 사업장 또는 가까운 무선국과 연락할 수 있는 통신장비를 갖추어야 한다. ( )안에 들어갈 숫자로 올바른 것은?

갑. 1
을. 2
병. 3
정. 4

정답 및 해설
영업구역이 2해리 이상인 경우, 통신장비를 갖추어야 한다.

437 수상레저안전법상 수상레저사업장의 시설기준으로 잘못된 것은?

갑. 노 또는 삿앗대가 있는 수상레저기구는 그 수의 10%에 해당하는 수의 예비용 노 또는 삿앗대를 갖추어야 한다.

을. 탑승정원 13인 이상인 동력수상레저기구에는 선실, 조타실, 기관실에 각각 1개 이상의 소화기를 갖추어야 한다.

병. 무동력수상레저기구에는 구명부환 대신 스로 백(throw bag)을 갖출 수 있다.

정. 탑승정원 5명 이상인 수상레저기구(수상오토바이를 제외)에는 그 탑승정원의 30%에 해당하는 수의 구명튜브를 갖추어야 한다.

> **정답 및 해설**
> 탑승정원 4명 이상인 수상레저기구에는 구명부환을 30% 이상 갖추어야 한다. (5명 이상 X) 정

438 수상레저안전법상 수상레저기구 운항규칙에 대한 설명 중 ( )안에 들어갈 내용을 올바르게 나열한 것은?

> **보기**
> 다이빙대·계류장 및 교량으로부터 (①)이내의 구역이나 해양경찰서장 또는 시장·군수·구청장이 지정하는 위험구역에서는 (②)이하의 속력으로 운항해야 하며, 해양경찰서장 또는 시장·군수·구청장이 별도로 정한 운항지침을 따라야 한다.

갑. ① 10미터, ② 20노트   을. ① 10미터, ② 10노트
병. ① 20미터, ② 10노트   정. ① 20미터, ② 15노트

> **정답 및 해설**
> 다이빙대·계류장·교량으로부터 20미터 이내의 구역과 위험구역에서는 10노트 이하로 운항해야 한다. 병

439 수상레저안전법상 야간 수상레저활동 시간을 조정할 수 있는 권한을 가진 사람이 아닌 것은?

갑. 해양경찰서장   을. 시장·군수
병. 한강 관리기관의 장   정. 경찰서장

> **정답 및 해설**
> 경찰서장은 야간 수상레저활동 시간을 조정할 권한이 없다. 정

440 수상레저안전법상 수상레저기구 운항규칙에 대한 설명 중 잘못된 것은?

갑. 안전검사증에 지정된 항해구역을 준수해야 한다.

을. 진로를 횡단하여 충돌 위험이 있는 때 다른 기구를 왼쪽에 두고 있는 기구가 진로를 피하여야 한다.

병. 정면으로 충돌할 위험이 있을 시 우현으로 진로를 피하여야 한다.

정. 다른 기구와 같은 방향으로 운항 시 2m 이내 근접하여 운항해서는 안 된다.

> **정답 및 해설**
> 진로를 횡단할 때 충돌 위험이 있으면, 다른 기구를 오른쪽에 두고 있는 쪽이 진로를 피해야 한다. (왼쪽에 두고 있는 기구 X)
>
> 을

441 수상레저안전법상 수상레저사업에 관한 설명으로 잘못된 것은?

갑. 영업구역이 해수면인 경우, 해당 지역을 관할하는 해양경찰서장에게 등록하여야 한다.

을. 수상레저사업을 등록한 수상레저사업자는 등록사항에 변경이 있으면 변경등록을 하여야 한다.

병. 수상레저사업의 등록 유효기간을 10년 미만으로 영업하려는 경우에는 해당 영업기간을 등록 유효기간으로 한다.

정. 수상레저사업의 등록 유효기간은 20년으로 한다.

> **정답 및 해설**
> 수상레저사업의 등록 유효기간은 10년이다. (20년 X)
>
> 정

442 수상레저안전법상 ( )에 들어갈 내용으로 적합한 것은?

> **보기**
> 동력수상레저기구 조종면허를 받아야 조종할 수 있는 동력수상레저기구로서 추진기관의 최대 출력이 5마력 이상(출력 단위가 킬로와트인 경우에는 ( )킬로와트 이상을 말한다)인 동력수상레저기구로 한다.

갑. 3.75   을. 3
병. 2.75   정. 5

> **정답 및 해설**
> 최대 출력 5마력 이상은 3.75킬로와트 이상이다.
>
> 갑

443 수상레저안전법상 수수료가 부과되지 않는 항목은 무엇인가? ★★

갑. 수상레저사업의 변경등록
을. 수상레저사업의 휴업등록
병. 동력수상레저기구 등록번호판의 재발급
정. 동력수상레저기구 말소등록

> **정답 및 해설**
> 수상레저사업의 휴업 및 폐업등록은 수수료가 부과되지 않는다.

444 수상레저안전법상, 해진 후 30분부터 해뜨기 전 30분까지는 수상레저활동을 할 수 없다. 다만, 야간 운항장비를 갖춘 수상레저기구를 이용하는 경우 예외로 한다. 야간 운항장비에 포함되지 않는 것은? ★★

갑. 항해등
을. 통신기기
병. 자기점화등
정. 비상식량

> **정답 및 해설**
> 비상식량은 야간 운항 장비에 포함되지 않는다.

445 수상레저안전법상 야간 수상레저활동에 대한 설명으로 잘못된 것은? ★★★

갑. 누구든지 해진 후 30분부터 해뜨기 전 30분까지는 수상레저활동을 하여서는 아니 된다.
을. 해양경찰청장이나 광역시장·도지사 등은 필요하다고 인정하면 일정한 구역에 대하여 해뜨기 전 30분부터 24시까지의 범위에서 시간을 조정할 수 있다.
병. 항해등, 구명부환 등 야간 운항장비를 갖춘 수상레저기구를 사용하면 해진 후 30분부터 해뜨기 전 30분까지 제한되는 야간 수상레저활동이 가능하다.
정. 야간 수상레저활동을 하려는 사람이 수상레저기구에 갖추어야 하는 야간 운항장비는 항해등, 전등, 야간 조난신호장비, 등이 부착된 구명조끼, 통신기기, 구명부환, 소화기, 자기점화등, 나침반, 위성항법장치이다.

> **정답 및 해설**
> 해양경찰서장이나 시장·군수·구청장은 야간 수상레저활동 시간을 조정할 수 있다.

446 수상레저안전법상 야간 수상레저활동시간을 조정하려는 경우 조정범위로 옳은 것은?

★★

갑. 해가 진 후부터 24시까지의 범위에서 조정할 수 있다.
을. **해가 진 후 30분부터 24시까지의 범위에서 조정할 수 있다.**
병. 해가 진 후부터 다음날 해뜨기 전까지의 범위에서 조정할 수 있다.
정. 해진 후 30분부터 해뜨기 전 30분까지의 범위에서 조정할 수 있다.

> **정답 및 해설**
> 야간 수상레저활동 시간은 해가 진 후 30분부터 24시까지 조정할 수 있다.

447 수상레저안전법상 등록대상 수상레저기구의 소유자가 수상레저기구의 운항으로 다른 사람이 사망하거나 부상당한 경우에 피해자에 대한 보상을 위하여 보험이나 공제에 가입하여야 하는 기간은?

★★

갑. 소유일부터 즉시
을. 소유일부터 7일 이내
병. 소유일부터 15일 이내
정. **소유일부터 1개월 이내**

> **정답 및 해설**
> 수상레저기구 소유자는 1개월 이내 보험에 가입해야 한다.

448 수상레저안전법상 수상레저활동을 하는 사람이 준수하여야 하는 내용으로 가장 잘못된 것은?

★★★

갑. 주위의 상황 및 수상레저기구 등과의 충돌 위험을 충분히 판단할 수 있도록 시각·청각 등 모든 수단을 이용하여 항상 적절한 경계를 해야 한다.
을. **다른 수상레저기구 등과 정면으로 충돌할 위험이 있을 때에는 적절한 방법으로 상대에게 알리고 좌현쪽으로 진로를 피해야 한다.**
병. 다른 수상레저기구 등의 진로를 횡단하는 경우에 충돌의 위험이 있을 때에는 다른 수상레저기구 등을 오른쪽에 두고 있는 수상레저기구가 진로를 피해야 한다.
정. 다른 수상레저기구 등을 앞지르기하려는 경우에는 앞지르기 당하는 수상레저기구 등을 완전히 앞지르기 하거나 그 수상레저기구 등에서 충분히 멀어질 때까지 그 수상레저기구 등의 진로를 방해하여서는 아니 된다.

> **정답 및 해설**
> 우현쪽으로 진로를 피해야 한다.

449 수상레저안전법상 수상레저기구의 정원에 관한 사항으로 잘못된 것은?

갑. 수상레저기구의 정원은 안전검사에 따라 결정되는 정원으로 한다.

을. 등록대상이 되지 아니하는 수상레저기구의 정원은 해당 수상레저기구의 좌석 수 또는 형태 등을 고려하여 해양경찰청장이 정하여 고시하는 정원 산출기준에 따라 산출한다.

병. 정원을 산출할 때에는 해난구조의 사유로 승선한 인원은 정원으로 보지 아니한다.

정. 조종면허 시험장에서의 시험을 보기 위한 승선인원은 정원으로 보지 아니한다.

정답 및 해설
조종 면허 시험에서 승선한 인원도 정원에 포함된다.

450 수상레저안전법상 수상레저기구 안전검사의 내용으로 잘못된 것은?

갑. 수상레저기구를 등록하려는 자는 신규검사를 받아야 한다.

을. 수상레저기구의 운항구역을 변경하려는 경우 임시검사를 받아야 한다.

병. 안전검사 대상 동력수상레저기구 중 수상레저사업에 이용되는 동력수상레저기구는 1년마다 정기검사를 받아야 한다.

정. 안전검사를 받은 동력수상레저기구는 3년마다 정기검사를 받아야 한다.

정답 및 해설
수상레저사업용 1년마다, 그 외는 5년마다 정기 검사. (3년 X)

451 수상레저안전법상 외국인이 국내에서 개최되는 국제경기대회에 참가하는 경우, 조종면허 없이 수상레저기구를 조종할 수 있는 기간으로 올바른 것은?

갑. 국제경기대회 개최일 5일 전부터 국제경기대회 기간까지

을. 국제경기대회 개최일 7일 전부터 국제경기대회 기간까지

병. 국제경기대회 개최일 10일 전부터 국제경기대회 종료 후 10일까지

정. 국제경기대회 개최일 15일 전부터 국제경기대회 기간까지

정답 및 해설
개최 10일 전부터 종료 후 10일까지 조종 가능

452 수상레저안전법상, 수상레저사업의 등록 유효기간은 몇 년인가?

갑. 1년
을. 5년
병. 10년
정. 20년

> **정답 및 해설**
> 수상레저사업 등록 유효기간은 10년이다.

453 수상레저안전법상 용어 정의로 잘못된 것은?

갑. 강과 바다가 만나는 부분의 기수는 해수면으로 분류된다.
을. 수상이란 해수면과 내수면을 말한다.
병. 래프팅이란 무동력수상레저기구를 사용하여 계곡이나 하천에서 노를 저으며 급류 또는 물의 흐름 등을 타는 수상레저 활동을 말한다.
정. 내수면이란 하천, 댐, 호수, 늪, 저수지, 그밖에 인공으로 조성된 담수나 기수의 수류 또는 수면을 말한다.

> **정답 및 해설**
> 기수는 별도 구분 (해수면 X)

제2절 조종면허

454 수상레저안전법상 조종면허에 관한 설명 중 잘못된 것은?

갑. 조종면허를 받으려는 자는 해양경찰청장이 실시하는 면허시험에 합격하여야 한다.
을. 면허시험은 필기시험과 실기시험으로 구분하여 실시한다.
병. 조종면허를 받으려는 자는 면허시험 응시원서를 접수한 후부터 해양경찰청장이 실시하는 수상안전교육을 받아야 한다.
정. 조종 면허의 효력은 조종 면허를 받으려는 자가 면허시험에 최종 합격할 날부터 발생한다.

> **정답 및 해설**
> 면허 효력은 면허증 발급 시 발생.

455 수상레저 일반조종면허시험 필기시험 중 법규 과목으로 잘못된 것은?

갑. 선박안전법
을. 해양환경관리법
병. 해상교통안전법
정. 선박의 입항 및 출항 등에 관한 법률

> **정답 및 해설**
> 선박안전법은 시험 과목 아님. — 갑

456 수상레저안전법상 면허시험에 대한 설명으로 가장 잘못된 것은? ★★★

갑. 면허시험 필기시험 시행일을 기준으로 조종면허 취득 결격사유에 해당하는 사람은 면허시험에 응시할 수 없다.
을. 면허시험은 필기시험과 실기시험으로 구분하여 실시한다.
병. 조종면허를 받으려는 사람은 해양경찰청장이 실시하는 면허시험에 합격하여야 한다.
정. 면허시험의 과목과 방법 등에 필요한 사항은 대통령령으로 정한다.

> **정답 및 해설**
> 결격사유 판단은 실기시험일 기준. — 갑

457 수상레저안전법상 제2급 조종면허를 받을 수 있는 나이는 몇 세 이상인가? ★★★

갑. 13세 이상
을. 14세 이상
병. 15세 이상
정. 16세 이상

> **정답** — 병

458 수상레저안전법상 동력수상레저기구 일반조종면허 실기시험 사행시 감점사항으로 올바른 것은? ★★

갑. 첫 번째 부이로부터 시계방향으로 진행한 경우
을. 사행 부이로부터 3미터 이상으로 접근한 경우
병. 3개의 부이와 일직선으로 침로를 유지한 경우
정. 사행 중 갑작스러운 핸들조작으로 선회가 부자연스러운 경우

> **정답 및 해설**
> 사행 중 부자연스러운 선회는 감점 대상. — 정

459 수상레저안전법상 일반조종면허 실기시험 중 실격사유가 아닌 것은?

갑. 3회 이상의 출발 지시에도 출발하지 못한 경우

을. 속도전환레버 및 핸들 조작 미숙 등 조종능력이 현저히 부족하다고 인정되는 경우

병. 계류장과 선수 또는 선미가 부딪힌 경우

정. 이미 감점한 점수의 합계가 합격기준에 미달함이 명백한 경우

> **정답 및 해설**
> 계류장 충돌은 감점, 나머지는 실격.

460 수상레저안전법상 면허시험에서 부정행위를 하여 시험의 중지 또는 무효의 처분을 받은 사람은 그 처분이 있는 날부터 ( )년 간 면허시험에 응시할 수 없다. ( ) 안에 알맞은 것은? ★★★

갑. 6개월   을. 1년

병. 2년   정. 3년

> **정답 및 해설**
> 부정 행위자는 2년간 응시 금지.

461 수상레저안전법상 조종면허 응시원서의 제출 등에 대한 내용 중 잘못된 것은?

갑. 시험면제대상은 해당함을 증명하는 서류를 제출해야 한다.

을. 응시표의 유효기간은 접수일로부터 6개월이다.

병. 면허시험의 필기시험에 합격한 경우에는 그 합격일로부터 1년까지로 한다.

정. 응시표를 잃어버렸을 경우 다시 발급받을 수 있다.

> **정답 및 해설**
> 응시표 유효기간은 접수일로부터 1년.

462 수상레저안전법상 동력수상레저기구 조종면허의 종류가 아닌 것은?

갑. 제1급 조종면허   을. 제2급 조종면허

병. 요트조종면허   **정. 제2급 요트조종면허**

> **정답 및 해설**
> '제2급 요트조종면허'는 존재하지 않음.

463 수상레저안전법상 동력수상레저기구 조종면허 중, 제2급 조종면허를 취득한 자가 제1급 조종면허를 취득한 경우, 조종면허의 효력관계를 올바르게 설명한 것은? ★★★

갑. 제1급과 제2급 모두 유효하다.
을. 제2급 조종면허의 효력은 상실된다.
병. 제1급 조종면허의 효력은 상실된다.
정. 제1급과 제2급 조종면허 모두 유효하며, 각각의 갱신기간에 맞게 갱신만 하면 된다.

정답 및 해설
1급 취득 시 2급 효력은 상실.

464 수상레저안전법상 제1급 조종면허를 받을 수 있는 나이의 기준으로 올바른 것은? ★★

갑. 14세 이상 을. 16세 이상
병. 18세 이상 정. 19세 이상

정답 및 해설
1급 조종면허는 18세 이상부터 가능.

465 수상레저안전법상 동력수상레저기구 조종면허의 효력발생 시기는 언제인가? ★★

갑. 수상 안전교육을 이수한 때
을. 필기시험 합격일로부터 14일 이후
병. 면허시험에 최종 합격한 날
정. 동력수상레저기구 조종면허증을 본인 또는 대리인에게 발급한 때부터

정답 및 해설
면허증 발급 시 효력 발생.

466 수상레저안전법상 동력수상레저기구 조종면허 종별 합격기준으로 잘못된 것은? ★★★

갑. 제1급 조종면허 : 필기 70점, 실기 80점
을. 제2급 조종면허 : 필기 60점, 실기 60점
병. 제2급 조종면허 : 필기 70점, 실기 60점
정. 요트 조종면허 : 필기 70점, 실기 60점

정답 및 해설
제2급 조종면허 합격 기준은 필기 60점, 실기 60점.

467 수상레저안전법상 수상안전교육의 면제 대상에 대한 설명으로 가장 잘못된 것은? ★★★

갑. 면허시험 응시원서를 접수한 날로부터 소급하여 6개월 이내에 「선원법 시행령」 제43조 제1항에 따른 기초안전교육 또는 상급안전교육을 이수한 사람

을. 면허증 갱신 기간의 시작일부터 소급하여 6개월 이내에 「수상레저안전법」 제13조 제1항에 따른 수상안전교육을 이수한 사람

병. 「수상레저안전법」 제9조 제1항 제6호에 해당하여 제2급 조종면허 또는 요트조종면허 시험과목의 전부를 면제받은 사람

정. 면허시험 응시원서를 접수한 날 또는 면허증 갱신 기간의 시작일로부터 소급하여 6개월 이내에 「수상레저안전법」 제19조에 따른 종사자 교육을 받은 사람

> **정답 및 해설**
> 종사자 교육은 갱신 기간의 마지막 날을 기준으로 소급 6개월 이내일 때만 면제 가능. (시작일 X)

468 수상레저안전법상 동력수상레저기구 조종면허 시험 중 부정행위자에 대한 제재조치로 잘못된 것은? ★★★

갑. 당해 시험을 중지시킬 수 있다.

을. 당해 시험을 무효로 할 수 있다.

병. 공무집행방해가 인정될 경우 형사처벌을 받을 수 있다.

정. 1년간 동력수상레저기구 조종면허 시험에 응시할 수 없다.

> **정답 및 해설**
> 부정 행위자는 2년간 응시 제한.

469 수상레저안전법상 동력수상레저기구 조종면허 시험 중, 항해사·기관사·운항사 또는 소형선박 조종사의 면허를 가진 자가 면제받을 수 있는 사항으로 올바른 것은? ★★

갑. 제1급 조종면허 및 제2급 조종면허 실기시험

을. 제2급 조종면허 실기시험

병. 제1급 조종면허 및 제2급 조종면허 필기시험

정. 제2급 조종면허 필기시험

> **정답 및 해설**
> 해당 면허 소지자는 제2급 필기시험만 면제.

470 동력수상레저기구 조종면허 중, 제1급 조종면허 시험의 합격기준으로 올바르게 연결된 것은?

갑. 필기-60점, 실기-70점   을. 필기-70점, 실기-70점
병. 필기-70점, 실기-80점   정. 필기-60점, 실기-80점

> **정답 및 해설**
> 제1급 조종면허는 필기 70점, 실기 80점 기준.
>
> 병

471 수상레저안전법상 제2급 조종면허의 필기시험을 면제받을 수 있는 사람은?

갑. 대통령령이 정하는 체육 관련 단체에 동력수상레저기구의 선수로 등록된 자
을. 제1급 조종면허를 가지고 있는 자
병. 소형선박조종사 면허를 가지고 있는 자
정. 한국해양소년단연맹에서 동력수상레저기구의 훈련업무에 1년 이상 종사한 자로서 단체장의 추천을 받은 자

> **정답 및 해설**
> 소형선박조종사 면허 소지자는 제2급 필기 면제 대상.
>
> 병

472 수상레저안전법상 시험대행기관의 지정기준으로 잘못된 것은?

갑. 시험장별로 책임운영자 1명 및 시험관 4명 이상 갖출 것
을. 시험대행기관으로 지정받으려는 자는 해양수산부령으로 정하는 바에 따라 해양경찰청장에게 그 지정을 신청하여야 한다.
병. 시험장별로 해양수산부령으로 정하는 기준에 맞는 실기시험용 시설 등을 갖출 것
정. 조종면허시험대행기관의 지정기준에 따른 책임운영자는 수상레저활동 관련 업무 중 해양경찰청장이 정하여 고시하는 업무에 4년 이상 종사한 경력이 있는 사람이어야 하며, 일반조종면허 시험관은 제1급 조종면허를 갖춘 사람이어야 한다.

> **정답 및 해설**
> 책임 운영자는 경력 5년 이상(4년 X), 시험관은 제1급 면허+인명구조요원 자격 필요.
>
>

473 수상레저안전법상 조종면허시험대행기관의 시험장별 실기시험 시설기준 중 안전시설에 관한 내용으로 잘못된 것은? ★★

갑. 비상구조선의 속력은 30노트 이상이어야 한다.
을. 구명조끼는 20개 이상 갖추어야 한다.
병. 소화기는 3개 이상 갖추어야 한다.
정. 비상구조선의 정원은 4명 이상이어야 한다.

> **정답 및 해설**
> 비상 구조선 속력 기준은 20노트 이상.

474 수상레저안전법상 조종면허의 효력을 1년 이내 범위에서 정지시킬 수 있는 사유는 무엇인가? ★★★

갑. 거짓이나 그 밖의 부정한 방법으로 조종면허를 받은 경우
을. 면허증을 다른 사람에게 빌려주어 조종하게 한 경우
병. 조종면허 효력정지 기간에 조종을 한 경우
정. 술에 취한 상태에서 조종을 한 경우

> **정답 및 해설**
> '면허증 빌려줌'은 정지 사유, 나머지는 취소 사유.

475 수상레저안전법상 동력수상레저기구 조종면허를 취소하거나 효력을 정지해야 하는 경우가 아닌 것은? ★★★

갑. 부정한 방법으로 면허를 받은 경우
을. 혈중알코올농도 0.03 이상의 술에 취한 상태에서 조종한 경우
병. 조종 중 고의 또는 과실로 사람을 사상한 때
정. 수상레저사업이 취소된 때

> **정답 및 해설**
> 수상레저사업 취소는 조종 면허와 무관.

476 수상레저안전법상 동력수상레저기구 조종면허의 취소 또는 정지처분의 기준으로 잘못된 것은?

갑. 위반 행위가 2가지 이상인 때에는 중한 처분에 의한다.

을. 다수의 면허정지 사유가 있더라도 정지기간은 6개월을 초과할 수 없다.

병. 위반행위의 횟수에 따른 정지처분의 기준은 최근 1년간이다.

정. 면허정지에 해당하는 경우, 2분의 1의 범위 내에서 감경할 수 있다.

> **정답 및 해설**
> 면허정지 기간은 6개월 초과 가능.
>
> 을

477 수상레저안전법상 음주 상태에서 조종하여 면허가 취소된 사람은, 취소된 날부터 얼마 동안 동력수상레저기구 조종면허를 받을 수 없는가?

갑. 면허가 취소된 날부터 1년   을. 면허가 취소된 날부터 2년
병. 면허가 취소된 날부터 3년   정. 면허가 취소된 날부터 4년

> **정답 및 해설**
> 주취로 면허 취소 시, 1년간 재응시 불가.
>
> 갑

478 수상레저안전법상 동력수상레저기구 조종면허증 갱신에 대한 설명으로 가장 잘못된 것은?

갑. 최초의 면허증 갱신 기간은 면허증 발급일로부터 기산 하여 7년이 되는 날부터 6개월 이내이다.

을. 최초의 면허증 갱신이 아닌 경우, 직전의 면허증 갱신 기간이 시작되는 날부터 기산하여 7년이 되는 날부터 6개월 이내이다.

병. 면허증 갱신을 정해진 갱신 기간 내에 아니한 경우에는 갱신기간이 만료한 다음날부터 조종면허의 효력이 취소된다.

정. 대통령령으로 정하는 사유로 인하여 면허증 갱신 기간 내에 갱신할 수 없는 경우에는 갱신을 미리하거나 연기할 수 있다.

> **정답 및 해설**
> 갱신하지 않으면 면허는 취소가 아니라 정지.
>
> 병

479 수상레저안전법상 조종면허의 효력정지 기간 중에 조종한 경우, 이에 대한 처분 기준으로 옳은 것은?

갑. 면허취소   을. 과태료
병. 경고   정. 징역

> **정답 및 해설**
> 정지 기간 중 조종은 면허 취소 사유.
>
> 갑

480 수상레저안전법상 동력수상레저기구 조종면허가 취소된 자가 해양경찰청장에게 동력수상레저기구 조종면허증을 반납하여야 하는 기간은?

갑. 취소된 날부터 3일 이내   을. 취소된 날부터 5일 이내
병. 취소된 날부터 7일 이내   정. 취소된 날부터 14일 이내

> **정답 및 해설**
> 면허 취소자는 7일 이내 면허증 반납 의무.
>
> 병

481 수상레저안전법상 동력수상레저기구 조종면허증 갱신기간의 연기 사유로 인정되지 않는 것은?

갑. 국외에 체류 중인 경우
을. 질병으로 인하여 통원치료가 필요한 경우
병. 법령에 따라 신체의 자유를 구속당한 경우
정. 군복무 중인 경우

> **정답 및 해설**
> 연기 사유는 장기간 외출이 어려운 질병이어야 하며, 단순 통원 치료는 해당하지 않음.
>
> 을

482 수상레저안전법상 갱신이 연기된 동력수상레저기구 조종면허증은, 그 연기 사유가 없어진 날부터 몇 개월 이내에 갱신해야 하는가?

갑. 1개월   을. 3개월
병. 6개월   정. 12개월

> **정답 및 해설**
> 연기 사유 종료 후 3개월 이내 갱신해야 함.
>
> 을

483 수상레저안전법상 동력수상레저기구 조종면허증 갱신에 대한 설명으로 잘못된 것은? ★★

갑. 최초의 면허증 갱신 기간은 면허증 발급일부터 기산하여 7년이 되는 날부터 6개월 이내

을. 직전의 면허증 갱신 기간이 시작되는 날부터 기산하여 7년이 되는 날부터 6개월 이내

병. 면허증을 갱신하지 아니한 경우에는 갱신 기간이 만료한 다음 날부터 조종면허의 효력은 정지된다.

정. 조종면허의 효력이 정지된 날부터 1년 이내에 갱신하지 아니한 경우에는 면허가 취소된다.

> **정답 및 해설**
> 면허 취소 조항 없음.

484 수상레저안전법상 제2급 조종면허시험의 모든 과목이 면제되는 경우로 알맞은 것은? ★★

갑. 대통령령으로 정하는 체육 관련 단체에 동력수상레저기구의 선수로 등록된 사람

을. 대통령령으로 정하는 동력수상레저기구 관련 학과를 졸업한 사람

병. 해양경찰청장이 지정·고시하는 기관이나 단체(면허시험 면제교육기관)에서 실시하는 교육을 이수한 사람

정. 제1급 조종면허 필기시험에 합격한 후 제2급 조종면허 실기시험으로 변경하여 응시하려는 사람

> **정답 및 해설**
> 면제교육기관 교육 이수 시 전 과목 면제 가능.

485 수상레저안전법상 최초 동력수상레저기구 조종면허 시험합격 전 수상안전교육을 받은 경우, 그 유효기간으로 올바른 것은? ★★★

갑. 1개월 을. 3개월

병. 6개월 정. 1년

> **정답 및 해설**
> 최초 안전교육 유효기간은 6개월.

486 수상레저안전법상 수상안전교육에 관한 내용으로 잘못된 것은?

갑. 안전교육 대상자는 동력수상레저기구 조종면허를 받고자 하는 자 또는 갱신하고자 하는 자이다.

을. 수상안전교육 시기는 동력수상레저기구 조종면허를 받으려는 자는 조종면허시험 응시원서를 접수한 후부터, 동력수상레저기구 조종면허를 갱신하려는 자는 조종면허 갱신기간 이내이다.

병. 수상안전교육 내용은 수상안전에 관한 법령, 수상레저기구의 사용과 관리에 관한 사항, 수상상식 및 수상구조, 그 밖의 수상안전을 위하여 필요한 사항이다.

정. 수상안전교육 시간은 3시간이고 최초 면허시험 합격 전의 안전교육 유효기간은 5개월이다.

> **정답 및 해설**
> 최초 안전교육 유효기간은 6개월.

487 동력수상레저기구 조종면허를 신규로 받으려는 사람은 해양경찰청장이 실시하는 수상안전교육을 ( )시간 받아야 면허증이 발급된다. 이때 ( )안에 들어갈 시간으로 맞는 것은?

갑. 1시간
을. 3시간
병. 5시간
정. 7시간

> **정답 및 해설**
> 신규 면허자는 수상안전교육 3시간 이수 필요.

488 수상레저안전법상 외국인에 대한 조종면허의 특례로 잘못된 것은?

갑. 수상레저활동을 하려는 외국인이 국내에서 개최되는 국제경기대회에 참가하여 수상레저기구를 조종하는 경우에는 조종면허를 받지 않아도 된다.

을. 국제경기대회 개최일 10일 전부터 국제경기대회 종료 후 10일까지 특례가 적용된다.

병. 국내 수역에만 특례가 적용된다.

정. 4개국 이상이 참여하는 국제경기대회에 특례가 적용된다.

> **정답 및 해설**
> 특례는 2개국 이상 대회에 적용

489 동력수상레저기구 조종면허를 가진 자와 동승하여 무면허로 조종할 경우 면허를 소지한 사람의 요건으로 잘못된 것은? ★★★

갑. 제1급 일반조종면허를 소지할 것
을. 술에 취한 상태가 아닐 것
병. 약물을 복용한 상태가 아닐 것
정. 면허 취득 후 2년이 경과한 사람일 것

> **정답 및 해설**
> 2년 경과 요건은 없음.

490 수상레저안전법상 동력수상레저기구 조종면허를 받아야 조종할 수 있는 동력수상레저기구의 추진기관 최대출력 기준은 어느 것인가? ★★★

갑. 3마력 이상
을. 5마력 이상
병. 10마력 이상
정. 50마력 이상

> **정답 및 해설**
> 5마력 이상이면 면허 필요.

491 수상레저안전법상 동력수상레저기구 조종면허 결격사유와 관련한 내용 중 잘못된 것은? ★★★

갑. 정신질환자(치매, 조현병, 조현정동장애, 양극성 정동장애, 재발성 우울장애, 알코올 중독)로서 전문의가 정상적으로 수상레저활동을 수행할 수 있다고 인정하는 자는 동력수상레저기구 조종면허 시험 응시가 가능하다.

을. 부정행위로 인해 해당 시험의 중지 또는 무효 처분을 받은 자는 그 시험 시행일로부터 2년간 면허시험에 응시할 수 없다.

병. 동력수상레저기구 조종면허를 받지 아니하고 동력수상레저기구를 조종한 자로서 사람을 사상한 후 구호조치 등 필요한 조치를 하지 아니하고 도주한 자는 4년이 경과되어야 동력수상레저기구 조종면허시험 응시가 가능하다.

정. 동력수상레저기구 조종면허가 취소된 날부터 2년이 경과되지 아니한 자는 동력수상레저기구 조종면허 시험응시가 불가하다.

> **정답 및 해설**
> 조종 면허 취소된 날부터 1년 경과되지 아니한 자는 응시 불가. (2년 X)

492 수상레저안전법에 대한 설명으로 잘못된 것은?

갑. 수상레저활동은 수상에서 수상레저기구를 이용하여 취미·오락·체육·교육 등의 목적으로 이루어지는 활동이다.

을. 수상레저안전법에서 정한 래프팅이란 무동력수상레저기구를 이용하여 계곡이나 하천에서 노를 저으며 급류 또는 물의 흐름을 타는 수상레저활동을 말한다.

병. 동력수상레저기구 추진기관의 최대출력이 5마력 이상이면 동력수상레저기구 조종면허가 필요하다.

정. 조종면허는 일반조종면허, 제1급 요트조종면허, 제2급 요트조종면허로 구분된다.

> **정답 및 해설**
> '제2급 요트조종면허'는 존재하지 않음.

493 수상레저안전법상 동력수상레저기구 조종면허 응시표의 유효기간으로 올바른 것은?

갑. 접수일로부터 6개월　　　　**을. 접수일로부터 1년**
병. 필기시험 합격일부터 6개월　정. 필기시험 합격일부터 3년

> **정답 및 해설**
> 응시표 유효기간은 접수일로부터 1년.

494 수상레저안전법상 (　)에 들어갈 내용으로 알맞은 것은?

> **보기**
> 조종면허시험대행기관의 지정기준에 따른 책임운영자는 수상레저활동 관련 업무 중 해양경찰청장이 정하여 고시하는 업무에 (　)년 이상 종사한 경력이 있는 사람이어야 하며, 일반조종면허 시험관은 (　)급 조종면허를 갖춘 사람이어야 한다.

갑. 3년, 1급　　　　을. 3년, 2급
병. 5년, 1급　　　정. 5년, 2급

> **정답 및 해설**
> 책임 운영자는 5년 이상, 시험관은 1급 조종면허 필요.

495 수상레저안전법상 조종면허를 받은 사람이 지켜야 할 의무로 올바른 것은?

갑. 면허증은 언제나 소지하고 있어야 한다.

을. 면허증을 필요에 따라 타인에게 빌려주어도 된다.

병. 주소가 변경된 때에는 지체없이 변경하여야 한다.

정. 관계 공무원이 면허증 제시를 요구하면 면허증을 내보여야 한다.

> **정답 및 해설**
> 관계 공무원 요구 시 면허증 제시 의무 있음.

496 수상레저안전법상 동력수상레저기구 조종면허 없이 동력수상레저기구를 조종할 수 있는 경우가 아닌 것은? ★★★

갑. 제2급 조종면허 소지자와 동승하여 고무보트 조종

을. 제1급 조종면허 소지자 감독 하에 시험장에서 시험선 조종

병. 제1급 조종면허 소지자 감독 하에 수상레저사업장에서 수상오토바이 조종

정. 제1급 조종면허 소지자 감독 하에 학교에서 모터보트 조종

> **정답 및 해설**
> 동승자는 반드시 제1급 소지자여야 함. (2급 X)

497 수상레저안전법상 동력수상레저기구 일반조종면허 실기시험의 채점기준에 사용되는 용어의 뜻으로 잘못된 것은? ★★★

갑. '이안'이란 계류줄을 걷고 계류장에서 이탈하여 출발한 경우를 말한다.

을. '출발'이란 정지된 상태에서 속도전환 레버를 조작하여 전진 또는 후진하는 것을 말한다.

병. '침로'란 모터보트가 진행하는 방향의 나침방위를 말한다.

정. '접안'이란 시험선을 계류할 수 있도록 접안 위치에 정지시키는 동작을 말한다.

> **정답 및 해설**
> '이안'은 출발 준비 행위를 의미.

498 수상레저안전법상 동력수상레저기구 일반조종면허 실기시험의 운항코스 시설에 관한 설명 중 잘못된 것은? ★★★

갑. 계류지는 2대 이상의 시험선이 동시에 계류할 수 있어야 하며, 비트(bitt)를 설치할 것

을. 사행코스에서는 3개의 고정 부표를 설치할 것

병. 시험선에는 인명구조용 부표를 2개씩 비치할 것

정. 사행코스의 부표와 부표 사이의 거리는 50미터 간격으로 설치할 것

> **정답 및 해설**
> 시험선에는 인명구조용 부표를 1개씩 비치해야 함.

499 수상레저안전법상 동력수상레저기구 일반조종면허 실기시험 채점기준으로 잘못된 것은? ★★★

갑. 출발 전 점검 및 확인 시 확인사항을 행동 및 말로 표시한다.

을. 출발 시 속도전환 레버를 중립에 두고 시동을 건다.

병. 운항 시 시험관의 증속 활주 지시에 15노트 이하 또는 25노트 이상 운항하지 않는다.

정. 사행 시 부표로부터 2미터 이내로 접근하여 통과한다.

> **정답 및 해설**
> 사행 시 부표와의 거리는 3~15m 이내.

500 수상레저안전법상 동력수상레저기구 일반조종면허 실기시험 중, 실격사유에 해당하는 것으로 올바른 것은? ★★★

갑. 시험관의 지시 없이 2회 이상 임의로 시험을 진행하는 경우

을. 급정지 지시 후 3초 이내에 속도전환 레버를 중립으로 조작하지 못한 경우

병. 지시시험관이 2회 이상의 출발 지시에도 출발하지 못한 경우

정. 지시시험관이 물에 빠진 사람이 있음을 고지한 후 2분 이내에 인명구조를 실패한 경우

> **정답 및 해설**
> 임의로 2회 이상 시험 진행은 실격, 나머지는 감점.

501 수상레저안전법상 일반조종면허 필기시험의 시험과목에 해당하지 않는 것은? ★★★

갑. 수상레저안전
<u>을. 항해 및 범주</u>
병. 수상레저기구 운항 및 운용
정. 기관

> **정답 및 해설**
> 항해 및 범주는 요트 조종면허 과목.

502 수상레저안전법상 동력수상레저기구 일반조종면허시험을 합격한 사람이 면허증을 신청하면 며칠 이내에 신규 면허증이 발급되는가? ★★★

갑. 1일
을. 5일 이내
병. 7일 이내
<u>정. 14일 이내</u>

> **정답 및 해설**
> 면허증은 신청일로부터 14일 이내 발급.

503 수상레저안전법상 동력수상레저기구 일반조종면허 실기시험의 출발 전 점검 사항으로 맞는 것은? ★★★

갑. 구명부환, 소화기, 예비용 노, 연료, 배터리, 자동정지줄
을. 구명부환, 소화기, 예비용 노, 엔진, 연료, 배터리, 핸들, 자동정지줄
병. 구명부환, 소화기, 예비용 노, 엔진, 연료, 배터리, 핸들, 계기판, 자동정지줄
<u>정. 구명부환, 소화기, 예비용 노, 엔진, 연료, 배터리, 핸들, 속도전환레버, 계기판, 자동정지줄</u>

> **정답 및 해설**
> 출발 전 점검은 모든 주요 장비와 계기 포함.

504 요트조종면허 필기시험의 시험과목이 아닌 것은? ★★

갑. 요트활동 개요
을. 항해 및 범주
<u>병. 수상레저기구 운항 및 운용</u>
정. 법규

> **정답 및 해설**
> 수상레저기구 운항 및 운용은 일반조종면허 과목.

505 수상레저안전법상 동력수상레저기구 조종면허의 효력은 언제부터 발생하는가? ★★★

갑. 면허증을 형제·자매에게 발급한 때부터
을. 실기시험에 합격하고 면허증 발급을 신청한 때부터
병. 본인이나 그 대리인에게 발급한 때부터
정. 실기시험 합격 후 안전교육을 이수한 경우

> **정답 및 해설**
> 본인이나 그 대리인에게 면허증을 발급한 시점부터 효력 발생.

506 수상레저안전법상 일반조종면허 시험에 관한 내용으로 잘못된 것은? ★★★

갑. 필기시험에 합격한 사람은 그 합격일로부터 1년 이내에 실시하는 면허시험에서만 그 필기시험이 면제된다.
을. 실기시험을 실시할 때 동력수상레저기구 1대에 1명의 시험관을 탑승시켜야 한다.
병. 실기시험은 필기시험에 합격 또는 필기시험 면제받은 사람에 대하여 실시한다.
정. 응시자가 따로 준비한 수상레저기구가 규격에 적합한 때에는 해당 수상레저기구를 실기시험에 사용하게 할 수 있다.

> **정답 및 해설**
> 실기시험은 시험관 2명이 탑승해야 함.

507 수상레저안전법상 (   ) 안에 들어갈 알맞은 기간은? ★★

> **보기**
> 해양경찰서장이 동력수상레저기구 조종면허의 정지처분을 통지하고자 하나 처분대상자에게 통지할 수 없는 경우 면허시험 응시원서에 기재된 주소지를 관할하는 해양경찰관서 게시판 또는 인터넷 홈페이지나 수상레저종합정보시스템에 (   )일 간 공고함으로써 통지를 갈음할 수 있다.

갑. 7 을. 10
병. 14 정. 21

> **정답 및 해설**
> 통지 불가 시 14일간 공고로 갈음 가능.

508 면허시험 면제교육기관의 장이 교육을 중지할 수 있는 기간은 ( )을 초과할 수 없다. ( ) 안에 들어갈 알맞은 것은? ★★

갑. 1개월
을. 2개월
병. 3개월
정. 6개월

> **정답 및 해설**
> 교육 중지 가능 기간은 최대 3개월.

509 수상레저안전법상 동력수상레저기구 조종면허 실기시험에 관한 내용 중 잘못된 것은? ★★★

갑. 제1급 조종면허시험의 경우 합격점수는 80점 이상이다.
을. 요트조종면허의 경우 합격점수는 60점 이상이다.
병. 응시자가 준비한 동력수상레저기구로 조종면허 실기시험을 응시할 수 없다.
정. 실기시험을 실시할 때에는 동력수상레저기구 1대에 2명의 시험관을 탑승시켜야 한다.

> **정답 및 해설**
> 규격 적합 시 응시자 보트로 시험 가능.

510 수상레저안전법상 동력수상레저기구 조종면허증의 발급 또는 재발급 사유로 적절하지 않은 것은? ★★★

갑. 동력수상레저기구 조종면허시험에 합격한 경우
을. 조종면허증의 갱신 기한 도래에 따라 면허증을 갱신하는 경우
병. 수상레저사업을 하는 친구에게 빌려준 면허증을 돌려받지 못하게 되어 발급을 신청한 경우
정. 면허증을 잃어버렸거나 면허증이 헐어 못쓰게 되어 해양경찰청장에게 신고하고 발급을 신청한 경우

> **정답 및 해설**
> 면허증을 타인에게 빌리거나 빌려주어서는 안 된다.

511 수상레저안전법상 동력수상레저기구 조종면허의 효력정지 기간에 조종한 경우, 행정 처분 기준으로 올바른 것은? ★★★

갑. 면허취소
을. 면허정지 3개월
병. 면허정지 4개월
정. 면허정지 1년

> **정답 및 해설**
> 정지 기간 중 조종은 면허 취소 사유.

제3절 수상레저기구등록 및 검사에 관한 법률

512 수상레저기구등록법상 동력수상레저기구 소유자가 수상레저기구를 등록해야 하는 기관은? ★★★

갑. 소유자 주소지를 관할하는 시장·군수·구청장
을. 기구를 주로 매어두는 장소를 관할하는 기초자치단체장
병. 소유자 주소지를 관할하는 해양경찰서장
정. 기구를 주로 매어두는 장소를 관할하는 해양경찰서장

> **정답 및 해설**
> 등록은 소유자 주소지 관할 시장·군수·구청장에게 신청.

513 수상레저기구등록법상 동력수상레저기구 등록에 대한 설명으로 잘못된 것은? ★★★

갑. 등록신청은 주소지를 관할하는 시장·군수·구청장 또는 해양경찰서장에게 한다.
을. 등록대상 기구는 모터보트 세일링요트(20톤 미만), 고무보트(30마력 이상), 수상오토바이이다.
병. 기구를 소유한 날로부터 1개월 이내에 등록신청해야 한다.
정. 소유한 날로부터 1개월 이내 등록하지 않은 경우, 100만원 이하의 과태료 처분 대상이다.

> **정답 및 해설**
> 등록은 시장·군수·구청장에게만 신청함.

514 동력수상레저기구등록법상 등록대상에 해당하는 수상레저기구끼리 짝지어진 것은?

갑. 모터보트, 수상스키
을. 수상오토바이, 프라이보드
병. 고무보트, 수상오토바이
정. 스쿠터, 고무보트

> **정답 및 해설**
> 등록 대상은 모터보트, 수상오토바이, 고무보트, 세일링요트 등이며, 병만 두 기구 모두 해당. 병

515 수상레저기구등록법상 등록대상 동력수상레저기구의 등록절차로 올바른 것은?

갑. 안전검사-등록-보험가입(필수)
을. 안전검사-등록-보험가입(선택)
병. 등록-안전검사-보험가입(선택)
정. 안전검사-보험가입(필수)-등록

> **정답 및 해설**
> 등록 전 안전 검사 → 보험 가입 → 등록 순서. 정

516 수상레저기구등록법상 제정 목적에 관한 사항으로 잘못된 것은?

갑. 수상레저기구의 등록에 관한 사항을 정함
을. 수상레저기구의 검사에 관한 사항을 정함
병. 수상레저기구의 성능 및 안전 확보에 관한 사항을 정함
정. 수상레저기구 활동의 질서유지에 관한 사항을 정함

> **정답 및 해설**
> 질서유지는 목적에 포함되지 않음. 정

517 수상레저기구등록법상 동력수상레저기구를 등록할 때 등록신청서에 첨부하여 제출하여야 할 서류로 잘못된 것은?

갑. 안전검사증(사본)
을. 등록할 수상레저기구의 사진
병. 보험가입증명서
정. 등록자의 경력증명서

> **정답 및 해설**
> 등록 시 안전검사증, 기구 사진, 보험 가입증명서 등을 제출해야 함. (경력증명서는 X) 정

518 수상레저기구등록법상 동력수상레저기구 등록에 관한 설명 중 잘못된 것은?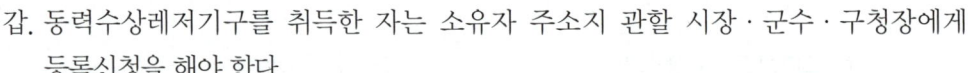

갑. 동력수상레저기구를 취득한 자는 소유자 주소지 관할 시장·군수·구청장에게 등록신청을 해야 한다.

을. 동력수상레저기구를 취득한 자는 취득한 날부터 1개월 이내에 등록신청을 해야 한다.

병. 수상레저사업에 이용하려는 동력수상레저기구는 사업장을 관할하는 해양경찰서장에게 등록신청 해야 한다.

정. 수상레저기구 등록신청을 하고자 하는 경우 안전검사 대행기관으로부터 안전검사를 받아야 한다.

> **정답 및 해설**
> 사업용 기구도 주소지 관할 시장·군수·구청장에게 등록신청.

519 수상레저기구등록법상 동력수상레저기구의 변경등록 사항으로 잘못된 것은?

갑. 수상사고 등으로 본래 기능이 상실되어 변경

을. 동력수상레저기구 명칭의 변경

병. 매매증여상속 등으로 인한 소유권의 변경

정. 동력수상레저기구의 정원, 운항구역, 구조의 변경

> **정답 및 해설**
> 기능 상실은 말소등록 사유.

520 수상레저기구등록법상 동력수상레저기구의 등록사항 중 변경사항에 해당되지 않는 것은?

갑. 소유권의 변경이 있는 때

을. 기구의 명칭에 변경이 있는 때

병. 수상레저기구의 그 본래의 기능을 상실한 때

정. 구조나 장치를 변경한 때

> **정답 및 해설**
> 기능 상실은 변경이 아닌 말소 대상.

521 수상레저기구등록법상 ( )에 들어갈 숫자로 적절한 것은? ★★★

> **보기**
> 동력수상레저기구의 등록 사항 중 변경사항이 있는 경우 그 소유자나 점유자는 그 변경이 발생한 날부터 ( )일 이내에 시장·군수·구청장에게 변경등록을 신청하여야 한다.

갑. 7일
을. 15일
병. 30일
정. 90일

> **정답 및 해설**
> 변경 발생일로부터 30일 이내 신청해야 함.

522 수상레저기구등록법상 수상레저기구 변경등록 시 필요한 서류가 아닌 것은? ★★★

갑. 안전검사증 사본(구조 장치를 변경한 경우)
을. 보험가입증명서 사본(소유권 변동의 경우)
병. 동력수상레저기구 조종면허증
정. 변경내용을 증명할 수 있는 서류

> **정답 및 해설**
> 조종면허증은 변경 등록 서류가 아님.

523 수상레저기구등록법상 동력수상레저기구 안전검사가 면제되지 않는 경우는? ★★★

갑. 시험운항허가를 받아 운항하는 동력수상레저기구
을. 검사대행기관에 안전검사를 신청한 후, 입거나 상가 또는 거선의 목적으로 국내항 간의 운항하는 동력수상레저기구
병. 우수제조사업장으로 인증받은 사업장에서 제조된 동력수상레저기구로 안전검사를 신청하지 않고 운항하는 동력수상레저기구
정. 안전검사를 받는 기간 중에 시운전을 목적으로 운항하는 동력수상레저기구

> **정답 및 해설**
> 우수 제조 인증만으로는 검사 면제 안 됨.

524 수상레저기구등록법상 등록대상이 아닌 수상레저기구는 어느 것인가?

갑. 추진기관의 출력 25마력 선외기를 장착한 고무보트
을. 추진기관의 출력이 45마력인 수상오토바이
병. 추진기관의 출력 15마력 선외기를 장착한 세일링요트
정. 추진기관의 출력 2마력 선외기를 장착한 모터보트

> **정답 및 해설**
> 고무보트는 30마력 이상부터 등록 대상.

525 수상레저기구등록법상 등록 대상 동력수상레저기구에 필수적으로 갖추어야 할 구조·설비 또는 장치가 아닌 것은?

갑. 동력수상레저기구 견인 장치　　을. 구명·소방시설
병. 조타·계선·양묘시설　　　　　　정. 추진기관

> **정답 및 해설**
> 견인 장치는 등록 구조·설비 기준에 해당하지 않음.

526 수상레저기구등록법상 정원 또는 운항구역을 변경하려는 경우 받아야 하는 안전검사는?

갑. 정기검사　　　　　　을. 임시검사
병. 신규검사　　　　　　정. 중간검사

> **정답 및 해설**
> 정원·운항구역 변경 시에는 임시검사 필요.

527 수상레저기구등록법상 국내 제조사가 건조하는 동력수상레저기구 중, 건조에 착수한 때부터 안전검사를 받아야 하는 기구에 해당하지 않는 것은?

갑. 총톤수가 5톤 이상인 모터보트 또는 세일링요트
을. 운항구역이 연해구역 이상인 모터보트 또는 세일링요트
병. 외국에서 수입하여 추진기관을 교체하는 모터보트 또는 세일링요트
정. 승선정원이 13명 이상인 모터보트 또는 세일링요트

> **정답 및 해설**
> 수입 기구는 건조 전이 아닌, 등록 전 검사 대상.

528 수상레저기구등록법상 안전검사에 대한 설명 중 잘못된 것은?

갑. '신규검사'란 동력수상레저기구를 최초 등록하려는 경우 실시하는 검사

을. '정기검사'란 최초 등록 후 일정 기간마다 정기적으로 실시하는 검사

병. '임시검사'란 정원 또는 운항구역, 구조설비, 장치 사항을 변경하려는 경우 실시하는 검사

정. '중간검사'란 정기검사와 정기검사의 사이에 무선설비 등에 대하여 실시하는 검사

> **정답 및 해설**
> 중간검사는 규정에 없는 검사 종류.

529 수상레저기구등록법상 수상레저기구의 정기검사를 받아야 하는 기간으로 올바른 것은?

갑. 검사유효기간 만료일을 기준으로 하여 전후 각각 10일 이내로 한다.

을. 검사유효기간 만료일을 기준으로 하여 전후 각각 30일 이내로 한다.

병. 검사유효기간 만료일을 기준으로 하여 전후 각각 60일 이내로 한다.

정. 검사유효기간 만료일을 기준으로 하여 전후 각각 90일 이내로 한다.

> **정답 및 해설**
> 정기 검사는 만료일 기준 전후 30일 이내에 받아야 함.

530 수상레저기구등록법상 수상레저기구 안전검사 유효기간에 대한 설명 중 잘못된 것은?

갑. 최초로 신규검사에 합격한 경우 : 안전검사증을 발급받은 날부터 계산한다.

을. 정기검사의 유효기간 만료일 전후 각각 30일 이내에 정기검사에 합격한 경우 : 종전 안전검사증 유효기간 만료일의 다음날부터 계산한다.

병. 정기검사의 유효기간 만료일 전후 각각 30일 이내의 기간이 아닌 때에 정기검사에 합격한 경우 : 안전검사증을 발급받은 날부터 계산한다.

정. 안전검사증의 유효기간 만료일 후 30일 이후에 정기검사를 받은 경우 : 종전 안전검사증 유효기간 만료일부터 계산한다.

> **정답 및 해설**
> 30일 이내 합격 시, 종전 만료일 다음 날부터 계산.

531 수상레저기구등록법상 등록된 수상레저기구의 존재 여부가 불분명한 경우, 말소등록을 신청해야 하는 기한으로 옳은 것은? ★★

갑. 1개월
을. 3개월
병. 6개월
정. 12개월

> **정답 및 해설**
> 3개월 이내 말소등록 신청해야 함.

532 수상레저기구등록법상 동력수상레저기구 소유자는 소유한 날로부터 얼마 이내에 시장·군수·구청장에게 등록을 신청해야 하는가? ★★★

갑. 동력수상레저기구를 소유한 날부터 7일 이내
을. 동력수상레저기구를 소유한 날부터 14일 이내
병. 동력수상레저기구를 소유한 날부터 15일 이내
정. 동력수상레저기구를 소유한 날부터 1개월 이내

> **정답 및 해설**
> 소유일로부터 1개월 이내 등록해야 함.

533 수상레저기구등록법상 수상레저기구 등록번호판에 관한 설명으로 올바른 것은? ★★★

갑. 뒷면에만 부착한다.
을. 앞면과 뒷면에 부착한다.
병. 옆면과 뒷면에 부착한다.
정. 번호판은 규격에 맞지 않아도 된다.

> **정답 및 해설**
> 등록번호판은 옆면과 뒷면에 부착해야 함.

534 수상레저기구등록법상 동력수상레저기구의 말소사항에 해당하지 않는 것은?

갑. 동력수상레저기구가 사고 등으로 본래의 기능을 상실한 경우
을. 동력수상레저기구의 존재 여부가 1개월간 분명하지 아니한 경우
병. 추진기관의 제거로 동력수상레저기구에서 제외된 경우
정. 수상레저활동 외의 목적으로 사용하게 된 경우

> **정답 및 해설**
> 존재 여부 불분명 시 말소는 3개월 기준, 1개월은 해당 없음.

535 수상레저기구등록법상 등록번호판에 대한 설명으로 잘못된 것은?

갑. 누구든지 등록번호판을 부착하지 아니한 동력수상레저기구를 운항하여서는 아니 된다.

을. 발급받은 등록번호판 2개를 동력수상레저기구의 옆면과 뒷면에 각각 견고하게 부착해야 한다.

병. 동력수상레저기구 구조의 특성상 뒷면에 부착하기 곤란한 경우에는 다른 면에 부착할 수 있다.

정. 부착하기 곤란한 경우에는 동력수상레저기구 내부에 보관할 수 있다.

> **정답 및 해설**
> 부착 곤란 시 외부 잘 보이는 다른 면에 부착해야 함.

536 수상레저기구등록법상 동력수상레저기구의 말소등록에 관한 설명 중 잘못된 것은?

갑. 말소등록을 하고자 하는 때에는 시장·군수·구청장에게 등록증과 등록번호판을 반납하고 말소등록을 신청하여야 한다.

을. 말소등록을 신청하려는 자는 말소 사유가 발생한 날부터 1개월 이내에 말소신청서를 제출하여야 한다.

병. 시장·군수·구청장이 직권으로 등록을 말소하고자 할 때는 그 사유를 소유자에게 통지하여야 한다.

정. 동력수상레저기구를 수출하는 때에는 등록증 및 등록번호판을 반납하지 아니할 수 있다.

> **정답 및 해설**
> 수출 시에도 등록증과 번호판 반납해야 함.

537 수상레저기구등록법상 시험운항 허가에 대한 내용 중 잘못된 것은?

갑. 시험운항 구역이 내수면인 경우, 관할하는 시장·군수·구청장에게 신청해야 한다.

을. 시험운항 허가 관서의 장은 시험운항을 허가하는 경우에는 시험운항 허가증을 내줘야 한다.

병. 시험운항 허가 운항구역은 출발지로부터 직선거리로 10해리 이내이다.

정. 시험운항 허가 기간은 10일로 한다.

> **정답 및 해설**
> 시험운항 허가 기간은 7일.

538 수상레저안전법상 (　) 안에 알맞은 말은?

> **보기**
> 시군구청장은 민사집행법에 따라 (　)으로부터 압류등록의 촉탁이 있거나 국세징수법이나 지방세징수법에 따라 행정관청으로부터 압류등록의 촉탁이 있는 경우에는 해당 등록원부에 압류등록을 하고 소유자 및 이해관계자 등에게 통지하여야 한다.

갑. 해양수산부　　　　　　　　을. 경찰청
병. 법원　　　　　　　　　　정. 해양경찰청

정답 및 해설
압류등록 촉탁은 법원으로부터 이루어짐.　　　　　　　　　　병

539 수상레저기구등록법상 6개월 이하의 징역 또는 500만 원 이하의 벌금에 해당하지 않는 것은?

갑. 등록되지 아니한 동력수상레저기구를 운항한 자
을. 시험운항 허가를 받지 아니하고 동력수상레저기구를 운항한 자
병. 안전검사를 받지 아니하거나 검사에 합격하지 못한 동력수상레저기구를 운항한 자
정. 동력수상레저기구를 취득한 날부터 1개월 이내에 등록신청을 하지 아니한 자

정답 및 해설
등록 지연은 100만 원 이하의 과태료 대상임, 벌금 아님.　　　　　　　　정

540 수상레저기구등록법상 등록번호판에 관한 설명 중 잘못된 것은?

갑. 시장·군수·구청장은 등록원부에 동력수상레저기구의 소유자로 등록한 날부터 3일 이내에 등록증과 등록번호판을 발급하여야 한다.
을. 동력수상레저기구 소유자는 등록증 또는 등록번호판이 없어진 경우에는 시장·군수·구청장에게 신고하고 다시 발급받을 수 있다.
병. 동력수상레저기구 등록증 또는 등록번호판을 다시 발급받으려는 자는 기존의 등록증 또는 등록번호판은 발급과 동시 폐기하여야 한다.
정. 동력수상레저기구 소유자는 등록증 또는 등록번호판이 알아보기 곤란하게 된 경우에는 시장·군수·구청장에게 신고하고 다시 발급받을 수 있다.

정답 및 해설
재발급 시에는 기존 등록증·번호판을 첨부 제출해야 함 (폐기 X)　　　　　　　　병

541 수상레저기구등록법상 등록번호판에 표시되는 동력수상레저기구의 명칭 표기로 잘못된 것은? ★★★

갑. 모터보트–MB
을. 수상오토바이–AB
병. 고무보트–RB
정. 세일링요트–YT

정답 및 해설
수상 오토바이 표기는 PW(Personal Water Craft)가 맞음.

542 수상레저기구등록법상 동력수상레저기구 등록번호판의 색상 조합으로 옳은 것은? ★★★

갑. 바탕–옅은 회색, 숫자(문자)–검은색
을. 바탕–흰색, 숫자(문자)–검은색
병. 바탕–검은색, 숫자(문자)–흰색
정. 바탕–초록색, 숫자(문자)–흰색

정답 및 해설
등록번호판은 옅은 회색 바탕에 검은색 문자.

543 수상레저기구등록법상 시험운항 허가에 대한 설명 중 잘못된 것은? ★★★

갑. 시험운항을 하고자 하는 자는 안전장비를 비치 또는 보유하고 해양경찰서장 또는 시장군수구청장의 시험운항 허가를 받아야 한다.
을. 시험운항 허가를 받고자 하는 자는 운항구역이 해수면인 경우, 해양경찰서장에게 내수면의 경우 경찰서장에게 시험운항 허가를 신청해야 한다.
병. 시험운항 구역은 출발지로부터 직선거리로 10해리 이내에 한한다.
정. 시험운항 허가의 기간은 7일 이내이며, 해뜨기 전 30분부터 해진 후 30분까지로 한정한다.

정답 및 해설
내수면은 시장·군수·구청장에게 허가 신청해야 함. ※경찰서장 함정 빈출

544 수상레저기구등록법상 동력수상레저기구 등록원부에 기재되는 사항으로 잘못된 것은? ★★★

갑. 등록번호 및 기구의 종류
을. 추진기관의 종류 및 정비 이력
병. 기구의 명칭 및 보관장소
정. 공유자의 인적사항 및 저당권

정답 및 해설
정비 이력은 등록원부 기재 사항 아님.

제4절 · 선박의 입항 및 출항 등에 관한 법률

545 선박의 입항 및 출항 등에 관한 법률상, 무역항 수상구역에서 행정업무를 수행하는 관리청으로 올바르게 짝지어진 것은? (ⓐ 국가관리무역항, ⓑ 지방관리무역항) ★★★

갑. ⓐ 해양수산부장관, ⓑ 지방해양수산청장
을. ⓐ 해양수산부장관, ⓑ 특별시장 · 광역시장 · 도지사 또는 특별자치도지사
병. ⓐ 해양경찰청장, ⓑ 해양경찰서장
정. ⓐ 해양경찰청장, ⓑ 특별시장 · 광역시장 · 도지사 또는 특별자치도지사

> **정답 및 해설**
> 무역항 관리청은 ⓐ 해양수산부장관, ⓑ 특별시 · 광역시 · 도지사 등.

546 선박의 입항 및 출항 등에 관한 법률상, 무역항의 수상구역 등에 출입하려는 내항선의 선장이 입항 · 출항 보고 등을 제출해야 할 기관으로 옳지 않은 것은? ★★★

갑. 지방해양수산청장
을. 지방해양경찰청장
병. 해당 항만공사
정. 특별시장 · 광역시장 · 도지사

> **정답 및 해설**
> 지방해양경찰청장은 입 · 출항 보고 대상 기관이 아님.

547 선박의 입항 및 출항 등에 관한 법률의 조문 중 일부이다. ( ) 안에 들어가야 할 숫자로 맞게 짝지어진 것은? ★★★

> **보기**
> 총톤수 (ⓐ)톤 이상의 선박을 무역항의 수상구역 등에 계선하려는 자는 해양수산부령으로 정하는 바에 따라 관리청에 신고하여야 한다.
> 누구든지 무역항의 수상구역 등이나 무역항의 수상구역 밖 (ⓑ)킬로미터 이내의 수면에 선박의 안전운항을 해칠 우려가 있는 흙 · 돌 · 나무 · 어구 등 폐기물을 버려서는 아니 된다.

갑. ⓐ 20, ⓑ 10
을. ⓐ 20, ⓑ 20
병. ⓐ 10, ⓑ 20
정. ⓐ 10, ⓑ 10

> **정답 및 해설**
> 총톤수 20톤 이상은 계선 신고 대상, 폐기물 투기 금지 범위는 무역항 수상 구역 밖 10km 이내.

548 선박의 입항 및 출항 등에 관한 법률상, 무역항 수상구역 등에서 선박 경기를 개최하려는 자가 허가받아야 할 기관은? ★★★

갑. 해양경찰청
을. 관리청
병. 소방서
정. 지방해양경찰청

> **정답 및 해설**
> 선박 경기 등 행사는 관리청의 허가를 받아야 함.
> 을

549 선박의 입항 및 출항 등에 관한 법률상, 항만운영정보시스템을 구축·운영할 수 있는 자는? ★★★

갑. 해양수산부장관
을. 해양경찰청장
병. 지방해양경찰청장
정. 중앙해양안전심판원장

> **정답 및 해설**
> 항만운영정보시스템은 해양수산부장관이 구축·운영함.
> 갑

550 선박의 입항 및 출항 등에 관한 법률상, 무역항 수상구역 등에서 선박의 항행 최고속력 지정을 관리청에 요청할 수 있는 자는? ★★★

갑. 해양수산부장관
을. 해양경찰청장
병. 도선사협회장
정. 해상교통관제센터장

> **정답 및 해설**
> 해양경찰청장은 관리청에 최고 속력 지정을 요청할 수 있음.
> 을

551 선박의 입항 및 출항 등에 관한 법률상, 무역항의 수상구역 또는 무역항의 수상구역 밖 (   ) 이내의 수면에서는 선박의 안전운항을 해칠 우려가 있는 폐기물을 버려서는 안 된다. (   ) 안에 들어갈 알맞은 것은? ★★★

갑. 5킬로미터
을. 10킬로미터
병. 5해리
정. 10해리

> **정답 및 해설**
> 폐기물 투기 금지구역은 무역항 수상 구역 밖 10km 이내.
> 을

552 선박의 입항 및 출항 등에 관한 법률상 용어의 정의로 올바른 것은?

갑. '정박'이란 선박이 해상에서 일시적으로 운항을 멈추는 것을 말한다.

을. '계선'이란 선박이 운항을 중지하고 정박하거나 계류하는 것을 말한다.

병. '정류'란 선박이 해상에서 닻을 바다 밑바닥에 내려놓고 운항을 멈추는 것을 말한다.

정. '정박지'란 선박이 다른 시설에 붙들어 놓는 것을 말한다.

> **정답 및 해설**
> '계선'은 운항 중지 상태에서 정박 또는 계류를 의미함. (갑–정류, 병–정박, 정–정박지란 선박이 정박할 수 있는 장소)
>
> 을

553 선박의 입항 및 출항 등에 관한 법률상 항계 안 항로에서의 항법에 대한 설명으로 옳지 않은 것은? (단서와 예외는 제외함)

갑. 선박은 항로에서 다른 선박을 추월해서는 안 된다.

을. 선박은 항로에서 나란히 항행하지 못한다.

병. 항로를 항행하는 선박은 항로 밖에서 항로로 들어오는 선박의 진로를 피하여 항행하여야 한다.

정. 선박이 항로에서 다른 선박과 마주칠 우려가 있는 경우에는 오른쪽으로 항행하여야 한다.

> **정답 및 해설**
> 항로 안 선박이 우선이며, 항로 밖 선박이 진로를 피해야 함.
>
> 병

554 선박의 입항 및 출항 등에 관한 법률상 무역항의 의미를 가장 잘 설명한 것은?

갑. 여객선만 주로 출입할 수 있는 항

을. 대형선박이 출입하는 항

병. 국민경제와 공공의 이해에 밀접한 관계가 있고 주로 외항선이 입항·출항하는 항만

정. 공공의 이해에 밀접한 관계가 있는 항만

> **정답 및 해설**
> 무역항은 외항선이 출입하고 국민경제와 공공 이익에 밀접한 항만.
>
> 병

555 선박의 입항 및 출항 등에 관한 법률상 입·출항 허가를 받아야 할 사유가 아닌 것은? ★★★

갑. 전시나 사변
을. 전시·사변에 준하는 국가비상사태
병. 입·출항 선박이 복잡한 경우
정. 국가안전보장상 필요한 경우

> **정답 및 해설**
> 선박이 복잡한 경우는 입·출항 허가 대상이 아님.

556 선박의 입항 및 출항 등에 관한 법률상 벌칙 및 과태료에 대한 내용이다. 벌칙 및 과태료가 큰 순서대로 나열된 것은? ★★★

보기
A. 출항 중지 처분을 위반한 자
B. 장애물 제거 명령을 이행하지 아니한 자
C. 위험물 안전관리에 관한 교육을 받게 하지 아니한 자
D. 선원의 승선 명령을 이행하지 아니한 선박의 소유자 또는 임차인

갑. A 〉 C 〉 B 〉 D
을. A 〉 D 〉 C 〉 B
병. D 〉 C 〉 B 〉 A
정. D 〉 C 〉 A 〉 B

> **정답 및 해설**
> 벌칙·과태료는 출항 중지 위반 〉 선원 승선 명령 위반 〉 교육 미이수 〉 장애물 미제거 순.

557 선박의 입항 및 출항 등에 관한 법률상 무역항의 수상구역 등에서 부두·잔교·안벽·계선부표·돌핀 및 선거의 부근 수역 내 정박하거나 정류할 수 있는 경우로 잘못된 것은? ★★★

갑. 허가를 받은 행사를 진행하기 위한 경우
을. 선박의 고장이나 그 밖의 사유로 선박을 조종할 수 없는 경우
병. 인명을 구조하거나 급박한 위험이 있는 선박을 구조하는 경우
정. 허가를 받은 공사 또는 작업에 사용하는 경우

> **정답 및 해설**
> 행사 진행 목적의 정박·정류는 허용되지 않음.

558 선박의 입항 및 출항 등에 관한 법률상 정박지 사용에 관한 설명 중 잘못된 것은? ★★★

갑. 관리청은 무역항의 수상구역 등에 정박하는 선박의 종류·톤수·흘수 또는 적재물의 종류에 따른 정박구역 또는 정박지를 지정·고시할 수 있다.

을. 무역항의 수상구역 등에 정박하려는 선박은 정박구역 또는 정박지에 정박하여야 한다.

병. 우선피항선은 다른 선박의 항행에 방해가 될 우려가 있는 장소라 하더라도 피항을 위한 일시적인 정박과 정류가 허용된다.

정. 해양사고를 피하기 위해 정박구역 또는 정박지가 아닌 곳에 정박한 선박의 선장은 즉시 그 사실을 관리청에 신고하여야 한다.

> **정답 및 해설**
> 우선피항선이라도 항행 방해 장소에 정박·정류할 수 없음.

559 선박의 입항 및 출항 등에 관한 법률상, 무역항의 수상구역 등에서 정박 또는 정류할 수 있는 경우는? ★★

갑. 부두, 잔교, 안벽, 계선부표, 돌핀 및 선거의 부근 수역에 정박 또는 정류하는 경우

을. 하천, 운하, 그 밖의 협소한 수로와 계류장 입구의 부근 수역에 정박 또는 정류하는 경우

병. 선박의 고장으로 선박 조종만 가능한 경우

정. 항로 주변의 연안통항대에 정박 또는 정류하는 경우

> **정답 및 해설**
> 연안통항대에서도 고장 등 불가피한 경우에는 정박·정류 가능.

560 선박의 입항 및 출항 등에 관한 법률상, 무역항의 수상구역 등에서 정박 또는 정류가 금지되는 경우는? ★★★

갑. 해양사고를 피하고자 할 때

을. 선박의 고장 및 운전의 자유를 상실한 때

병. 화물 이적작업에 종사할 때

정. 선박 구조작업에 종사할 때

> **정답 및 해설**
> 화물 이적 작업 중 정박·정류는 금지되며, 예외 사유에 해당하지 않음.

병

561 선박의 입항 및 출항 등에 관한 법률에 따라, 모터보트가 항로 내에서 정박할 수 있는 경우로 옳은 것은? ★★★

갑. 급한 하역 작업 시 을. 보급선을 기다릴 때
병. 해양사고를 피하고자 할 때 정. 낚시를 하고자 할 때

> **정답 및 해설**
> 해양 사고 회피 목적은 정박 허용 예외에 해당함.

562 선박의 입항 및 출항 등에 관한 법률상, 해양수산부장관 또는 시·도지사가 청문을 거치지 않아도 되는 행정처분은? ★★

갑. 예선업 등록의 취소 을. 지정교육기관 지정의 취소
병. 중계망사업자 지정의 취소 **정. 정박지 지정 취소**

> **정답 및 해설**
> 정박지 지정 취소는 청문 대상이 아님.

563 선박의 입항 및 출항 등에 관한 법률상, 관리청이 항로 또는 구역을 지정한 경우, 공고해야 할 사항으로 적절하지 않은 것은? ★★

갑. 항로의 위치 을. 구역의 위치
병. 제한·금지 거리 정. 제한·금지 기간

> **정답 및 해설**
> 거리는 공고 사항에 포함되지 않음.

564 선박의 입항 및 출항 등에 관한 법률상, 해양사고 발생 시 조치사항에 대한 설명 중 잘못된 것은? ★★★

갑. 원칙적으로 조치의무자는 조난선의 선장이다.
을. 조난선의 선장은 즉시 항로표지를 설치하는 등 필요한 조치를 하여야 한다.
병. 선박의 소유자 또는 임차인은 위험 예방조치비용을 위험 예방조치가 종료된 날부터 7일 이내에 지방해양수산청장 또는 시도지사에게 납부하여야 한다.
정. 조난선의 선장이 필요한 조치를 할 수 없을 때에는 해양수산부령으로 정하는 바에 따라 해양수산부장관에게 필요한 조치를 요청할 수 있다.

> **정답 및 해설**
> 위험 예방조치비용은 5일 이내 납부해야 한다. (7일 X)

565 선박의 입항 및 출항 등에 관한 법률상, 방파제 부근에서 입항 선박과 출항 선박 간 항법으로 올바른 것은? ★★★

갑. 입항선이 우선이므로 출항선은 정지해야 한다.
을. 입항선과 출항선이 모두 정지해야 한다.
병. 입항하는 동력선이 출항하는 선박의 진로를 피해야 한다.
정. 출항하는 동력선이 입항하는 선박의 진로를 피해야 한다.

> **정답 및 해설**
> 입항선이 진로를 피해야 하며, 출항선이 우선함.

566 선박의 입항 및 출항 등에 관한 법률상, 선박의 계선 신고에 관한 설명 중 옳지 않은 것은? ★★★

갑. 총톤수 20톤 이상의 선박을 무역항의 수상구역 등에 계선하려는 자는 법령이 정하는 바에 따라 관리청에 신고하여야 한다.
을. 관리청은 신고를 받은 경우, 그 내용을 검토하여 이 법에 적합하면 신고를 수리하여야 한다.
병. 총톤수 20톤 이상의 선박을 계선하려는 자는 통항안전을 감안하여 원하는 장소에 그 선박을 계선할 수 있다.
정. 관리청은 계선 중인 선박의 안전을 위하여 필요하다고 인정하는 경우에는 그 선박의 소유자나 임차인에게 안전 유지에 필요한 인원의 선원을 승선시킬 것을 명할 수 있다.

> **정답 및 해설**
> 계선 장소는 원하는 곳이 아니라, 관리청의 통제를 따름.

567 선박의 입항 및 출항 등에 관한 법률상, 다음 중 우선피항선에 해당하지 않는 것은? ★★★

갑. 부선
을. 주로 노와 삿대로 운전하는 선박
병. 예인선
정. 25톤 어선

> **정답 및 해설**
> 25톤 어선은 우선피항선에 해당하지 않음.

568 선박의 입항 및 출항 등에 관한 법률상, 무역항의 수상구역 등에서 2척 이상의 선박이 항행할 때 충돌을 예방하기 위해 필요한 조치는?

갑. 최고속력 유지
을. 최저속력 유지
병. 상당한 거리 유지
정. 기적 또는 사이렌을 울린다.

> **정답 및 해설**
> 항행 중인 선박끼리는 거리 유지가 필수. — 병

569 선박의 입항 및 출항 등에 관한 법률상, 선박의 입출항을 위해 지정·고시된 수로를 무엇이라 하는가?

갑. 연안통항로
을. 통항분리대
병. 항로
정. 해상교통관제구역

> **정답 및 해설**
> 입출항 통로로 지정·고시된 수로는 항로라 함. — 병

570 선박의 입항 및 출항 등에 관한 법률상, 화재 발생 시 기적 또는 사이렌으로 울리는 경보 방법으로 옳은 것은?

갑. 단음으로 3회
을. 단음으로 5회
병. 장음으로 3회
정. 장음으로 5회

> **정답 및 해설**
> 화재 시 경보는 장음 5회로 알림. — 정

571 선박의 입항 및 출항 등에 관한 법률상, 무역항 수상구역 등에서 목재 등 선박교통의 안전에 장애가 되는 부유물에 대해 관리청의 허가가 필요하지 않은 행위는?

갑. 부유물을 수상에 내놓으려는 사람
을. 부유물을 선박 등 다른 시설에 붙들어 매거나 운반하려는 사람
병. 부유물을 수상에 띄워 놓으려는 사람
정. 선박에서 육상으로 부유물체를 옮기려는 사람

> **정답 및 해설**
> 부유물을 육상으로 옮기는 행위는 허가 대상이 아님. — 정

572 선박의 입항 및 출항 등에 관한 법률상 무역항의 수상구역 등에서 선박의 안전 및 질서 유지를 위해 필요하다고 인정되는 경우 그 선박의 소유자·선장이나 그 밖의 관계인에게 명할 수 없는 사항은?

갑. 시설의 보강 및 대체
을. 공사 또는 작업의 중지
병. 인원의 보강
정. 선박 척수의 확대

> **정답 및 해설**
> 척수 확대는 명령 대상 아님. 안전·질서 관련 사항만 가능.
> 정

573 선박의 입항 및 출항 등에 관한 법률상, 무역항에서의 항행방법에 대한 설명으로 올바른 것은?

갑. 선박은 항로에서 나란히 항행할 수 있다.
을. 선박이 항로에서 다른 선박과 마주칠 우려가 있는 경우에는 왼쪽으로 항행하여야 한다.
병. 동력선이 입항할 때 무역항의 방파제의 입구 또는 입구 부근에서 출항하는 선박과 마주칠 우려가 있는 경우에는 입항하는 동력선이 방파제 밖에서 출항하는 선박의 진로를 피하여야 한다.
정. 선박은 항로에서 다른 선박을 얼마든지 추월할 수 있다.

> **정답 및 해설**
> 입항선이 출항선의 진로를 피하는 것이 원칙임.
> 병

574 선박의 입항 및 출항 등에 관한 법률상, 무역항 수상구역 등의 항로에서 가장 우선하여 항행할 수 있는 선박은?

갑. 항로 밖에서 항로에 들어오는 선박
을. 항로에서 항로 밖으로 나가는 선박
병. 항로를 따라 항행하는 선박
정. 항로를 가로질러 항행하는 선박

> **정답 및 해설**
> 항로를 따라 항행하는 선박이 항로 내 최우선 통항권을 가짐.
> 병

575 선박의 입항 및 출항 등에 관한 법률상, 다음 중 우선피항선에 해당하지 않는 것은?

갑. 주로 노와 삿대로 운전하는 선박
을. 예선
병. 총톤수 20톤 미만의 선박
정. 입항부선

> **정답 및 해설**
> 입항 중인 부선(입항부선)은 우선피항선에 해당하지 않음.
>
> 정

576 선박의 입항 및 출항 등에 관한 법률상, 항로에서의 항법에 대한 설명 중 옳은 것만을 바르게 짝지은 것은? ★★★

> **보기**
> ⓐ 항로를 항행하는 선박은 항로 밖에서 항로에 들어오거나 항로에서 항로 밖으로 나가는 다른 선박의 진로를 피하여 항행할 것
> ⓑ 항로에서 다른 선박과 나란히 항행하지 아니할 것
> ⓒ 항로에서 다른 선박과 마주칠 우려가 있는 경우에는 왼쪽으로 항행할 것
> ⓓ 항로에서 다른 선박을 추월하지 아니할 것. 다만, 추월하려는 선박을 눈으로 볼 수 있고 안전하게 추월할 수 있다고 판단되는 경우에는 「해상교통안전법」에 따른 방법으로 추월할 것

갑. ⓐ, ⓑ
을. ⓐ, ⓒ
병. ⓑ, ⓓ
정. ⓒ, ⓓ

> **정답 및 해설**
> ⓑ 나란히 항행 금지, ⓓ 조건부 추월 허용은 맞음.
> ⓐ는 반대로 되어 있음 (항로 안 선박이 우선), ⓒ는 오른쪽으로 피해야 한다. (왼쪽 X)
>
> 병

577 선박의 입항 및 출항 등에 관한 법률에 규정되어 있지 않은 사항은?

갑. 입항·출항 및 정박에 관한 규칙
을. 항로 및 항법에 관한 규칙
병. 선박교통관제에 관한 규칙
정. 예선에 관한 규칙

> **정답 및 해설**
> 선박교통관제는 「해상교통안전법」에서 규정하며, 이 법에는 포함되지 않음.
>
> 병

제5절 • 해상교통안전법

578 제한 시계의 원인이 아닌 것은?

갑. 눈
을. 안개
병. 모래바람
정. 야간 항해

> **정답 및 해설**
> 야간 항해는 시계 제한의 원인이 아니다.

579 시정이 제한된 상태에서 선박이 지켜야 할 사항으로 올바른 것은?

갑. 안전속력
을. 최저속력
병. 안전묘박
정. 제한속력

> **정답 및 해설**
> 제한 시계에서는 충돌 예방을 위해 안전 속력 유지가 원칙임. 갑

580 해상교통안전법상 시계가 제한된 수역이나 그 부근에 정지하여 대수속력이 없는 동력선이 울려야 하는 기적신호에 대한 설명으로 옳은 것은?

갑. 장음 사이의 간격을 2초 정도로 연속하여 장음을 2회 올리되, 2분을 넘지 아니하는 간격으로 울려야 한다.
을. 장음 사이의 간격을 3초 정도로 연속하여 장음을 3회 올리되, 2분을 넘지 아니하는 간격으로 울려야 한다.
병. 장음 사이의 간격을 2초 정도로 연속하여 장음을 3회 올리되, 3분을 넘지 아니하는 간격으로 울려야 한다.
정. 장음 사이의 간격을 3초 정도로 연속하여 장음을 2회 올리되, 2분을 넘지 아니하는 간격으로 울려야 한다.

> **정답 및 해설**
> 장음을 2초 간격으로 연속 2회 울리되, 2분을 넘지 않는 간격으로 한다. 갑

581 해상교통안전법에서 정의하고 있는 시계상태에 대한 설명으로 잘못된 것은?

갑. 모든 시계 상태
을. 서로 시계 안에 있는 상태
병. 유효한 시계 안에 있는 상태
정. 제한된 시계

> **정답 및 해설**
> '유효한 시계'라는 용어는 법에 정의되어 있지 않다.   병

582 해상교통안전법상 시정이 제한된 상태에서 피항 동작이 변침만으로 이루어질 경우, 해서는 안 되는 동작은?

갑. 정횡보다 전방의 선박에 대한 대각도 변침
을. 정횡보다 전방의 선박에 대한 우현 변침
병. 정횡보다 전방의 선박에 대한 우현 대각도 변침
정. 정횡보다 전방의 선박에 대한 좌현 변침

> **정답 및 해설**
> 정횡보다 전방의 선박에 대한 좌현 변침은 금지된다.   정

583 비상위치지시용 무선표지설비(EPIRB)에 대한 설명 중 옳지 않은 것은?

갑. 선박이 침몰할 때 떠올라서 조난신호를 발신한다.
을. 위성으로 조난신호를 발신한다.
병. 조타실 안에 설치되어 있어야 한다.
정. 자동작동 또는 수동작동 모두 가능하다.

> **정답 및 해설**
> 무선표지설비는 선교에 설치. (조타실 X)   병

584 해상교통안전법상 선박 길이 20m 이상일 때 비치해야 할 최소 음향신호설비는?

갑. 기적
을. 호종
병. 기적과 호종
정. 기적, 호종, 징

> **정답 및 해설**
> 20m 이상 선박은 기적과 호종을 반드시 비치해야 한다.   병

585 해상교통안전법상 음향신호설비로서 기적, 호종, 징을 모두 비치해야 하는 선박의 최소 길이는?

갑. 12미터
을. 50미터
병. 100미터
정. 120미터

> **정답 및 해설**
> 길이 100m 이상 선박은 기적, 호종, 징을 모두 비치해야 한다.

586 해상교통안전법상 음향신호설비에 대한 설명이다. 가장 잘못된 것은?

갑. 기적이란 단음과 장음을 발할 수 있는 음향신호장치이다.
을. 단음은 1초 정도 계속되는 고동소리를 말한다.
병. 장음이란 4초부터 6초까지의 시간동안 계속되는 고동소리를 말한다.
정. 길이 12미터 이상의 선박은 기적 1개를, 길이 50미터 이상의 선박은 기적 1개 및 호종 1개를 갖춰야 한다.

> **정답 및 해설**
> 길이 20m 이상의 선박이어야 한다. (50m X) — 정

587 해상교통안전법상 호종과 혼동되지 아니하는 음조와 소리를 가진 징을 비치하여야 하는 선박으로 올바른 것은?

갑. 길이 12미터 미만의 선박
을. 길이 12미터 이상의 선박
병. 길이 20미터 이상의 선박
정. 길이 100미터 이상의 선박

> **정답 및 해설**
> 길이 100m 이상 선박은 징을 비치해야 한다. — 정

588 해상교통안전법상 길이 12m 미만의 동력선에 설치해야 할 등화를 바르게 나열한 것은?

갑. 마스트등 1개와 선미등 1개
을. 흰색 전주등 1개, 현등 1쌍
병. 현등 1쌍과 선미등 1개
정. 마스트등 1개

> **정답 및 해설**
> 길이 12m 미만 동력선은 흰색 전주등 1개 + 현등 1쌍을 설치해야 함. — 을

589 해상교통안전법상, 다음 중 삼색등을 표시할 수 있는 선박은? ★★

갑. 항행 중인 길이 50m 이상의 동력선

을. 항행 중인 길이 50m 이하의 동력선

병. 항행 중인 길이 20m 미만의 범선

정. 어로에 종사하는 길이 50m 이상의 어선

> **정답 및 해설**
> 길이 20m 미만의 범선은 삼색등 1개로 현등, 선미등을 대신할 수 있음.

590 해상교통안전법상 흘수제약선의 등화 및 형상물에 관한 설명이다. ( ) 칸에 들어갈 적절한 숫자의 조합은? ★★★

> **보기**
> 흘수제약선은 동력선의 등화에 덧붙여 가장 잘 보이는 곳에서 붉은색 전주등 (A)를 수직으로 표시하거나 원통형을 형상물 (B)를 표시할 수 있다.

갑. A : 3개, B : 1개　　　을. A : 3개, B : 3개
병. A : 1개, B : 3개　　　정. A : 1개, B : 1개

> **정답 및 해설**
> 흘수제약선은 붉은색 전주등 3개, 원통형 형상물 1개를 수직으로 표시함.

591 해상교통안전법상 선박에서 등화를 표시해야 하는 시간은? ★★★

갑. 해지는 시각 30분 전부터 해 뜨는 시각 30분 후까지

을. 해지는 시각부터 해 뜨는 시각까지

병. 해지는 시각 30분 후부터 해 뜨는 시각 30분 전까지

정. 하루 종일

> **정답 및 해설**
> 해지는 시각부터 해 뜨는 시각까지 등화를 표시해야 한다.

592 해상교통안전법상 길이 7m 미만이고 최대속력이 7노트 미만인 동력선이 표시해야 하는 등화는? ★★★

갑. **흰색 전주등 1개**
을. 흰색 전주등 1개, 선미등 1개
병. 흰색 전주등 1개, 섬광등 1개
정. 현등 1개, 예선등 1개

> **정답 및 해설**
> 작은 저속 동력선은 흰색 전주등 1개만 표시하면 된다.

593 해상교통안전법상 범선이 기관을 동시에 사용하고 있는 경우 표시하여야 할 형상물로 올바른 것은? ★★★

갑. 마름모꼴 1개
을. 원형 1개
병. **원뿔꼴 1개**
정. 네모형 1개

> **정답 및 해설**
> 범선이 기관을 병행 사용 시 원뿔꼴 1개를 표시한다.

594 해상교통안전법상 항행 중인 공기부양정은 항행 중인 동력선이 표시해야 할 등화와 함께 추가로 표시하여야 하는 등화로 맞는 것은? ★★★

갑. 황색 예선등
을. **황색 섬광등**
병. 홍색 섬광등
정. 흰색 전주등

> **정답 및 해설**
> 공기부양정은 황색 섬광등을 추가로 표시한다.

595 해상교통안전법상 항행 중인 범선이 표시해야 하는 등화로 맞는 것은? ★★

갑. **현등 1쌍, 선미등 1개**
을. 마스트등 1개, 현등 1쌍
병. 현등 1쌍, 황색 섬광등 1개
정. 마스트등 1개

> **정답 및 해설**
> 범선은 현등 1쌍과 선미등 1개를 표시

596 해상교통안전법상 트롤 외 어로에 종사하고 있는 선박이 항행 여부와 관계없이 수직선에 표시하여야 하는 등화의 색깔로 맞는 것은?

갑. 위:붉은색, 아래:녹색
을. 위:녹색, 아래:흰색
병. 위:녹색, 아래:붉은색
정. 위:붉은색, 아래:흰색

정답 및 해설
위 붉은색, 아래 흰색 등화를 수직으로 표시

정

597 해상교통안전법상 흘수제약선이 동력선의 등화에 덧붙여 표시하여야 할 등화로 올바른 것은?

갑. 붉은색 전주등 1개
을. 붉은색 전주등 2개
병. 붉은색 전주등 3개
정. 붉은색 전주등 4개

정답 및 해설
붉은색 전주등 3개를 수직으로 표시한다.

병

598 해상교통안전법상 도선 업무에 종사하고 있는 선박이 표시하여야 할 등화의 색깔로 올바른 것은?

갑. 마스트의 꼭대기나 그 부근에 수직선 위쪽에는 흰색 전주등, 아래쪽에는 붉은색 전주등 각 1개
을. 마스트의 꼭대기나 그 부근에 수직선 위쪽에는 녹색 전주등, 아래쪽에는 흰색 전주등 각 1개
병. 마스트의 꼭대기나 그 부근에 수직선 위쪽에는 황색 전주등, 아래쪽에는 황색 전주등 각 1개
정. 마스트의 꼭대기나 그 부근에 수직선 위쪽에는 흰색 전주등, 아래쪽에는 흰색 전주등 각 1개

정답 및 해설
위 흰색, 아래 붉은색 전주등을 수직으로 표시한다.

갑

599 해상교통안전법상 정박 중인 선박이 가장 잘 보이는 곳에 표시하여야 할 형상물로 올바른 것은? ★★

갑. <u>둥근꼴의 형상물 1개</u>
을. 둥근꼴의 형상물 2개
병. 원통형의 형상물 2개
정. 마름모꼴의 형상물 1개

정답 및 해설
정박 중인 선박은 둥근꼴 형상물 1개를 표시한다.

600 해상교통안전법상 얹혀 있는 선박이 가장 잘 보이는 곳에 표시하여야 할 형상물로 올바른 것은? ★★

갑. 수직으로 둥근꼴의 형상물 1개
을. 수직으로 둥근꼴의 형상물 2개
병. 수평으로 둥근꼴의 형상물 2개
정. <u>수직으로 둥근꼴의 형상물 3개</u>

정답 및 해설
수직으로 둥근꼴 형상물 3개를 표시한다.

601 해상교통안전법상 항해 중인 선박으로서 현등 1쌍을 대신하여 양색등을 표시할 수 있는 선박은 무엇인가? ★★

갑. <u>길이 10m인 동력선</u>
을. 길이 20m인 동력선
병. 길이 30m인 동력선
정. 길이 40m인 동력선

정답 및 해설
길이 20m 미만 동력선은 양색등으로 대체 가능.

602 해상교통안전법상, 선박이 다른 선박과의 충돌을 피하기 위한 조치 중 옳지 않은 것은? ★★★

갑. 침로변경은 크게 한다.
을. <u>속력을 소폭으로 변경한다.</u>
병. 가능한 충분한 시간을 두고 조치를 취한다.
정. 필요한 경우 선박을 완전히 멈추어야 한다.

정답 및 해설
속력 변경은 명확하고 뚜렷하게 해야 한다. (소폭 변경은 오히려 충돌 위험)

603 해상교통안전법상 조종제한선에 표시하여야 하는 등화 또는 형상물로 올바른 것은?

갑. 가장 잘 보이는 곳에 수직으로 붉은색의 전주등 2개

을. 가장 잘 보이는 곳에 수직으로 둥근꼴이나 그와 비슷한 형상물 2개

병. 가장 잘 보이는 곳에 수직으로 위쪽과 아래쪽에는 둥근꼴, 가운데는 마름모꼴의 형상물 각 1개

정. 가장 잘 보이는 곳에 수직으로 위쪽과 아래쪽에는 흰색 전주등, 가운데는 붉은색 전주등 각 1개

정답 및 해설
둥근꼴 – 마름모꼴 – 둥근꼴 형상물을 수직으로 표시한다.

병

604 해상교통안전법상 등화의 종류에 대한 설명으로 잘못된 것은?

갑. 마스트등은 선수와 선미의 중심선상에 설치되어 235도에 걸치는 수평의 호를 비추되, 그 불빛이 정선수 방향으로부터 양쪽 현의 정횡으로부터 뒤쪽 27.5도까지 비출 수 있는 흰색 등을 말한다.

을. 현등은 정선수 방향에서 양쪽 현으로 각각 112.5도에 걸치는 수평의 호를 비추는 등화이다.

병. 선미등은 135도에 걸치는 수평의 호를 비추는 흰색 등으로서 그 불빛이 정선미 방향으로부터 양쪽 현의 67.5도까지 비출 수 있도록 선미 부분 가까이에 설치된 등이다.

정. 예선등은 선미등과 같은 특성을 가진 황색등이다.

정답 및 해설
마스트등은 225도 범위로, 양쪽 정횡에서 뒤쪽 22.5도까지 비춘다.

갑

605 해상교통안전법상, 선박이 우현으로 변침할 때 사용하는 음향신호로 올바른 것은?

갑. 단음 2회   을. 장음 1회

병. 단음 1회   정. 장음 2회

정답 및 해설
우현으로 변침은 단음 1회.

병

606 해상교통안전법상 좁은 수로 항행에 관한 설명으로 잘못된 것은? ★★★

갑. 통행시기는 역조가 약한 시간이나 게류시를 택한다.
을. 물표 정중앙 등의 항진목표를 선정하여 보면서 항행한다.
병. 좁은 수로 정중앙으로 항행한다.
정. 좁은 수로의 우측을 따라 항행한다.

> **정답 및 해설**
> 좁은 수로에서는 우측을 따라 항행해야 한다. (중앙 X)
>
> 병

607 해상교통안전법상 가항수역의 수심 및 폭과 선박의 흘수와의 관계에 비추어 볼 때 그 진로에서 벗어날 수 있는 능력이 매우 제한되어있는 동력선을 무엇이라 하는가? ★★★

갑. 조종불능선
을. 조종제한선
병. 예인선
정. 흘수제약선

> **정답 및 해설**
> 흘수제약선의 정의.
>
> 정

608 해상교통안전법상 항행 중인 동력선이 진로를 피해야 할 선박이 아닌 것은? ★★★

갑. 조종불능선
을. 조종제한선
병. 항행 중인 어선
정. 범선

> **정답 및 해설**
> 항행 중인 일반 어선은 우선권 없음.
>
> 병

609 해상교통안전법상 선박의 항행안전을 확보하기 위하여 한쪽 방향으로만 항행할 수 있도록 되어 있는 일정한 범위의 수역을 무엇이라 하는가? ★★★

갑. 통항로
을. 연안통항대
병. 항로지정제도
정. 좁은 수로

> **정답 및 해설**
> 통항로에 관한 설명이다.
>
> 갑

610 해상교통안전법상 유지선의 항법에 관한 설명이다. ( ) 안에 들어갈 말로 옳은 것은? ★★★

> **보기**
> 침로와 속력을 유지하여야 하는 선박(유지선)은 피항선이 이 법에 따른 적절한 조치를 취하고 있지 아니하다고 판단되면 스스로의 조종만으로 피항선과 충돌하지 아니하도록 조치를 취할 수 있다. 이 경우 유지선은 부득이하다고 판단되는 경우 외에는 자기 선박의 ( )쪽에 있는 선박을 향하여 침로를 ( )으로 변경해서는 아니 된다.

갑. 좌현-오른쪽
을. 좌현-왼쪽
병. 우현-오른쪽
정. 우현-왼쪽

> **정답 및 해설**
> 유지선은 좌현 쪽 선박을 향해 왼쪽으로 침로를 변경해서는 안 된다.

611 해상교통안전법상 야간항해 중 상대선박의 양 현등이 보이고, 현등보다 높은 위치에 백색 등이 수직으로 2개 보인다. 이 상대선박과 본선의 조우상태로 맞는 것은? ★★★

갑. 상대선박은 길이 50m 이상의 선박으로 마주치는 상태
을. 상대선박은 길이 50m 미만의 선박으로 마주치는 상태
병. 상대선박은 길이 50m 이상의 선박으로 앞지르기 상태
정. 상대선박은 길이 50m 이상의 선박으로 앞지르기 상태

> **정답 및 해설**
> 50m 이상 선박이 정면에서 마주 오는 상황이다.

612 해상교통안전법상 항행 중인 동력선이 침로를 왼쪽으로 변경할 때 발하는 기적신호는? ★★★

갑. 단음 2회
을. 단음 1회
병. 장음 2회
정. 단음 3회

> **정답 및 해설**
> 좌현 변경 시 단음 2회.

613 해상교통안전법상 통항분리수역에서의 항법으로 잘못된 것은?

갑. 통항로 안에서는 정해진 진행방향으로 항행할 것
을. 통항분리수역에서 서로시계의 횡단관계가 형성되어도 분리대 진행 방향으로 항행하는 선박이 유지선이 됨
병. 분리선이나 분리대 내에서 될 수 있으면 떨어져서 항해할 것
정. 선박은 통항로를 부득이한 경우를 제외하고 횡단해서는 아니 된다.

> **정답 및 해설**
> 시계 상태에서는 무조건 분리대 방향 선박이 유지선이 아니다.
>

614 해상교통안전법상 좁은 수로 등에서의 항행에 대한 설명으로 잘못된 것은?

갑. 길이 30미터 미만의 선박이나 범선은 좁은 수로 등의 안쪽에서만 안전하게 항행할 수 있는 다른 선박의 통행을 방해해서는 아니 된다.
을. 어로 종사하고 있는 선박은 좁은 수로 등의 안쪽에서 항행하고 있는 다른 선박의 통항을 방해해서는 아니 된다.
병. 선박의 좁은 수로 등의 안쪽에서만 안전하게 항행할 수 있는 다른 선박의 통항을 방해해서는 아니 된다.
정. 추월선은 좁은 수로 등에서 추월당하는 선박이 추월선을 안전하게 통과시키기 위한 동작을 취하지 아니하면 추월할 수 없는 경우에는 기적신호를 하여 추월하겠다는 의사를 나타내야 한다.

> **정답 및 해설**
> 길이 20m 미만 선박과 범선이 다른 선박 통항을 방해해서는 안 된다.
>

615 해상교통안전법상 통항분리수역의 항행 시 준수사항으로 잘못된 것은?

갑. 통항로 안에서는 정해진 진행방향으로 항행할 것
을. 분리선이나 분리대에서 될 수 있으면 떨어져서 항행할 것
병. 통항로의 옆쪽으로 출입하는 경우에는 그 통항로에 대하여 정해진 선박의 진행방향에 대하여 될 수 있으면 대각도로 출입할 것
정. 부득이한 사유로 통항로를 횡단하여야 하는 경우 통항로와 선수방향이 직각에 가까운 각도로 횡단할 것

> **정답 및 해설**
> 옆으로 출입할 경우는 가능한 작은 각도로 출입해야 한다.
>

616 해상교통안전법상 좁은 수로에서 피추월선이 추월선에게 보내는 추월동의 신호는? ★★★

갑. 단음2, 장음2, 단음1, 장음2
을. 단음1, 장음1, 단음1, 장음1
병. 단음2, 장음1, 단음1, 장음2
정. 장음1, 단음1, 장음1, 단음1

정답 및 해설
장음1-단음1-장음1-단음1이 추월에 대한 동의 신호이다.

617 해상교통안전법상 선박 A(침로 000도)와 선박 B(침로 185도)가 마주치는 상태일 때, A선박의 조치는? ★★★

갑. 현 침로를 유지한다.
을. 좌현으로 변침한다.
병. 우현 대 우현으로 통과할 수 있도록 변침한다.
정. 우현으로 변침한다.

정답 및 해설
마주치는 상태에서는 우현으로 변침해야 한다.

618 해상교통안전법상 선박이 야간에 서로 마주치는 상태는 어떤 경우인가? ★★★

갑. 정선수방향에서 다른 선박의 홍등과 녹등이 동시에 보일 때
을. 좌현 선수에 홍등이 보일 때
병. 우현 선수에 홍등이 보일 때
정. 우현 선수에 녹등이 보일 때

정답 및 해설
양 현등(홍등·녹등)이 동시에 보이면 마주치는 상태이다.

619 해상교통안전법상 추월선이란 다른 선박의 정횡으로부터 (　)도를 넘는 (　)의 위치로부터 (　)을 앞지르는 선박을 말한다. (　)속에 들어갈 말로 올바른 것은? ★★★

갑. 22.5, 후방, 다른 선박
을. 22.5, 후방, 자선
병. 25.5, 후방, 자선
정. 25.5, 전방, 다른 선박

정답 및 해설
22.5도 넘는 후방에서 다른 선박을 앞지르면 추월선이다.

620 해상교통안전법상 다음 중 야간에 어떤 등화를 보면서 접근하는 선박이 추월선인가?

갑. 마스트등
을. 현등
병. 선미등
정. 정박등

> **정답 및 해설**
> 추월선은 피추월선의 선미등을 보면서 접근한다.

621 해상교통안전법상 서로 시계 내에서 진로 우선권이 가장 큰 선박은 무엇인가?

갑. 어로에 종사하고 있는 항행 중인 선박
을. 범선
병. 동력선
정. 흘수제약선

> **정답 및 해설**
> 흘수제약선이 진로 우선권이 가장 크다.

622 해상교통안전법상 본선은 야간항해 중 상대선박과 서로 시계 내에서 근접하여 횡단관계로 조우하여 상대선박의 현등 중 홍등을 관측하고 있다. 이 선박이 취해야 할 행동으로 잘못된 것은?

갑. 우현변침
을. 상대선박의 선미통과
병. 변침만으로 피하기 힘들 경우 속력을 감소한다.
정. 정선한다.

> **정답 및 해설**
> 횡단관계에서는 정선이 아닌 우현변침 또는 감속 등으로 피항해야 한다.

623 해상교통안전법상 '항행 중'인 선박에 해당하는 경우는?

갑. 정박해 있는 선박
을. 항만의 안벽에 계류해 있는 선박
병. 표류하는 선박
정. 얹혀 있는 선박

> **정답 및 해설**
> 표류하는 선박은 추진력 없이 움직이더라도 항행 중인 상태로 간주 됨.

624 해상교통안전법상 용어의 정의로 올바른 것은? ★★★

갑. '선박'이란 「선박법」에 따르는 선박을 말한다.

을. '거대선'이란 길이 150미터 이상의 선박을 말한다.

병. '고속여객선'이란 시속 20노트 이상으로 항행하는 여객선을 말한다.

정. '어로에 종사하고 있는 선박'이란 그물, 낚싯줄, 트롤망, 그 밖에 조종성능을 제한하는 어구를 사용하여 어로 작업을 하는 선박을 말한다.

> **정답 및 해설**
> 어구를 실제 사용해 어로 작업 중이며 조종 성능이 제한된 선박을 의미함.

625 해상교통안전법상 어로에 종사하며 항행 중인 선박은 될 수 있으면 어떤 선박의 진로를 피해야 하는가? ★★★

갑. 운전부자유선, 기동성이 제한된 선박 을. 수중작업선, 범선
병. 운전부자유선, 범선 정. 정박선, 대형선

> **정답 및 해설**
> 조종불능선(운전부자유선), 조종제한선(기동성이 제한된 선박)을 피해야 함.

626 해상교통안전법상 지정항로를 이용하지 않고 교통안전특정해역을 항행할 수 있는 경우로 잘못된 것은? ★★

갑. 해양경비·해양오염방제 등을 위하여 긴급히 항행할 필요가 있는 경우

을. 해양사고를 피하거나 인명이나 선박을 구조하기 위해 부득이한 경우

병. 교통안전특정해역과 접속된 항구에 입·출항하지 아니하는 경우

정. 해상교통량이 적은 경우

> **정답 및 해설**
> 해상교통량이 적은 경우는 예외 사유가 아님.

627 해상교통안전법상 조종제한선에 해당하지 않는 것은? ★★★

갑. 측량작업 중인 선박   을. 그물을 감아올리고 있는 선박
병. 준설작업 중인 선박   정. 항로표지의 부설작업 중인 선박

> **정답 및 해설**
> 그물 작업 중인 어선은 조종제한선이 아님.

628 해상교통안전법상 상호 시계에 있는 동력선과 범선이 마주치는 상태에 있을 때 두 선박의 피항의무로 올바른 것은? ★★★

갑. 동력선이 범선의 진로를 피한다.
을. 범선이 동력선의 진로를 피한다.
병. 동력선과 범선은 각각 우현으로 피한다.
정. 동력선과 범선은 각각 좌현으로 피한다.

> **정답 및 해설**
> 동력선이 범선의 진로를 피해야 한다. 갑

629 해상교통안전법상 어로에 종사하는 선박이 범선을 오른편에 두어 횡단상태에 있을 때 두 선박의 피항의무로 올바른 것은? ★★★

갑. 어로에 종사하는 선박이 우현 변침하여 범선의 진로를 피해야 한다.
을. 두 선박 모두 피항의무를 가지며, 각각 우현 변침해야 한다.
병. 범선이 어로에 종사하는 선박의 진로를 피한다.
정. 범선과 어로에 종사하는 선박은 각각 좌현으로 피한다.

> **정답 및 해설**
> 범선은 어로에 종사하는 선박의 진로를 피해야 한다. 병

630 해상교통안전법상 수면비행선박은 항행 중인 동력선이 표시해야 할 등화와 함께 추가로 표시해야 할 등화는 무엇인가? ★★

갑. 황색 예선등
을. 황색 섬광등
병. 홍색 섬광등
정. 흰색 전주등

> **정답 및 해설**
> 홍색 섬광등 1개를 추가로 표시해야 한다. 병

631 해상교통안전법상 교통안전특정해역의 범위로 잘못된 것은? ★★

갑. 인천
을. 군산
병. 여수
정. 울산

> **정답 및 해설**
> 교통안전특정해역은 인천, 부산, 울산, 여수, 포항 등이다. (군산 X) 을

632 해상교통안전법상 항행장애물로 보기 어려운 것은? ★★

갑. 선박으로부터 수역에 떨어진 물건

을. 침몰 · 좌초된 선박 또는 침몰 · 좌초되고 있는 선박

병. 침몰 · 좌초가 임박한 선박 또는 충분히 예견되어 있는 선박

정. 침몰 · 좌초된 선박으로부터 분리되지 않은 선박의 전체

> **정답 및 해설**
> 분리되지 않은 선박 전체는 항행장애물로 보지 않는다.

633 해상교통안전법상 해양수산부장관이 교통안전특정해역으로 지정할 수 있는 해역이 아닌 것은? ★★

갑. 해상교통량이 아주 많은 해역

을. 200m 미만 거대선의 통항이 잦은 해역

병. 위험화물운반선의 통항이 잦은 해역

정. 15노트 이상의 고속여객선의 통항이 잦은 해역

> **정답 및 해설**
> 200m 이상 거대선의 통항이 지정 기준이다.

634 해상교통안전법상 2척의 범선이 서로 접근하여 충돌할 위험이 있는 경우의 항행방법으로 잘못된 것은? ★★★

갑. 각 범선이 다른 쪽 현에 바람을 받고 있는 경우에는 우현에 바람을 받고 있는 범선이 다른 범선의 진로를 피해야 한다.

을. 두 범선이 서로 같은 현에 바람을 받고 있는 경우에는 바람이 불어오는 쪽의 범선이 바람이 불어가는 쪽의 범선의 진로를 피하여야 한다.

병. 각 범선이 다른 쪽 현에 바람을 받고 있는 경우에는 좌현에 바람을 받고 있는 범선이 다른 범선의 진로를 피하여야 한다.

정. 좌현에 바람을 받고 있는 범선은 바람이 불어오는 쪽에 있는 다른 범선을 본 경우로서 그 범선이 바람을 좌우 어느 쪽에 받고 있는지 확인할 수 없는 때에는 그 범선의 진로를 피하여야 한다.

> **정답 및 해설**
> 좌현에 바람을 받는 범선이 진로를 피해야 한다. (우현 X)

635 해상교통안전법상 해양수산부장관이 해양시설 부근에서 선박의 안전항행과 시설 보호를 위해 설정하는 수역은?

갑. 교통안전특정해역 을. 교통안전관할해역
병. 보호수역 정. 시설 보안해역

> **정답 및 해설**
> 해양시설 보호 목적의 수역은 보호수역이다.

636 해상교통안전법상 안전한 속력을 결정할 때 고려할 사항이 아닌 것은?

갑. 해상교통량의 밀도
을. 선박의 정지거리·선회성능, 그 밖의 조종성능
병. 선박의 흘수와 수심과의 관계
정. 주간의 경우 항해에 영향을 주는 불빛의 유무

> **정답 및 해설**
> 주간의 불빛 유무는 고려 대상이 아님 정

637 해상교통안전법상 통항분리수역을 항행하는 경우의 준수사항으로 잘못된 것은?

갑. 통항로 안에서는 정하여진 진행방향으로 항행한다.
을. 분리선이나 분리대에서 될 수 있으면 붙어서 항행한다.
병. 통항로의 출입구를 통하여 출입하는 것이 원칙이다.
정. 통항로를 횡단하여서는 안 된다.

> **정답 및 해설**
> 분리선이나 분리대에는 가까이 접근하지 않아야 한다. 을

638 해상교통안전법상 해상교통량의 폭주로 충돌사고 발생의 위험성이 있어 통항분리방식이 적용되는 수역이라고 볼 수 없는 곳은?

갑. 영흥도 항로 을. 보길도 항로
병. 홍도 항로 정. 거문도 항로

> **정답 및 해설**
> 영흥도 항로는 통항분리수역이 아님. 갑

639 해상교통안전법상 통항분리대 또는 분리선을 횡단하여서는 안 되는 경우는?

갑. 통항로를 횡단하는 경우
을. 통항로에 출입하는 경우
병. 급박한 위험을 피하기 위한 경우
정. 길이 20m 이상의 선박

> **정답 및 해설**
> 통항분리대 횡단 여부는 선박의 길이와는 무관하다.
> 정

640 통항분리대 또는 분리선을 횡단해서는 안 되는 경우는?

갑. 통항로를 횡단하는 경우
을. 통항로에 출입하는 경우
병. 급박한 위험을 피하기 위한 경우
정. 길이 20m 이상의 선박

> **정답 및 해설**
> 통항분리대는 원칙적으로 횡단 금지. (20m 미만 선박만 예외적 허용 있음)
> 정

641 해상교통안전법상 연안통항대에 대한 설명으로 잘못된 것은?

갑. 연안통항대란 통항분리수역의 육지 쪽 경계선과 해안 사이의 수역을 말한다.
을. 선박은 연안통항대에 인접한 통항분리수역의 통항로를 안전하게 통과할 수 있는 경우 연안통항대를 따라 항행할 수 있다.
병. 인접한 항구로 입출항하는 선박은 연안통항대를 따라 항행할 수 있다.
정. 연안통항대 인근에 있는 해양시설에 출입하는 선박은 연안통항대를 따라 항행할 수 있다.

> **정답 및 해설**
> 통항로를 안전하게 통과할 수 있는 선박은 연안통항대를 따라 항행해서는 안 된다.
> 을

642 해상교통안전법상 해양사고 발생 및 조치 사실을 신고해야 할 대상은?

갑. 광역시장
을. 해양수산부장관
병. 해양경찰서장
정. 관세청장

> **정답 및 해설**
> 해양사고는 해양경찰서장에게 신고.
> 병

643 해상교통안전법상 선박에 해양사고가 발생한 경우, 선장이 관할관청에 신고하도록 규정된 내용으로 잘못된 것은? ★★★

갑. 해양사고의 발생일시 및 발생장소
을. 조치사항
병. 사고개요
정. 상대선박의 소유자

> **정답 및 해설**
> 상대선박의 소유자는 신고 대상이 아님. 　　　　　정

644 해상교통안전법상 항행장애물의 위험성 결정에 필요한 사항이 아닌 것은? ★★

갑. 항행장애물의 크기, 형태, 구조
을. 항행장애물의 상태 및 손상의 형태
병. 항행장애물의 가치
정. 해당 수역의 수심 및 해저의 지형

> **정답 및 해설**
> 항행장애물의 가치는 위험성 판단 요소가 아니다. 　　　　　병

645 해상교통안전법상, 해양경찰서장이 거대선 등의 항행 안전을 위해 선장 또는 선박 소유자에게 명할 수 있는 사항이 아닌 것은? ★★

갑. 항로의 변경
을. 속력의 제한
병. 안내선의 사용
정. 운항관리자의 변경

> **정답 및 해설**
> 운항관리자의 변경은 해양경찰서장이 명할 수 있는 사항이 아님. 　　　　　정

646 해상교통안전법상 조종불능선의 등화나 형상물로 올바른 것은? ★★★

갑. 가장 잘 보이는 곳에 수직으로 둥근꼴이나 그와 비슷한 형상물 2개
을. 가장 잘 보이는 곳에 수직으로 하얀색 전주등 1개
병. 대수속력이 있는 경우에는 현등 1쌍과 선미등 2개
정. 대수속력이 있는 경우에는 현등 2쌍과 선미등 2개

> **정답 및 해설**
> 조종불능선은 가장 잘 보이는 곳에 둥근꼴 형상물 2개를 수직으로 달거나, 붉은색 전주등 2개를 수직으로 켜야 함. 　　　　　갑

647 해상교통안전법상 위험물의 정의 중 잘못된 것은? ★★

갑. **고압가스 중 인화가스로서 총톤수 500톤 이상의 선박에 산적된 것**
을. 인화성 액체류로서 총톤수 1천톤 이상의 선박에 산적된 것
병. 200톤 이상의 유기과산화물로서 총톤수 300톤 이상의 선박에 적재된 것
정. 해당 위험물을 내린 후 선박 내에 남아있는 인화성 가스로서 화재 또는 폭발의 위험이 있는 것

> **정답 및 해설**
> 인화성 가스는 총톤수 1,000톤 이상 선박에 산적된 경우.

648 해상교통안전법상 해양수산부장관의 허가를 받지 아니하고도 보호수역에 입역할 수 있는 사항으로 잘못된 것은? ★★

갑. 선박의 고장이나 그 밖의 사유로 선박 조종이 불가능한 경우
을. 해양사고를 피하기 위하여 부득이한 사유가 있는 경우
병. 인명을 구조하거나 급박한 위험이 있는 선박을 구조하는 경우
정. **관계 행정기관의 장이 해상에서 관광을 위한 업무를 하는 경우**

> **정답 및 해설**
> 관광 목적은 반드시 허가 필요.

649 해상교통안전법의 내용 중 ( ) 안에 들어갈 적절한 것은? ★★★

> 누구든지 수역 등 또는 수역 등의 밖으로부터 ( ) 이내의 수역에서 선박 등을 이용하여 수역 등이나 항로를 점거하거나 차단하는 행위를 함으로써 선박 통항을 방해해서는 안 된다.

갑. 5km
을. **10km**
병. 15km
정. 20km

> **정답 및 해설**
> 10km 이내 수역에서는 통항 방해 행위를 금지한다.

650 해상교통안전법상 해양경찰서장이 항로에서 수상레저행위를 하도록 허가를 한 경우 그 허가를 취소하거나 해상교통안전에 장애가 되지 아니하도록 시정을 명할 수 있는 사유로 잘못된 것은? ★★

갑. 항로의 해상교통여건이 달라진 경우
을. 허가조건을 잊은 경우
병. 거짓으로 허가를 받은 경우
정. 정박지 해상교통 여건이 달라진 경우

> **정답 및 해설**
> 허가조건을 잊은 것은 법적 취소 사유가 아님.
> 을

651 항만 또는 어항 수역에서 해상교통의 안전에 장애가 되는 스킨다이빙, 스쿠버다이빙, 윈드서핑 등의 행위를 해서는 안 된다. 이러한 수상레저 행위를 할 수 있도록 허가할 수 있는 관청은? ★★★

갑. 대통령
을. 해양수산부장관
병. 해양수산청장
정. 해양경찰서장

> **정답 및 해설**
> 수상레저 행위는 해양경찰서장이 허가.
> 정

652 해양교통안전법상 항로 등을 보전하기 위하여 항로상에서 제한하는 행위로 잘못된 것은? ★★

갑. 선박의 방치
을. 어망의 설치
병. 폐어구 투기
정. 항로 지정 고시

> **정답 및 해설**
> 항로 지정 고시는 제한 행위가 아니라 행정 조치이다.
> 정

653 해상교통안전법상 선박안전관리증서의 유효기간은 얼마인가? ★★

갑. 1년
을. 2년
병. 5년
정. 9년

> **정답 및 해설**
> 선박안전관리증서의 유효기간은 5년.
> 병

654 해상교통안전법상 술에 취한 상태에서 조타기 조작 금지에 관한 설명 중 잘못된 것은? ★★★

갑. 총톤수 5톤 미만의 선박도 대상이 된다.

을. 해양경찰청 소속 경찰공무원은 운항을 하기 위해 조타기를 조작하거나 조작할 것을 지시하는 사람이 술에 취하였는지 측정할 수 있으며, 해당 운항자 또는 도선사는 이 측정 요구에 따라야 한다.

병. 술에 취하였는지를 측정한 결과에 불복하는 사람에 대해서는 해당 운항자 또는 도선사의 동의 없이 혈액채취 등의 방법으로 다시 측정할 수 있다.

정. 해양경찰서장은 운항자 또는 도선사가 정상적으로 조타기를 조작하거나 조작할 것을 지시할 수 있는 상태가 될 때까지 필요한 조치를 취할 수 있다.

> **정답 및 해설**
> 혈액채취 등 재측정은 동의 없이 할 수 없다.

655 해상교통안전법상 해양경찰서장의 허가를 받아야 하는 해양레저 행위의 종류로 잘못된 것은?

갑. 스킨다이빙 을. 윈드서핑
병. 요트활동 정. 낚시어선 운항

> **정답 및 해설**
> 낚시어선 운항은 허가 대상 해양레저 행위가 아님.

656 해양교통안전법상 항행안전을 위해 음주 중의 조타기 조작 등 금지에 대한 설명으로 잘못된 것은? ★★★

갑. 누구든지 술에 취한 상태에서 운항을 위하여 조타기를 조작하거나 그 조작을 지시해서는 안 된다.

을. 해양경찰청 소속 경찰공무원은 해상교통의 안전과 위험방지를 위하여 선박 운항자가 술에 취하였는지 측정할 수 있다.

병. 술에 취한 상태의 기준은 혈중알코올농도 0.08%이상으로 한다.

정. 측정한 결과에 불복한 경우에 혈액채취 등의 방법으로 다시 측정할 수 있다.

> **정답 및 해설**
> 기준은 혈중알코올농도 0.03% 이상. (0.08 X) 병

657 해상교통안전법상 섬광등에 대한 설명으로 옳은 것은? ★★

갑. 360도에 걸치는 수평의 호를 비추는 등화로서 일정한 간격으로 30초에 120회 이상 섬광을 발하는 등

을. 125도에 걸치는 수평의 호를 비추는 등화로서 일정한 간격으로 30초에 120회 이상 섬광을 발하는 등

병. 360도에 걸치는 수평의 호를 비추는 등화로서 일정한 간격으로 60초에 120회 이상 섬광을 발하는 등

정. 135도에 걸치는 수평의 호를 비추는 흰색등

> **정답 및 해설**
> 섬광등은 360도 수평호를 비추며 60초에 120회 이상 섬광을 발한다.
> 병

658 해상교통안전법상 기적이나 사이렌을 단음으로 5회 이상 울리는 신호의 의미는? ★★★

갑. 주의환기신호   을. 조종신호
병. 추월동의신호   정. 의문, 경고신호

> **정답 및 해설**
> 단음 5회 이상은 의문 또는 경고 신호이다.
> 정

659 해상교통안전법상 선박의 왼쪽에 설치하는 현등의 색깔은? ★★

갑. 적색   을. 녹색
병. 황색   정. 흰색

> **정답 및 해설**
> 좌현은 적색. (우현은 녹색)
> 갑

660 해상교통안전법상 선박 음향신호 중 단음은 몇 초 동안 계속되는 소리를 말하는가? ★★

갑. 0.5초   을. 1초
병. 2초   정. 4~6초

> **정답 및 해설**
> 단음은 1초. (장음은 4~6초)
> 을

661 해상교통안전법상 충돌을 피하기 위한 동작으로 잘못된 것은?

갑. <u>충돌을 피하거나 상황을 판단하기 위한 시간적 여유를 얻기 위해 필요하면 전속으로 항진하여 다른 선박을 빨리 비켜나야 한다.</u>
을. 될 수 있으면 충분한 시간적 여유를 두고 적극적으로 조치해야 한다.
병. 적절한 시기에 큰 각도로 침로를 변경해야 한다.
정. 침로나 속력을 소폭으로 연속적으로 변경해서는 안 된다.

> **정답 및 해설**
> 충돌을 피할 때는 속력을 감속하여 조우 상황 파악.

갑

662 해양교통안전법상 선박 음향신호 중 장음은 몇 초 동안 계속되는 소리를 말하는가?

갑. 1~2초   을. 2~3초
병. 3~4초   <u>정. 4~6초</u>

> **정답**

정

663 해상교통안전법상 항행 중인 동력선이 상대 선박과 서로 시계 안에 있는 경우, 기관 후진 시 기적신호로 올바른 것은?

갑. 단음 1회   을. 단음 2회
<u>병. 단음 3회</u>   정. 장음 1회

> **정답 및 해설**
> 기관 후진 시 단음 3회를 울린다.

병

664 해상교통안전법상 좁은 수로 등의 굽은 부분이나 장애물 때문에 다른 선박을 볼 수 없는 수역에 접근하는 선박의 기적신호로 올바른 것은?

갑. 단음 1회   을. 단음 2회
<u>병. 장음 1회</u>   정. 장음 2회

> **정답 및 해설**
> 이 경우 장음 1회를 울려야 한다.

병

665 보기의 (   ) 안에 들어갈 순서로 올바른 것은?

> **보기**
> 해상교통안전법상 항행 중인 동력선은 대수속력이 있는 경우에는 (A)을 넘지 아니하는 간격으로 (B) 울려야 한다.

갑. A : 2분, B : 단음을 2회   을. A : 1분, B : 단음을 2회
병. A : 1분, B : 장음을 1회   **정. A : 2분, B : 장음을 1회**

> **정답 및 해설**
> 2분 간격으로 장음 1회를 울린다.   정

666 해상교통안전법의 목적 중 잘못된 것은?

갑. 선박의 안전운항을 위한 안전관리 체계를 확립
을. 항만 및 항만구역의 통항로 확보
병. 선박항행과 관련된 모든 위험과 장해를 제거함
정. 해사안전 증진과 선박의 원활한 교통에 이바지함

> **정답 및 해설**
> 항만법의 목적이다.   을

667 해상교통안전법상 시운전 금지해역에서 시운전이 금지되는 선박의 기준 길이는?

갑. 길이 100미터 이상의 선박   을. 길이 200미터 이상의 선박
병. 길이 300미터 이상의 선박   정. 길이 500미터 이상의 선박

> **정답 및 해설**
> 길이 100m 이상 선박은 시운전 금지 대상이다.   갑

668 해상교통안전법상 거대선이나 위험화물운반선이 교통안전특정해역을 항행할 때, 해양경찰서장이 명할 수 없는 것은?

갑. 통항시각의 변경   을. 항로의 변경
병. 속력의 제한   **정. 선박통항이 많은 경우 선박의 항행 제한**

> **정답 및 해설**
> 항행 자체는 제한할 수 없다.   정

669 해상교통안전법에서 정하고 있는 항로에서의 금지행위가 아닌 것은?

갑. 선박의 방치   을. 어망의 설치
병. 어구의 투기   정. 폐기물의 투기

> **정답 및 해설**
> 폐기물 투기는 항로 금지 행위로 명시되어 있지 않다.   정

670 해상교통안전법상 삼색등에서의 삼색으로 맞는 것은?

갑. 붉은색, 녹색, 황색   을. 황색, 흰색, 녹색
병. 붉은색, 녹색, 흰색   정. 황색, 흰색, 붉은색

> **정답 및 해설**
> 삼색등은 붉은색, 녹색, 흰색으로 구성.   병

671 해상교통안전법상 항행 중인 동력선이 표시하여야 하는 등화가 아닌 것은?

갑. 앞쪽에 마스트등 1개와 그 마스트등보다 뒤쪽의 높은 위치에 마스트등 1개
을. 현등 1쌍
병. 선미등 1개
정. 섬광등 1개

> **정답 및 해설**
> 섬광등은 항행 중 동력선의 기본 등화가 아님.   정

672 해상교통안전법상 해양경찰청장이 교통안전특정해역에서 6개월 이내 공사·작업 정지를 명할 수 있는 경우는?

갑. 거짓이나 그 밖의 부정한 방법으로 허가를 받은 경우
을. 정지명령을 위반하여 정지기간 중에 공사를 계속한 경우
병. 정지명령을 위반하여 정지기간 중에 작업을 계속한 경우
정. 공사나 작업이 부진하여 이를 계속할 능력이 없다고 인정되는 경우

> **정답 및 해설**
> 계속할 능력이 없다고 판단되면 정지 명령 가능하다.   정

673 해상교통안전법상 선박의 법정형상물에 포함되는 것이 아닌 것은?

갑. 둥근꼴   을. 원뿔꼴
병. 마름모꼴   **정. 정사각형**

> **정답 및 해설**
> 정사각형은 법정형상물이 아님.   정

674 해상교통안전법상 유조선통항금지해역에서 항해가 금지되는 원유 적재량 기준은?

갑. 500킬로리터   을. 1000킬로리터
병. 1500킬로리터   정. 2000킬로리터

> **정답 및 해설**
> 1,500킬로리터 이상 원유를 싣고 있는 유조선은 항해할 수 없다.   병

675 해상교통안전법상 조종제한선으로 보기 가장 어려운 것은?

갑. 어구를 끌고 가며 작업 중인 어선   을. 준설작업 중인 선박
병. 화물의 이송작업 중인 선박   정. 측량 중인 선박

> **정답 및 해설**
> 어구 작업 중인 어선은 조종제한선이 아님.   갑

제6절 · 해양환경관리법

676 해양환경관리법상 항만관리청에 해당하지 않는 것은?

갑. 「항만법」의 관리청
을. 「어촌·어항법」의 어항관리청
병. 「해운법」에 따른 해양진흥공사
정. 「항만공사법」에 따른 항만공사

> **정답 및 해설**
> 해양진흥공사는 항만관리청이 아님.   병

677 해양환경관리법상 용어 정의 중 올바른 것은? ★★★

갑. '유해약체물질'이라 함은 해양환경에 해로운 결과를 미치거나 미칠 우려가 있는 액체물질(기름을 포함한다)과 그 물질이 함유된 혼합 액체물질로서 해양수산부령이 정하는 것을 말한다.

을. '포장유해물질'이라 함은 포장된 형태로 선박에 의하여 운송되는 유해물질 중 해양에 배출되는 경우 해양환경에 해로운 결과를 미치거나 미칠 우려가 있는 물질로서 해양수산부령이 정하는 것을 말한다.

병. '잔류성오염물질'이라 함은 해양에 유입되어 생물체에 농축되는 경우 단기간 지속적으로 급성의 독성 또는 발암성을 야기하는 화학물질로서 해양수산부령으로 정하는 것을 말한다.

정. '대기오염물질'이라 함은 해양에 유입 또는 해양으로 배출되어 해양환경에 해로운 결과를 미치거나 미칠 우려가 있는 폐기물·기름·유해약체물질을 말한다.

> **정답 및 해설**
> 포장유해물질은 선박에 실린 포장된 유해물질 중 해양오염 우려가 있는 물질을 말한다.

678 해양환경관리법상 '기름'의 종류에 해당하지 않는 것은? ★★★

갑. 원유 을. 석유제품
병. 액체상태의 유해물질 정. 폐유

> **정답 및 해설**
> 액체 유해 물질은 기름이 아니다.
> 병

679 해양환경관리법에서 정의하는 '해양오염'에 대한 올바른 설명은? ★★★

갑. 오염물질 등이 유출·투기되거나 누출·용출되는 상태

을. 해양에 유입되어 생물체에 농축되는 경우 장기간 지속적으로 급성·만성의 독성 또는 발암성을 야기할 수 있는 상태

병. 해양에 유입되거나 해양에서 발생되는 물질 또는 에너지로 인하여 해양환경에 해로운 결과를 미치거나 미칠 우려가 있는 상태

정. 해양생물 등의 남획 및 그 서식지 파괴, 해양질서의 교란 등으로 해양생태계의 본래적 기능에 중대한 손상을 주는 상태

> **정답**

680 해양환경관리법 적용 범위로 잘못된 것은?

갑. 한강 수역에서 발생한 기름 유출 사고
을. 우리나라 영해 및 내수 안에서 해양시설로부터 발생한 기름 유출 사고
병. 대한민국 영토에 접속하는 해역 안에서 선박으로부터 발생한 기름 유출 사고
정. 해저광물자원 개발법에서 지정한 해역에서 해저광구의 개발과 관련하여 발생한 기름 유출 사고

> **정답 및 해설**
> 한강은 해양이 아니라 적용 제외.

681 선박에서 기름을 배출할 때 지켜야 할 요건이 아닌 것은?

갑. 선박(시추선 및 플랫폼을 제외한다)의 항해 중에 배출할 것
을. 배출액 중의 기름 성분이 0.0015퍼센트(15ppm) 이하일 것
병. 기름오염방지설비의 작동 중에 배출할 것
정. 육지로부터 10해리 이상 떨어진 곳에서 배출할 것

> **정답 및 해설**
> 배출은 육지로부터 12해리 이상 떨어진 곳에서 해야 한다.

682 해양환경관리법상 분뇨마쇄소독장치를 설치한 선박이 분뇨를 배출할 수 있는 해역은?

갑. 항만법 제2초에 의한 항만구역
을. 해양환경관리법 제15조에 의한 환경보전해역
병. 해양환경관리법 제15조에 의한 특별관리해역
정. 영해기선으로부터 3해리 이상의 해역

> **정답**

683 선박에서의 오염방지에 관한 규칙상 선박에서 기름을 배출할 때, 배출수 중 기름 성분은 얼마 이하여야 하는가?

갑. 10ppm
을. 15ppm
병. 20ppm
정. 5ppm

> **정답 및 해설**
> 기름 성분은 15ppm 이하일 때만 배출이 허용된다.

684 해양환경관리법상 선박 안에서 발생하는 폐기물 중 해양환경관리법에서 정하는 기준에 의해 항해 중 배출할 수 있는 물질이 아닌 것은? ★★

갑. 음식찌꺼기
을. 화장실 및 화물구역 오수
병. 해양환경에 유해하지 않은 화물잔류물
정. 어업활동으로 인하여 선박으로 유입된 자연기원물질

정답 및 해설
오수는 배출 금지 대상이다.

685 해양환경관리법상 선박 또는 해양시설에서 고의로 기름을 배출한 경우의 벌칙은? ★★★

갑. 5년 이하의 징역 또는 5천만 원 이하의 벌금에 처한다.
을. 3년 이하의 징역 또는 3천만 원 이하의 벌금에 처한다.
병. 2년 이하의 징역 또는 2천만 원 이하의 벌금에 처한다.
정. 1년 이하의 징역 또는 1천만 원 이하의 벌금에 처한다.

정답

686 해양환경관리법상 10톤 미만 FRP 선박을 해체하려는 자가 해양오염방지 작업계획 신고서를 제출해야 할 대상은? ★★★

갑. 해당 지자체장
을. 해양경찰청장 또는 해양경찰서장
병. 경찰서장
정. 해양수산청장

정답

687 해양시설에서의 오염물질 배출 신고 시, 신고사항으로 잘못된 것은? ★★

갑. 해양오염사고의 발생일시, 장소 및 원인
을. 배출된 오염물질의 종류, 추정량 및 확산상황과 응급조치상황
병. 사고선박 또는 시설의 명칭, 종류 및 규모
정. 해당 해양시설의 관리자 이름, 주소 및 전화번호

정답 및 해설
관리자의 이름, 주소, 전화번호는 신고 필수 항목이 아니다.

688 해양환경관리법상 선박에서 오염물질이 배출된 경우, 신고자가 포함해야 할 사항 중 잘못된 것은? ★★

갑. 해양오염사고의 발생일시 · 장소 및 원인
을. 사고선박의 명칭, 종류 및 규모
병. 주변 통항 선박 선명
정. 해면상태 및 기상상태

> **정답 및 해설**
> 주변 통항 선박의 선명은 신고사항이 아니다.
> 병

689 선박에서의 오염방지에 관한 규칙상 폐유저장용기를 비치해야 하는 선박의 기준 크기로 올바른 것은? ★★

갑. 모든 선박
을. 총톤수 20톤 이상
병. 총톤수 3톤 이상
정. 총톤수 5톤 이상

> **정답 및 해설**
> 총톤수 5톤 이상 선박은 폐유저장용기를 비치해야 한다.
> 정

690 선박에서 폐기물을 수용시설이나 다른 선박에 배출할 때, 폐기물 기록부에 작성해야 할 사항으로 잘못된 것은? ★

갑. 배출일시
을. 항구, 수용시설 또는 선박의 명칭
병. 폐기물 종류별 배출량
정. 선박소유자의 서명

> **정답 및 해설**
> 선박소유자의 서명은 기록부 작성 항목에 포함되지 않는다.
> 정

691 선박에서의 오염방지에 관한 규칙상 총톤수 10톤 이상 30톤 미만의 선박이 비치해야 하는 폐유저장용기의 저장용량은 얼마인가? ★★★

갑. 20리터
을. 60리터
병. 100리터
정. 200리터

> **정답 및 해설**
> 해당 선박은 60리터 이상의 폐유저장용기를 비치해야 한다.
> 을

692 해양환경관리법상 모터보트 안에서 발생하는 유성혼합물 및 폐유의 처리방법으로 잘못된 것은? ★★★

갑. 폐유처리시설에 위탁처리한다.

을. 보트 내에 보관 후 처리한다.

병. 4노트 이상의 속력으로 항해하면서 천천히 배출한다.

정. 항만관리청에서 설치·운영하는 저장·처리시설에 위탁한다.

> **정답 및 해설**
> 항해 중 배출은 금지. (반드시 보관 후 적법하게 위탁 처리) — 병

693 해양환경관리법, 선박에서의 오염방지에 관한 규칙상 기름기록부를 비치하지 않아도 되는 선박은? ★★★

갑. 선저폐수가 생기지 아니하는 선박

을. 총톤수 400톤 이상의 선박

병. 경하배수톤수 200톤 이상의 경찰용 선박

정. 선박검사증서 상 최대승선인원이 15명 이상인 선박

> **정답 및 해설**
> 선저폐수가 생기지 않는 선박은 기름기록부 비치 대상에서 제외된다. — 갑

694 해양환경관리법상 선박오염물질기록부(기름기록부, 폐기물기록부)의 보존기간은 언제까지인가? ★★★

갑. 최초기재를 한 날부터 1년
을. 최종기재를 한 날부터 2년
병. 최종기재를 한 날부터 3년
정. 최종기재를 한 날부터 5년

> **정답 및 해설**
> 기록부는 최종기재일로부터 3년간 보존해야 한다. — 병

695 해양환경관리법상 선박에서 해양오염방지관리인이 될 수 있는 자는? ★★★

갑. 선장
을. 기관장
병. 통신장
정. 통신사

> **정답 및 해설**
> 기관장만이 해양오염방지관리인으로 지정될 수 있다. — 을

696 해양환경관리법상 해역관리청이 취할 수 있는 해양환경개선조치로 잘못된 것은? ★★

갑. 오염물질 유입·확산방지시설의 설치

을. 폐기물을 제외한 오염물질의 수거

병. 폐기물을 포함한 오염물질의 처리

정. 연안습지정화, 연약지반 보강 등 해양환경복원사업의 실시

> **정답 및 해설**
> 폐기물을 포함한 오염물질의 '처리'는 해양환경개선조치에 포함되지 않는다.
> 병

697 해양환경관리법상 선박의 소유자가 해당 선박에서 발생하는 물질을 폐기물처리업자로 하여금 수거·처리하게 할 수 있는 경우에 해당하지 않는 것은? ★★

갑. 조선소에서 건조 완료 후 어선법에 따라 등록하기 전에 시운전하는 선박

을. 총톤수 30톤 미만의 소형선박

병. 조선소에서 건조 중인 선박

정. 해체 중인 선박

> **정답 및 해설**
> 총톤수 20톤 미만의 소형선박은 가능 (30톤 X)
> 을

698 해양환경관리법상 대기오염물질이 아닌 것은? ★★

갑. 오존층파괴물질   을. 휘발성 유기화합물

병. 온실가스 중 이산화탄소   **정. 기후·생태계 변화유발물질**

> **정답 및 해설**
> 기후·생태계 변화유발물질은 법상 대기오염물질로 정의되지 않는다.
> 정

699 해양환경관리법상 해양환경 보전·관리·개선 및 해양오염방제사업, 해양환경·해양오염 관련 기술 개발 및 교육훈련을 위한 사업 등을 위하여 설립된 기관은? ★★

갑. 한국환경공단   **을. 해양환경공단**

병. 해양수산연수원   정. 한국해운조합

> **정답**
>

제7절 • 전파법

700 전파법상 벌칙 및 과태료에 대한 내용이다. 가장 큰 순서대로 나열된 것은? ★★★

> **보기**
> A. 조난통신의 조치를 방해한 자
> B. 적합성평가를 받은 기자재를 복제·개조 또는 변조한 자
> C. 선박이나 항공기의 조난이 없음에도 불구하고 무선설비로 조난통신을 한 자
> D. 업무종사의 정지를 당한 후 그 기간에 무선설비를 운용하거나 그 공사를 한 자

갑. A > B > C > D
을. A > C > B > D
병. C > B > A > D
정. C > A > B > D

정답 및 해설

조난통신 방해(A)가 가장 중하고, 그다음은 허위 조난통신(C), 이어서 복제·개조(B), 정지 기간 운용(D) 순이다.

을

제 3 편

동/력/수/상/레/저/기/구/조/종/면/허

실전 모의고사

제1장 실전 모의고사 1회
제2장 실전 모의고사 2회
제3장 실전 모의고사 3회
제4장 실전 모의고사 정답 및 해설

제1장 실전 모의고사 1회

01 태풍 발생 원인으로 틀린 것은?
  갑. 따뜻한 바다 위 수증기 상승
  을. 수증기 응결로 상승기류 형성
  병. 코리올리 힘으로 회전 발생
  정. 찬 공기와 만나 생기는 압력 차로 발생

02 이안류 특징으로 틀린 것은?
  갑. 바다에서 육지로 쉽게 헤엄쳐 나올 수 있다.
  을. 육지에서 바다로 쉽게 헤엄쳐 나올 수 있다.
  병. 수영 숙련자는 45도 방향으로 탈출
  정. 미숙자는 흐름을 벗어나 옆으로 탈출

03 조석 설명 중 틀린 것은?
  갑. 기조력으로 해면이 주기적으로 상승·하강
  을. 해면 상승은 창조류, 하강은 낙조류
  병. 가장 낮은 해수면은 간조, 가장 높은 시점은 만조
  정. 만조와 간조는 24시 50분마다 반복

04 좁은 수로에서 발생하는 조류 상태는?
  갑. 급조   을. 와류
  병. 반류   정. 격조

05 수온 설명 중 옳은 것은?

  ① 동해안 수온이 가장 높다.
  ② 서해는 수온 변화가 크다.
  ③ 남해는 수온 변화가 적다.
  ④ 수온 2℃는 조난 시 적합하다.

  갑. ①, ③   을. ①, ④
  병. ②, ③   정. ③, ④

06 해양 기상 특보에 해당하는 것은?
  갑. 강풍, 지진해일, 태풍
  을. 강풍, 폭풍해일, 태풍
  병. 강풍, 폭풍해일, 지진해일, 태풍
  정. 풍랑, 폭풍해일, 지진해일, 태풍

07 화학화상 응급처치 중 틀린 것은?
  갑. 화학물질 접촉으로 발생
  을. 연무 형태로 기도나 눈에 화상
  병. 중화제로 제거
  정. 눈 노출 시 아래 향하게 세척

08 성인 심폐소생술 적절한 가슴압박 속도는?
  갑. 분당 60~80회
  을. 분당 70~90회
  병. 분당 100~120회
  정. 분당 120~140회

09 심폐소생술 중단 시 최대 허용 시간은?
  갑. 10초   을. 15초
  병. 20초   정. 30초

10 기도 폐쇄 치료 중 잘못된 것은?
  갑. 의식 없으면 눕혀 심폐소생술
  을. 기침 가능하면 기침 유도
  병. 1세 미만 영아는 복부 밀어내기
  정. 임산부는 가슴 밀어내기

11 복원력 감소 원인으로 틀린 것은?
  갑. 건현 높이를 낮춘다.
  을. 연료 탱크에 유동수 발생
  병. 갑판 화물이 물 흡수
  정. 중량물을 갑판 아래 창고로 이동

12 보침성과 관련된 선박 운동은?
  갑. 롤링(rolling)
  을. 서지(surge)
  병. 요잉(yawing)
  정. 피칭(pitching)

13 〈보기〉의 (   ) 안에 들어갈 말은?

> **보기**
> 선체가 수면 아래에 잠겨 있는 깊이를 나타내는 (   )는 선체의 선수부와 중앙부 및 선미부의 양쪽 현측에 표시되어 있다.

  갑. 길이   을. 건현
  병. 트림   정. 흘수

14 얕은 모래톱에 좌초 시 첫 조치는?
  갑. 선체 파손 확인
  을. 조수간만 확인
  병. 위치 확인
  정. 엔진 정지

15 프로펠러가 수면 위로 노출되어 공회전하는 현상은?
  갑. 피칭
  을. 레이싱
  병. 스웨잉
  정. 롤링

16 프로펠러 1회전 시 나아가는 거리 용어는?
  갑. ahead   을. kick
  병. pitch   정. teach

17 유속 5노트의 해류를 뒤에서 받으며, GPS로 측정한 선속이 15노트라면, 대수속력(S)과 대지속력(V)는 얼마인가?
  갑. S=10노트, V=15노트
  을. S=10노트, V=10노트
  병. S=20노트, V=5노트
  정. S=15노트, V=15노트

18 수상오토바이 설명 중 틀린 것은?
  갑. 핸들과 체중 이동으로 조종
  을. 안정성 높아 전복 위험 적다.
  병. 후진 장치가 없는 경우도 있다.
  정. 낮은 수심 운항 가능

19 복원력과 가장 관련 있는 운동은?

갑. 롤링
을. 서지
병. 요잉
정. 피칭

20 해도 상의 〈그림〉의 의미는 무엇인가?

갑. 대기 정박구역
을. 대형 흘수선용 정박구역
병. 일반 적박구역
정. 유조선 정박구역

21 아래 설명에 해당하는 가솔린기관의 이상 현상으로 가장 알맞은 것은?

[원인] 오일 부족, 필터 오손, 오일에 물·가솔린 유입, 오일 온도 상승
[조치] 오일 보충, 필터 교체, 냉각 계통 점검 등

갑. 윤활유 압력 상승
을. 윤활유 압력 저하
병. 냉각수 압력 상승
정. 냉각수 압력 저하

22 레저기구의 운항 전 연료 확보 설명 중 틀린 것은?

갑. 예비 연료도 확보해야 한다.
을. 연료 소모량은 속력에 비례한다.
병. 소모량을 알면 필요한 연료량 계산 가능
정. 기존 기록으로 속력 당 연료 소모량 파악 가능

23 과급 효과 설명 중 맞는 것은 몇 개인가?

① 평균 유효압력 증가로 출력 향상
② 연료소비율 감소
③ 단위 출력당 무게·면적 감소
④ 압축 초 압력 증가
⑤ 저질 연료 사용에 불리

갑. 2개   을. 3개
병. 4개   정. 5개

24 가솔린기관 과열 원인이 아닌 것은?

갑. 냉각수 취입구 막힘
을. 임펠러 마모
병. 윤활유 부족
정. 점화시기 빠름

25 점화장치 부품 설명에 해당하는 것은?

갑. 점화 플러그
을. 점화 코일
병. 배전기
정. 차단기

26 다음 보기 중 수상레저안전법상 '1년 이하의 징역 또는 1천만 원 이하의 벌금' 대상에 해당하는 항목 수는?

> **보기**
> ㉠ 면허증을 빌리거나 빌려주거나 이를 알선한 사람
> ㉡ 무면허로 동력수상레저기구를 조종한 사람
> ㉢ 음주 상태로 조종한 사람
> ㉣ 음주 측정을 거부한 사람
> ㉤ 약물복용 등으로 정상 조종이 어려운 상태에서 조종한 사람
> ㉥ 등록 없이 수상레저사업을 한 사람
> ㉦ 등록취소 또는 영업정지 중 수상레저사업을 한 사람

갑. 3개 　　　 을. 4개
병. 5개 　　　 정. 7개

27 다음 보기 중 수상레저안전법상 '6개월 이하의 징역 또는 500만 원 이하의 벌금' 대상에 해당하는 항목 수는?

> **보기**
> ㉠ 정비·원상복구 명령을 위반한 수상레저사업자
> ㉡ 안전조치 미이행 또는 금지 행위 위반한 수상레저사업자 및 종사자
> ㉢ 영업 구역·시간 제한 또는 일시 정지 명령을 위반한 수상레저사업자
> ㉣ 금지구역에서 수상레저활동을 한 사람

갑. 1개 　　　 을. 2개
병. 3개 　　　 정. 4개

28 수상레저기구 보험 미가입 과태료 기준은?

갑. 30만 원
을. 10일 이내 1만 원, 이후 일일 1만 원 추가, 최대 30만 원
병. 10일 이내 5만 원, 이후 일일 1만 원 추가, 최대 50만 원
정. 50만 원

29 수상레저안전법상 수상레저사업장에서 갖추어야 하는 구명조끼에 대한 설명이다. ( ) 안에 들어갈 내용으로 옳은 것은?

> 수상레저기구 탑승정원의 ( )퍼센트 이상에 해당하는 수의 구명조끼를 갖추어야 하고, 탑승정원의 ( )퍼센트는 소아용으로 한다.

갑. 100, 10 　　　 을. 100, 20
병. 110, 10 　　　 정. 110, 20

30 수상레저안전법상 정원 초과 운항 시 과태료는?

갑. 50만 원 　　　 을. 60만 원
병. 70만 원 　　　 정. 100만 원

31 수상레저안전법상 내수면 영업 구역 등록 관할기관은?

갑. 해양경찰서장
을. 해양경찰청장
병. 광역시장·도지사
정. 시장·군수·구청장

32 수상레저안전법상 원거리 활동 신고 누락 시 과태료는?

갑. 10만 원   을. 20만 원
병. 30만 원   정. 40만 원

33 수상레저안전법상 구명조끼 미착용 시 과태료는?

갑. 5만 원   을. 10만 원
병. 20만 원   정. 30만 원

34 수상레저안전법상 50만 원 이하 과태료 대상이 아닌 사람은?

갑. 원거리 신고 안 한 사람
을. 운항 규칙 위반자
병. 구명조끼 미착용자
정. 면허증을 빌려주거나 알선한 사람

35 수상레저안전법상 조종 면허 결격사유 설명 중 틀린 것은?

갑. 정신질환자라도 전문의 인정 시 응시 가능
을. 부정 행위자는 2년간 응시 금지
병. 조종 중 도주자는 4년 경과 후 응시 가능
정. 면허 취소 후 2년 지나야 응시 가능

36 수상레저안전법상 납부 수수료에 대한 설명으로 가장 올바른 것은?

갑. 면허증 재발급 수수료는 5,000원
을. 안전교육 수수료는 14,400원
병. 필기시험 4,800원, 실기시험 64,800원
정. 면허 발급 수수료는 4,000원

37 수상레저안전법에 관한 설명 중 틀린 것은?

갑. 등록 갱신 신청은 유효기간 5일 전까지
을. 과태료 등 절차는 질서위반행위규제법 따름
병. 내수면은 인공·자연 담수나 기수 포함
정. 필기시험 법규 과목은 4개 법률 포함

38 수상안전교육에 대한 설명 중 틀린 것은?

갑. 응시원서 접수 후 안전교육 수강
을. 갱신 시 교육 기간 내 수강
병. 교육 내용에 법령·기구 사용 포함
정. 교육 유효기간은 1년

39 동력수상레저기구 조종면허 필요 동력 기준 출력은?

갑. 3마력 이상
을. 5마력 이상
병. 10마력 이상
정. 50마력 이상

40 1회 위반만으로 조종면허 취소 사유가 아닌 것은?

갑. 부정한 방법으로 면허 취득
을. 효력 정지 중 조종
병. 조종 중 고의·과실로 사람 사상
정. 결격자임에도 면허 취득

41 야간 수상레저활동 시간 조정 권한이 없는 사람은?

갑. 해양경찰서장
을. 시장·군수
병. 한강 관리기관의 장
정. 경찰서장

42 야간 수상레저활동 관련 설명 중 틀린 것은?

갑. 해진 후 30분~해뜨기 전 30분 활동 금지
을. 해양경찰청장은 구역별로 시간 조정 가능
병. 항해등 등 장비 갖추면 야간 활동 가능
정. 신고는 소방관서에도 가능

43 수상레저안전법상 조종 면허 설명 중 틀린 것은?

갑. 해양경찰청장이 면허시험 실시
을. 시험은 필기와 실기로 구성
병. 응시원서 접수 후 안전교육 수강
정. 면허 효력은 시험 합격 일부터 발생

44 수상레저안전법상 제2급 조종면허 응시 가능 나이는?

갑. 13세 이상   을. 14세 이상
병. 15세 이상   정. 16세 이상

45 부정행위 시 면허시험 응시 금지 기간은?

갑. 6개월   을. 1년
병. 2년   정. 3년

46 무면허 조종 동승 시 면허 소지자의 잘못된 요건은?

갑. 제1급 면허 소지
을. 술에 취하지 않을 것
병. 약물복용 상태 아닐 것
정. 면허 취득 2년 경과자일 것

47 면허 취소 후 반납 기한은?

갑. 3일 이내   을. 5일 이내
병. 7일 이내   정. 14일 이내

48 면허 신규 발급 전 수상안전교육 시간은?

갑. 1시간   을. 3시간
병. 5시간   정. 7시간

49 기상 특보 발효 시 활동 신고서 관련 설명으로 맞는 것은?

갑. 주의보, 운항신고서
을. 경보, 기상특보활동신고서
병. 경보, 운항신고서
정. 주의보, 기상특보활동신고서

50 원거리 수상레저활동 신고 관련 틀린 설명은?

갑. 선박입출항법에 따른 신고자는 제외
을. 미등록 기구는 10해리 이상 운항 금지
병. 미등록 기구는 안전관리 선박 동행 필요
정. 신고는 해양경찰관서 또는 소방관서

제2장 실전 모의고사 2회

01 저체온증 응급처치로 옳지 않은 것은?

갑. 말단 부위부터 따뜻하게 한다.
을. 노약자와 영아는 저체온증 위험군이다.
병. 젖은 옷을 벗기고 담요를 덮어 보온한다.
정. 자극을 최소화해야 한다.

02 화학화상 응급처치 중 틀린 것은?

갑. 화학물질이 피부에 닿아 발생한다.
을. 연무 형태로 기도와 눈에 화상을 입을 수 있다.
병. 중화제를 사용한다.
정. 흐르는 물로 눈을 세척한다.

03 〈보기〉는 구명 장비이다. (가), (나)에 해당하는 장비로 올바른 것은?

보기

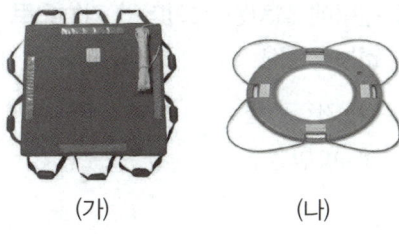

(가)　　　　　(나)

갑. (가) 구명부기, (나) 구명조끼
을. (가) 구명부기, (나) 구명부환
병. (가) 구명뗏목, (나) 구명조끼
정. (가) 구명뗏목, (나) 구명부기

04 익수자에게 AED 사용 시 올바른 순서는?

갑. 전원 → 패드 → 분석 → 쇼크 → 압박
을. 전원 → 물기 제거 후 패드 부착 → 분석 → 쇼크 → 압박
병. 패드 부착 → 전원 → 분석 → 쇼크 → 압박
정. 전원 → 물기 제거 후 패드 부착 → 분석 → 쇼크 → 대기

05 해풍과 육풍이 발생하는 순서로 맞는 것은?

갑. 아침 해상 무풍 → 오후 해풍 → 밤 육풍
을. 아침 육지 무풍 → 오전 육풍 → 밤 해풍
병. 해상 무풍 → 오전 육풍 → 오후 해풍
정. 육지 무풍 → 오후 해풍 → 밤 육풍

06 태풍의 가항·위험반원 설명으로 옳은 것은?

갑. 위험반원 후반부에는 삼각파나 큰 파도가 동반된다.
을. 위험반원은 크기가 작고 파괴력이 심하다.
병. 태풍의 좌측이 위험반원, 우측이 가항반원이다.
정. 위험반원 후반부에서 태풍 진로에 휩쓸릴 수 있다.

07 풍향과 풍속에 대한 설명 중 틀린 것은?
   갑. 풍향은 바람이 나가는 방향을 뜻한다.
   을. 반시계방향 회전은 저기압성 회전이다.
   병. 풍속은 10분 평균값으로 측정한다.
   정. 시풍은 실제 바람과 선박 운동에 따른 합성 바람이다.

08 다음 중 용어 정의로 틀린 것은?
   갑. 조차는 만조와 간조의 수위 차이를 말한다.
   을. 사리는 조차가 가장 클 때이다.
   병. 정조는 조류가 멈추는 시점이다.
   정. 조류는 기조력에 따른 해수의 수직운동이다.

09 조석표 설명 중 틀린 것은?
   갑. 월령은 달의 위상을 나타낸다.
   을. 월령 기호는 ◐, ○, ◑, ●로 표시된다.
   병. 조위 단위는 표준항은 cm, 녹동은 m
   정. 조석표는 12시간 방식 AM/PM으로 표시된다.

10 조류가 가장 빠를 때는?
   갑. 만조와 간조 시간
   을. 고조와 저조 시간
   병. 사리 때
   정. 역류 시

11 모터보트로 얕은 수로를 항해하기에 가장 적당한 선체 트림 상태는 무엇인가?
   갑. 선수 트림
   을. 선미 트림
   병. 선수미 등흘수
   정. 약간의 선수 트림

12 선체의 가장 넓은 부분에 있어서 양현 외판의 외면에서 외면까지의 수평거리는?
   갑. 전폭   을. 전장
   병. 건현   정. 수선장

13 여객이나 화물을 운송하기 위하여 쓰이는 용적을 나타내는 톤수는 무엇인가?
   갑. 총톤수   을. 순톤수
   병. 배수톤수   정. 재화중량톤수

14 선체의 형상이 유선형일수록 가장 적어지는 저항은 무엇인가?
   갑. 와류저항   을. 조와저항
   병. 공기저항   정. 마찰저항

15 선박에 설치된 레이더의 기능으로 볼 수 없는 것은?
   갑. 거리측정   을. 풍속측정
   병. 방위측정   정. 물표탐지

16 선박 'A호'는 20노트(knot)의 속력으로 3시간 30분 동안 항해하였다면, 선박'A호'의 항주 거리는 얼마인가?
   갑. 50해리   을. 60해리
   병. 65해리   정. 70해리

17 선박과 선박, 선박과 육상 기지국 간에 선박 정보 및 항해 정보를 송수신할 수 있는 장비는 무엇인가?

갑. 전자해도표시장치(ECDIS)

을. 선박자동식별장치(AIS)

병. 위성항법장치(GPS)

정. VHF 무선전화

18 위성으로부터 송신된 전파 신호가 반사되어 수신될 때 생기는 GPS 오차는 무엇인가?

갑. 고의 오차(S/A 오차)

을. 다중 경로 오차

병. 수신기 오차

정. 전파 속도의 변동에 의한 오차

19 자기컴퍼스에서 자차가 생기는 원인으로 잘못된 것은?

갑. 선수 방위가 변할 때

을. 선수를 여러 방향으로 잠깐 두었을 때

병. 선체가 심한 충격을 받았을 때

정. 지방 자기의 영향을 받을 때

20 동력수상레저기구를 조종할 때 확인해야 할 계기로 잘못된 것은?

갑. 엔진 회전속도(RPM) 게이지

을. 온도(TEMP) 게이지

병. 압력(PSI) 게이지

정. 축(SHAFT) 게이지

21 수상 오토바이 출력 저하 원인으로 틀린 것은?

갑. 웨어링 마모

을. 임펠러 손상

병. 냉각수 밸브 고장

정. 피스톤링 마모

22 윤활유 소비량이 증가되는 원인으로 잘못된 것은?

갑. 연료분사밸브의 분사상태 불량

을. 펌핑작용에 의한 연소실 내에서의 연소

병. 열에 의한 증발

정. 크랭크케이스 혹은 크랭크축 오일 리테이너의 누설

23 〈보기〉에 나열된 가솔린기관의 마그네틱 스위치 점검 수행 순서가 가장 올바른 것은?

> **보기**
> ① 축전지의 (−)단자를 M단자에, (+)단자를 S단자에 접속하여 풀인 코일을 점검한다.
> ② 홀딩 코일을 점검한다.
> ③ 축전지의 (+)단자와 (−)단자를 시동전동기의 몸체에 접지시켜 플런저의 되돌림을 점검한다.
> ④ 전동기에 조립한 상태에서 틈새 게이지를 이용하여 피니언 갭을 점검한다.

갑. ④ → ① → ② → ③

을. ② → ③ → ④ → ①

병. ③ → ④ → ① → ②

정. ① → ② → ③ → ④

24 복원력이 증가함에 따라 나타나는 영향에 대한 설명으로 잘못된 것은?

갑. 화물이 이동할 위험이 있다.
을. 승무원의 작업능률을 저하할 수 있다.
병. 선체나 기관 등이 손상될 우려가 있다.
정. 횡요 주기가 길어진다.

25 가솔린 기관에서 윤활유 압력 저하가 되는 원인으로 잘못된 것은?

갑. 오일팬 내의 오일량 부족
을. 오일여과기 오손
병. 오일에 물이나 가솔린의 유입
정. 오일 온도 하강

26 수상레저안전법상 제1급 조종면허를 받을 수 있는 나이의 기준으로 올바른 것은?

갑. 14세 이상   을. 16세 이상
병. 18세 이상   정. 19세 이상

27 수상레저안전법상 동력수상레저기구 조종면허의 효력 발생 시기는 언제인가?

갑. 수상 안전교육을 이수한 때
을. 필기시험 합격 일로부터 14일 이후
병. 면허시험에 최종 합격한 날
정. 동력수상레저기구 조종면허증을 본인 또는 대리인에게 발급한 때부터

28 수상레저안전법상 조종면허의 효력 정지 기간 중에 조종한 경우, 이에 대한 처분 기준으로 옳은 것은?

갑. 면허취소   을. 과태료
병. 경고   정. 징역

29 수상레저안전법상 동력수상레저기구 조종면허 시험 중 부정 행위자에 대한 제재 조치로 잘못된 것은?

갑. 당해 시험을 중지시킬 수 있다.
을. 당해 시험을 무효로 할 수 있다.
병. 공무집행방해가 인정될 경우 형사처벌을 받을 수 있다.
정. 1년간 동력수상레저기구 조종면허 시험에 응시할 수 없다.

30 수상레저안전법상 동력수상레저기구 조종면허 응시표의 유효기간으로 올바른 것은?

갑. 접수일로부터 6개월
을. 접수일로부터 1년
병. 필기시험 합격 일부터 6개월
정. 필기시험 합격 일부터 3년

31 수상레저안전법상 동력수상레저기구 일반조종면허 실기시험 채점 기준으로 잘못된 것은?

갑. 출발 전 점검 및 확인 시 확인 사항을 행동 및 말로 표시한다.
을. 출발 시 속도 전환 레버를 중립에 두고 시동을 건다.
병. 운항 시 시험관의 증속 활주 지시에 15노트 이하 또는 25노트 이상 운항하지 않는다.
정. 사행 시 부표로부터 2미터 이내로 접근하여 통과한다.

32 수상레저안전법상 동력수상레저기구 일반조종면허 실기시험의 채점기준에 사용되는 용어의 뜻으로 잘못된 것은?

갑. '이안'이란 계류줄을 걷고 계류장에서 이탈하여 출발한 경우를 말한다.
을. '출발'이란 정지된 상태에서 속도 전환 레버를 조작하여 전진 또는 후진 하는 것을 말한다.
병. '침로'란 모터보트가 진행하는 방향의 나침방위를 말한다.
정. '접안'이란 시험선을 계류할 수 있도록 접안 위치에 정지시키는 동작을 말한다.

33 수상레저안전법상 동력수상레저기구 일반조종면허 실기시험의 출발 전 점검 사항으로 맞는 것은?

갑. 구명부환, 소화기, 예비용 노, 연료, 배터리, 자동정지줄
을. 구명부환, 소화기, 예비용 노, 엔진, 연료, 배터리, 핸들, 자동정지줄
병. 구명부환, 소화기, 예비용 노, 엔진, 연료, 배터리, 핸들, 계기판, 자동정지줄
정. 구명부환, 소화기, 예비용 노, 엔진, 연료, 배터리, 핸들, 속도전환레버, 계기판, 자동정지줄

34 수상레저안전법상 술에 취한 상태에서의 조종금지에 대한 설명으로 가장 잘못된 것은?

갑. 누구든지 술에 취한 상태에서 동력수상레저기구를 조종하여서는 아니 되는데, 술에 취한 상태의 기준은 혈중알코올농도 0.05퍼센트 이상이다.
을. 동력수상레저기구를 조종한 사람이 술에 취한 상태라고 인정할 만한 타당한 이유가 있는 경우 술에 취했는지 측정할 수 있는 사람은 경찰공무원이다.
병. 동력수상레저기구를 조종한 사람이 술에 취한 상태라고 인정할만한 상당한 이유가 있는 경우 술에 취했는지 측정할 수 있는 사람은 시·군·구 소속 공무원 중 수상레저안전업무에 종사하는 사람이다.
정. 근무복을 착용한 경찰공무원을 제외하고는 술에 취했는지 측정하는 관계 공무원은 그 권한을 표시하는 증표를 지니고 이를 해당 동력수상레저기구를 조종한 사람에게 제시해야 한다.

35 수상레저안전법상 등록대상 수상레저기구를 보험에 가입하지 않았을 경우 수상레저안전법상 과태료의 부과 기준은 얼마인가?

갑. 30만 원
을. 10일 이내 1만 원, 10일 초과시 1일당 1만 원 추가, 최대 30만 원까지
병. 10일 이내 5만 원, 10일 초과 시 1일당 1만 원 추가, 최대 50만 원까지
정. 50만 원

36 수상레저안전법상 수상레저활동 금지구역에서 수상레저기구를 운항한 경우 부과되는 과태료 금액으로 옳은 것은?

갑. 30만 원   을. 40만 원
병. 60만 원   정. 100만 원

37 수상레저안전법상 정원을 초과하여 사람을 태우고 수상레저기구를 조종한 경우 과태료 부과 기준은 얼마인가?

갑. 50만 원   을. 60만 원
병. 70만 원   정. 100만 원

38 수상레저안전법상 구명조끼 등 안전장비를 착용하지 않은 수상레저활동자에 대한 과태료 부과 기준은 얼마인가?

갑. 5만 원   을. 10만 원
병. 20만 원   정. 30만 원

39 수상레저안전법상 원거리 수상레저활동 신고를 하지 않은 경우, 과태료 기준은?

갑. 10만 원   을. 20만 원
병. 30만 원   정. 40만 원

40 수상레저안전법상, 해진 후 30분부터 해뜨기 전 30분까지는 수상레저활동을 할 수 없다. 다만, 야간 운항 장비를 갖춘 수상레저기구를 이용하는 경우 예외로 한다. 야간 운항 장비에 포함되지 않는 것은?

갑. 항해등   을. 통신기기
병. 자기점화등   정. 비상식량

41 수상레저사업 인명구조용 장비에 대한 설명 중 잘못된 것은?

갑. 구명조끼는 탑승정원의 110% 이상, 이 중 10%는 소아용으로 한다.
을. 비상구조선에는 주황색 깃발을 단다.
병. 영업 구역이 3해리 이상이면 통신장비를 반드시 갖춘다.
정. 탑승정원 13명 이상이면 선실·조타실·기관실에 각 1개 이상 소화기를 둔다.

42 수상레저안전법상 땅콩보트, 바나나보트, 플라잉피시 등과 같은 튜브형 기구로서 동력수상레저기구에 의해 견인되는 형태의 기구는 무엇인가?

갑. 에어바운스(Air bounce)
을. 튜브체이싱(Tube chasing)
병. 워터슬레드(Water sled)
정. 워터바운스(Water bounce)

43 등록 대상 수상레저기구가 아닌 것은?

갑. 총톤수 15톤 선외기 모터보트
을. 총톤수 15톤 세일링요트
병. 추진기관 20마력 수상 오토바이
정. 추진기관 20마력 고무보트

44 등록된 수상레저기구의 존재 여부 불분명 시 말소등록 신청 기한은?

갑. 1개월   을. 3개월
병. 6개월   정. 12개월

45 등록번호판의 색상 조합으로 옳은 것은?
갑. 바탕–옅은 회색, 문자–검은색
을. 바탕–흰색, 문자–검은색
병. 바탕–검은색, 문자–흰색
정. 바탕–초록색, 문자–흰색

46 동력수상레저기구 등록 신청 기관으로 옳은 것은?
갑. 소유자 주소지 관할 시장·군수·구청장
을. 주로 매어두는 장소 관할 기초자치단체장
병. 주소지 관할 해양경찰서장
정. 계류장소 관할 해양경찰서장

47 6개월 이하 징역 또는 500만 원 이하 벌금 대상이 아닌 것은?
갑. 등록 없이 운항한 자
을. 시험운항 허가 없이 운항한 자
병. 안전 검사 없이 운항한 자
정. 취득 후 1개월 내 등록 신청하지 않은 자

48 수상레저기구 출항 전 반드시 확인할 사항은?
갑. 연료 가격
을. 탑승객 명단
병. 기상 특보 발효 여부
정. 운항 거리

49 실기시험용 수상레저기구에 반드시 비치해야 하는 구조 장비는?
갑. 소화기   을. GPS
병. 구명부환   정. 응급키트

50 조종 면허 결격사유에 해당하지 않는 사람은?
갑. 마약중독자
을. 면허 취소 1년 미만자
병. 만 17세 고등학생
정. 정신질환자

실전 모의고사 3회

01 열로 인한 질환에 대한 설명으로 옳지 않은 것은?
　갑. 열경련은 가장 경미한 열 손상이다.
　을. 열사병은 땀을 많이 흘려 피부가 축축하다.
　병. 일사병 환자는 이온 음료를 공급한다.
　정. 일사병은 흔히 발생하며 어지럼증을 유발한다.

02 기도 폐쇄 응급처치로 잘못된 것은?
　갑. 의식 잃으면 CPR을 시행한다.
　을. 부분 기도 폐쇄는 기침을 유도한다.
　병. 영아는 복부 밀어내기를 한다.
　정. 임산부는 가슴 밀어내기를 시행한다.

03 모터보트 연료 계통 화재 발생 시 가장 먼저 할 일은?
　갑. 엔진 정지 후 연료 차단, 소화
　을. 구명 장비 착용 후 이탈
　병. 넓은 바다로 이동
　정. 소화 후 엔진 정지

04 태풍 발생 원인으로 옳지 않은 것은?
　갑. 따뜻한 해수면 상승
　을. 수증기 응결로 상승기류
　병. 코리올리 힘
　정. 고온다습 공기와 찬 공기의 압력 차

05 해양 기상 특보로 맞는 것은?
　갑. 강풍, 지진해일, 태풍
　을. 강풍, 폭풍해일, 태풍
　병. 강풍, 폭풍해일, 지진해일, 태풍
　정. 풍랑, 폭풍해일, 지진해일, 태풍

06 조차가 가장 작을 때는?
　갑. 사리　　　을. 조금
　병. 상현　　　정. 간조

07 이류무에 대한 설명으로 옳지 않은 것은?
　갑. 해상 안개의 80% 차지, 범위 넓고 지속시간 짧음
　을. 육상 안개는 복사무
　병. 전선무는 따뜻한 비로 발생
　정. 활승무는 산 경사 따라 상승 발생

08 저체온증 환자 응급처치로 옳은 것은?
　갑. 전신 마사지
　을. 핫팩을 젖은 옷 속에
　병. 젖은 옷 제거 후 담요
　정. 젖은 옷 위에 담요

09 수온에 대한 설명으로 옳은 것은 모두 고르시오.

> ① 동해안은 연안 중 수온이 가장 높다.
> ② 서해는 계절에 따른 수온 변화가 가장 크다.
> ③ 남해는 쿠로시오 난류의 영향으로 수온 변화가 적다.
> ④ 동력수상레저 시 조난 상황에서도 2℃ 미만 수온은 적합하다.

갑. ①, ③   을. ①, ④
병. ②, ③   정. ③, ④

10 풍랑주의보 시 적절한 행동은?

갑. 활동 강행   을. 속도 감속
병. 대피   정. 해상 대기

11 〈그림〉의 항로 표지에 대한 설명으로 잘못된 것은?

그림

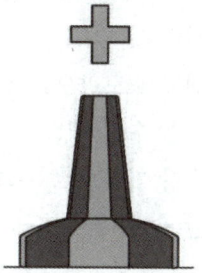

갑. 수로도지에 등재되지 않은 새롭게 발견된 위험물들을 표시하기 위함
을. 침몰·좌초 선박 등에 설치
병. 황색과 청색을 교차 점등
정. 준설, 발굴, 매립 등 해상공사 구역 표시

12 입항을 위해 이동 중 항포구까지 남은 거리가 5해리이고, 레저기구의 속력이 10노트일때 입항까지 소요되는 시간은?

갑. 10분   을. 20분
병. 30분   정. 40분

13 좁은 수로나 항만 입구에서 등화 중심선으로 선박을 인도하는 등화는?

갑. 부등   을. 도등
병. 임시등 정. 가등

14 선박이 전타 시 초기에 ㉠ 경사, 이후 ㉡ 경사한다. 옳은 것은?

갑. ㉠ 내방, ㉡ 내방
을. ㉠ 내방, ㉡ 외방
병. ㉠ 외방, ㉡ 내방
정. ㉠ 외방, ㉡ 외방

15 모터보트가 전복될 위험이 가장 큰 경우는?

갑. 기관 공전 발생 시
을. 횡요주기와 파랑 주기가 일치할 때
병. 조류가 빠른 수역을 항해할 때
정. 선수 동요 발생 시

16 황천 항해 중 잘못된 선박 조종법은?

갑. 라이 투 (Lie to)
을. 히브 투 (Heave to)
병. 스커딩 (Scudding)
정. 브로칭 (Broaching)

17 킥(Kick) 현상에 대한 설명으로 틀린 것은?

갑. 선미 킥은 배 길이의 1/4~1/7 정도이다.
을. 인명구조 시 유용하다.
병. 전타 초기에 현저히 나타난다.
정. 선체가 원침로보다 안쪽으로 밀린다.

18 모터보트 활주 상태에 대한 설명으로 가장 옳은 것은?

갑. 정지 상태에서 전·후진 조작하는 것
을. 속력 증가로 선수가 들리는 상태
병. 속력과 양력 증가로 선수·선미가 평행
정. 선회 초기에 선미가 반대 방향으로 밀림

19 시계 제한 상황에서 정박 중 충돌 경고용 타종 방법은?

갑. 3회 타종
을. 5회 타종
병. 1분 이내 5초간 빠른 연속 타종
정. 연속 타종 후 3회 타종

20 속력을 낮추거나 정지해야 할 상황으로 틀린 것은?

갑. 농무로 시정 제한 시
을. 추월을 시도하는 보트가 있을 때
병. 좁은 수로에서 침로를 변경하기 어려울 때
정. 침로 앞 장애물이 있을 때

21 가솔린기관에 비해 디젤기관의 특성으로 옳은 것은?

갑. 시동이 용이하다.
을. 운전이 정숙하다.
병. 압축비가 높다.
정. 마력당 연료소비율이 높다.

22 가솔린기관에서 연소 화염이 매우 빠르게 전파되는 현상은?

갑. 데토네이션   을. 와일드 핑
병. 럼블   정. 케비테이션

23 윤활유의 기본 역할이 아닌 것은?

갑. 감마작용   을. 냉각작용
병. 산화작용   정. 청정작용

24 연료유 확보에 대한 설명 중 잘못된 것은?

갑. 예비 연료를 확보해야 한다.
을. 1마일당 연료 소모량은 속력에 비례한다.
병. 연료 소모량으로 필요한 연료량을 계산할 수 있다.
정. 운항 기록으로 속력별 연료 소모량을 알 수 있다.

25 연료 계통 점검 시 유의 사항으로 잘못된 것은?

갑. 프라이머 밸브를 제거한다.
을. 연료필터의 불순물 확인
병. 계통 내 누설 여부 확인
정. 연료탱크 밸브 및 공기변 점검

26 면허증 발급 또는 재발급 사유로 부적절한 것은?
갑. 시험 합격
을. 갱신 기한 도래
병. 친구에게 빌려준 면허증 분실
정. 분실 또는 훼손 후 신고

27 면허 취소 시 반납 기한은?
갑. 3일 이내   을. 5일 이내
병. 7일 이내   정. 14일 이내

28 면허 갱신에 대한 설명 중 틀린 것은?
갑. 최초 갱신은 발급 후 7년 이내
을. 이후 갱신도 7년 주기
병. 미갱신 시 면허는 취소된다
정. 사유 있으면 갱신 미리 또는 연기 가능

29 갱신 연기 사유 종료 후 갱신 기한은?
갑. 1개월   을. 3개월
병. 6개월   정. 12개월

30 수상레저안전법 내용 중 틀린 것은?
갑. 등록 갱신 신청은 종료일 5일 전까지
을. 과태료 절차는 질서위반행위규제법 준용
병. 내수면은 담수 · 기수 수역
정. 필기시험 법규 과목은 총 4과목

31 5마력 이상에 해당하는 출력 기준은 몇 kW 이상인가?
갑. 3.75   을. 3
병. 2.75   정. 5

32 수상레저기구 정원에 관한 설명 중 틀린 것은?
갑. 정원은 안전 검사에 따라 정한다.
을. 등록 대상이 아닌 경우 고시 기준에 따라 산출
병. 구조 사유 승선자는 정원에 포함하지 않는다.
정. 면허시험 승선 인원은 정원에 포함되지 않는다.

33 조종 면허를 취소 · 정지해야 할 사유가 아닌 것은?
갑. 부정한 방법으로 면허 취득
을. 음주 조종
병. 조종 중 사람을 사상한 경우
정. 수상레저사업이 취소된 경우

34 기상 특보 발효 시 제출해야 할 서류는?
갑. 주의보, 운항신고서
을. 경보, 기상특보활동신고서
병. 경보, 운항신고서
정. 주의보, 기상특보활동신고서

35 야간 수상레저활동 시간을 조정할 수 없는 사람은?
갑. 해양경찰서장
을. 시장 · 군수
병. 한강 관리기관의 장
정. 경찰서장

36 수상레저안전법상 동력수상레저기구에 해당하지 않는 것은?

갑. 수상 오토바이
을. 스쿠터
병. 호버크래프트
정. 워터슬레드

37 해양 사고 발생 시 신고 대상 기관은?

갑. 광역시장
을. 해양수산부장관
병. 해양경찰서장
정. 관세청장

38 제1급 면허 취득 시 제2급 면허의 효력은?

갑. 두 면허 모두 유효
을. 제2급 효력 상실
병. 제1급 효력 상실
정. 둘 다 유효하며 따로 갱신

39 동력수상레저기구 소유자가 수상레저기구를 등록해야 하는 기관은?

갑. 소유자 주소지를 관할하는 시장·군수·구청장
을. 기구를 주로 매어두는 장소를 관할하는 기초자치단체장
병. 소유자 주소지를 관할하는 해양경찰서장
정. 기구를 주로 매어두는 장소를 관할하는 해양경찰서장

40 동력수상레저기구 등록 절차로 옳은 것은?

갑. 안전검사–등록–보험가입(필수)
을. 안전검사–등록–보험가입(선택)
병. 등록–안전검사–보험가입(선택)
정. 안전검사–보험가입(필수)–등록

41 안전 검사가 면제되지 않는 경우는?

갑. 시험운항 허가를 받은 기구
을. 검사 신청 후 국내항 간 운항하는 기구
병. 우수제조업체 제조 기구
정. 검사 기간 중 시운전 기구

42 안전 검사 유효기간 산정 기준 중 틀린 것은?

갑. 신규 검사 합격 → 발급일 기준
을. 유효기간 전후 30일 이내 → 종전 만료일 다음 날
병. 30일 이내가 아닌 경우 → 발급일 기준
정. 유효기간 만료 후 30일 경과 → 종전 만료일부터

43 말소 사유가 아닌 것은?

갑. 사고로 기능 상실
을. 존재 여부 1개월 불분명
병. 추진기관 제거
정. 레저 외 사용

44 등록번호판 관련 설명 중 틀린 것은?

갑. 번호판 미부착 운항 금지

을. 옆면·뒷면 부착

병. 뒷면 부착 곤란 시 다른 면 가능

정. 곤란 시 내부 보관 가능

45 시험운항 허가 내용 중 틀린 것은?

갑. 내수면인 경우, 시장·군수·구청장에게 신청

을. 허가 시 허가증 발급

병. 운항구역은 출발지로부터 10해리 이내

정. 허가 기간은 10일

46 등록번호판 표기로 틀린 것은?

갑. 모터보트-MB

을. 수상 오토바이-AB

병. 고무보트-RB

정. 세일링요트-YT

47 해양오염물질 신고 사항 중 틀린 것은?

갑. 발생 일시·장소·원인

을. 사고 선박 정보

병. 주변 통항 선박 선명

정. 해면 및 기상 상태

48 해양환경관리법 적용 범위에 포함되지 않는 것은?

갑. 한강 수역 기름 유출

을. 해양시설 기름 유출

병. 영토 인근 해역 내 선박 기름 유출

정. 해저 광구 개발 관련 유출

49 무면허자 동승 조종 시 면허 소지자의 요건으로 틀린 것은?

갑. 제1급 면허 소지

을. 음주 상태 아님

병. 약물복용 상태 아님

정. 면허 취득 후 2년 경과

50 사고 시 신고기관이 아닌 것은?

갑. 해양경찰서

을. 소방서

병. 경찰서

정. 시장·군수·구청장

실전 모의고사 | 정답 및 해설 |

제1절 실전 모의고사 1회

01. 정 태풍의 3요소는 따뜻한 바다, 상승기류, 회전력이며 찬 공기와의 충돌은 해당하지 않음.

02. 갑 이안류는 '육지에서 바다로 흐름'이 특징.

03. 정 조석 주기는 약 12시간 25분, 하루에 1~2회 발생.

04. 을 와류는 협수로 등 좁고 빠른 수로에서 나타나는 소용돌이.

05. 병 서해 수온 변화 심함, 남해는 쿠로시오 영향으로 완만.

06. 정 해양기상특보 4가지: 풍랑, 폭풍해일, 지진해일, 태풍.

07. 병 화학화상은 물로 세척, 중화제는 금지.

08. 병 성인 심폐소생술 속도는 분당 100~120회.

09. 갑 흉부 압박 중단은 10초 이내여야 생존율 유지 가능.

10. 병 영아는 복부 밀어내기 금지, 등 두드리기·가슴 누르기 병행.

11. 정 중량물 아래로 내리면 복원력 증가 → 복원력 감소 원인 아님.

12. 병 요잉은 선수 좌우 왕복 운동으로 보침성과 관련 있음.

13. 정 흘수는 선체가 수면 아래에 잠긴 깊이, 양현 표시.

14. 정 얕은 곳에 얹혔을 때 기관 먼저 정지해야 손상 방지.

15. 을 레이싱은 프로펠러가 수면 밖에 노출돼 공회전하는 현상.

16. 병 피치(pitch): 프로펠러 1회전 시 이동 거리.

17. 갑 GPS로 측정한 대지속력(V)이 15노트이고, 뒤에서 받는 해류 유속이 5노트이므로, 대수속력(S) = 15 − 5 = 10노트. → 따라서 S=10노트, V=15노트.

18. 을 수상 오토바이는 전복 위험 있음 → 안정성 낮음.

19. 갑 복원력과 가장 관련 있는 운동은 좌우 흔들림인 롤링.

20. 을 해도에 표시된 DW(Deep Water) 기호는 대형 흘수선용 정박 구역, 즉 깊은 수심이 필요한 선박을 위한 정박지를 의미한다.

21. 을 윤활유 압력 저하의 원인: 오일 부족, 필터 오염 등.

22. 을 연료 소모량은 속력 제곱에 비례 → 단순 비례 아님.
23. 병 ①~④는 맞고, ⑤는 틀림. 과급은 저질 연료에도 유리함.
24. 정 점화시기 빠름은 출력 저하 원인이며 과열 직접 원인은 아님.
25. 갑 점화 플러그는 작지만, 핵심적 성능 좌우 부품.
26. 정 보기 전부 징역 또는 벌금 대상 (1년 이하, 1천만 원 이하).
27. 병 보기 ㉠~㉢ 해당. ㉣은 과태료 대상 (징역 벌금 X).
28. 을 보험 미가입 시 과태료는 10일 이내 1만 원, 이후 1일당 추가.
29. 병 110% 구명조끼, 10% 소아용.
30. 을 정원 초과 시 과태료 60만 원.
31. 정 내수면 영업 구역은 시장·군수·구청장이 관할.
32. 을 원거리 활동 미신고 과태료는 20만 원.
33. 을 안전 장비 미착용 시 과태료 10만 원.
34. 정 면허증 대여는 형사처벌 대상, 과태료 아님.
35. 정 면허 취소 응시 제한은 2년이 아니라 1년임.
36. 병 면허시험 수수료는 필기 4,800원, 실기 64,800원.
37. 정 보기 '정'에는 법령 과목 일부 누락 됨. 법규 과목은 총 7과목.
38. 정 수상안전교육 유효기간은 6개월, 보기의 1년은 오답.
39. 을 5마력 이상 조종 시 면허 필요.
40. 병 고의·과실 사상은 면허 취소가 아닌 효력 정지 대상.
41. 정 경찰서장은 야간 조정 권한 없음.
42. 을 해양경찰서장이나 시장·군수·구청장은 야간 수상레저활동 시간을 조정할 수 있다.
43. 정 면허 효력은 시험 합격 일이 아닌 면허증 발급일 기준.
44. 을 제2급 면허는 14세 이상부터 응시 가능.
45. 병 부정행위 시 2년간 응시 제한.
46. 정 무면허 동승 지도자 요건 : 2년 경과 아님.
47. 병 면허 취소자 면허증 반납 기한은 7일 이내.
48. 을 면허 신규 발급 전 교육 3시간 필수.
49. 정 주의보 발효 시, 기상특보활동신고서 제출 필요.
50. 정 신고 대상 기관은 해양경찰 또는 경찰관서, 소방관서 X.

제2절 실전 모의고사 2회

01. 갑 저체온증은 중심부부터 따뜻하게 해야 한다.

02. 병 화학화상엔 중화제보다 물로 씻는 것이 우선이다.

03. 을 (가) 구명부기는 구조 시 줄을 붙잡고 기다리는 부체, (나) 구명부환은 익수자에게 던져주는 부력 용구이다.

04. 을 물기 제거 후 AED 패드를 붙여야 한다.

05. 갑 해상 → 해풍 → 육풍 순서가 맞다.

06. 갑 위험반원 후반부엔 삼각파·대파 등이 발생한다.

07. 갑 풍향은 바람이 불어오는 방향이다.

08. 정 조류는 수평운동이지 수직운동이 아니다.

09. 정 조석표는 24시간 기준으로 표기된다.

10. 병 사리 때, 조차가 크고 조류도 가장 세다.

11. 병 선수미 등흘수가 얕은 수로 항해에 적합하다.

12. 갑 전폭은 선체의 가장 넓은 수평 폭이다.

13. 을 순톤수는 화물·여객 등 수익 공간의 용적이다.

14. 을 유선형 선체는 조파가 줄어 조와저항이 감소한다.

15. 을 레이더는 풍속 측정 기능이 없다.

16. 정 1노트는 1시간에 1해리, 20노트로 3.5시간 항해하면 $20 \times 3.5 = 70$해리.

17. 을 AIS는 항해 정보 자동 송수신 장비이다.

18. 을 다중 경로 오차는 반사된 전파로 발생한다.

19. 을 자차는 같은 방향에 오래 둘 때 생긴다.

20. 정 SHAFT 게이지는 주요 점검 계기에 포함되지 않는다.

21. 병 냉각수 밸브 고장은 과열 원인이며 출력과 직접 관련 없다.

22. 갑 연료분사 밸브 불량은 윤활유 소비와 직접 관련이 없다.

23. 정 마그네틱 스위치는 전기 → 플런저 → 간극 순으로 점검한다.

24. 정 복원력 증가 시 횡요 주기는 짧아진다.

25. 정 오일 온도 하강 시 압력은 오히려 증가한다.

26. 병 1급 면허는 만 18세 이상부터 취득 가능하다.

27. 정 면허증 발급 시부터 효력이 발생한다.

28. 갑 효력 정지 중 조종은 면허 취소 대상이다.
29. 정 부정 행위자는 2년간 시험 응시가 제한된다.
30. 을 응시표는 접수일로부터 1년간 유효하다.
31. 정 사행 시 부표와의 거리는 3~15m가 적절하다.
32. 갑 '이안'은 출발 준비 행위이지 출항은 아니다.
33. 정 출발 전 점검에는 모든 주요 장비가 포함된다.
34. 갑 술에 취한 상태의 기준은 혈중알코올농도 0.03% 이상으로 한다.
35. 을 보험 미가입은 최대 30만 원 과태료가 부과된다.
36. 병 금지구역 운항은 과태료 60만 원이다.
37. 을 정원 초과 시 과태료 60만 원이 부과된다.
38. 을 안전 장비 미착용 시 과태료는 10만 원이다.
39. 을 원거리 신고 미이행 시 과태료는 20만 원이다.
40. 정 비상식량은 야간 운항 장비에 포함되지 않는다.
41. 병 영업 구역 2해리 이상이면 통신장비가 필요하다.
42. 병 땅콩보트, 바나나보트, 플라잉피시처럼 동력수상레저기구에 의해 견인되는 튜브형 기구는 워터슬레드(Water sled)이다.
43. 정 30마력 미만 고무보트는 등록 대상이 아니다.
44. 을 존재 불분명 시 3개월 내 말소 등록해야 한다.
45. 갑 등록번호판은 옅은 회색 바탕에 검은 문자이다.
46. 갑 등록은 소유자 주소지 관할 지자체에 신청한다.
47. 정 등록 지연은 벌금이 아닌 과태료 대상이다.
48. 병 출항 전 기상 특보 여부는 반드시 확인해야 한다.
49. 병 실기시험 기구에는 구명부환을 필수로 비치해야 한다.
50. 병 만 17세는 2급 면허 응시 가능 연령이다.

제3절 실전 모의고사 3회

01. 을 열사병은 땀이 거의 나지 않아 피부가 건조하고 뜨겁다.
02. 병 1세 미만 영아는 복부 밀어내기 금지, 등 두드리기와 가슴 누르기 시행.
03. 갑 엔진 정지 후 연료 차단 → 소화기로 진압해야 폭발 방지 가능.
04. 정 태풍은 찬 공기와 만남이 아닌 따뜻한 바다+상승기류+회전력으로 발생.
05. 정 해양 특보는 풍랑, 폭풍해일, 지진해일, 태풍.
06. 을 조금은 조차가 가장 작을 때.
07. 갑 이류무는 지속시간이 짧지 않고 길다.
08. 병 젖은 옷은 벗기고 마른 담요로 보온한다.
09. 병 서해 수온 변화 심하고, 남해는 난류 영향으로 변화 적다.
10. 병 풍랑주의보 시에는 안전 확보 위해 대피가 원칙.
11. 정 해상공사 구역이 아닌, 새로운 위험물을 표시한다.
12. 병 시간 = 거리 ÷ 속력, 5(해리) ÷ 10(노트) = 0.5(시간) = 30분
13. 을 도등은 좁은 수로나 항구 입구에 설치된 유도용 등화.
14. 을 조타 초기엔 내방 경사, 이후엔 외방경사.
15. 을 파랑 주기와 횡요 주기가 같으면 공진 현상으로 전복 위험.
16. 정 브로칭은 전복 위험이 있어 조종법으로 부적절.
17. 정 킥 현상은 선체가 바깥쪽으로 밀리는 것.
18. 병 활주 상태는 선체가 수면과 평행해지는 고속 주행 상태.
19. 병 정박 중엔 5초간 빠른 타종을 1분 이내 간격으로 반복.
20. 을 추월 시 침로와 속력 유지가 원칙, 감속은 불필요.
21. 병 디젤기관은 압축점화 방식을 사용하므로 가솔린기관보다 압축비가 높다.
22. 갑 데토네이션은 연소 화염이 고속으로 전파되는 이상연소 현상이다.
23. 병 산회 작용은 윤활유의 기본 역할이 아니다.
24. 을 연료 소모량은 속력의 제곱에 비례한다.
25. 갑 프라이머 밸브는 제거가 아닌 작동시켜야 한다.
26. 병 면허증을 타인에게 빌려주거나 받는 것은 불가하다.
27. 병 면허 취소자는 7일 이내 면허증을 반납해야 한다.
28. 병 갱신 기간 내 갱신하지 않으면 면허는 정지된다.

29. 을 연기 사유 종료 후 3개월 이내에 갱신해야 한다.
30. 정 법규 과목은 총 7과목
31. 갑 5마력은 3.75킬로와트에 해당한다.
32. 정 시험 승선 인원도 정원에 포함된다.
33. 정 수상레저사업 취소는 면허 취소 사유가 아니다.
34. 정 주의보 시에는 기상특보활동신고서를 제출해야 한다.
35. 정 경찰서장은 야간 수상레저활동 조정 권한이 없다.
36. 정 워터슬레드는 무동력 수상레저기구에 해당한다.
37. 병 해양 사고는 해양경찰서장에게 신고해야 한다.
38. 을 제1급을 취득하면 제2급의 효력은 상실된다.
39. 갑 등록은 주소지 관할 시장·군수·구청장에게 신청한다.
40. 정 등록 순서는 안전 검사 → 보험 가입 → 등록이다.
41. 병 우수 제조 인증만으로는 검사 면제가 되지 않는다.
42. 정 30일 이내가 아닌 경우 발급일 기준으로 유효기간 산정.
43. 을 존재 여부 불분명은 3개월 기준이다.
44. 정 등록번호판은 외부에 부착해야 하며 내부 보관 불가.
45. 정 시험운항 허가 기간은 7일이다.
46. 을 수상 오토바이의 표기는 PW가 맞다.
47. 병 주변 통항 선박 선명은 신고 사항이 아니다.
48. 갑 한강은 해양이 아니므로 법 적용 범위에 해당하지 않는다.
49. 정 면허 취득 후 2년 경과 요건은 없다.
50. 정 시장·군수·구청장은 필수 신고기관이 아니다.

제 4 편

동/력/수/상/레/저/기/구/조/종/면/허

실기시험 대비 이론 및 체크리스트

제1장 실기시험 응시 절차 및 운영 개요
제2장 실기시험 수험방법
제3장 실기 채점 기준과 감점 요소
제4장 출항 전 점검 및 조종 실습 요령
제5장 실기시험 실전 대응편

제1장 실기시험 응시 절차 및 운영 개요

> **요약**
> - 시험 전 교육 필수 (시험 항목별 유의사항 안내)
> - 응시 순번 추첨 → 본인 확인 → 채점표 작성
> - 시험관 지시에 따라 항목별 실기 진행
> - 시험 종료 후 채점표 정리 및 합불 판정
> - 진행 요원 · 채점 시험관 · 감독관 역할 분담 확인

제1절 안전교육 및 실기시험 절차 안내

| 동영상 |

1. 시험 시작 전, 응시자 전원을 대상으로 실기시험 절차와 안전 수칙에 대한 간단한 교육이 실시된다. 이 교육에서는 시험 항목별 유의 사항, 응시자의 태도 및 주의 사항, 조종 중 금지 행동 등에 대해 안내한다.

2. 응시 순번 추첨

응시자는 현장에서 무작위 추첨을 통해 본인의 시험 순서를 결정한다. 추첨 결과는 각자의 채점표에 반영되며, 시험 당일 응시 순서를 바꾸는 것은 허용되지 않는다.

3. 본인 확인 및 채점표 작성

시험 시작 전, 신분증과 응시표를 통해 본인 여부가 확인되며, 해당 정보를 바탕으로 시험 채점표가 작성된다. 채점표에는 응시번호, 시험 일자, 시험장 명, 시험관 명 등이 포함된다.

4. 계류장 대기

응시자는 시험 순서에 따라 진행요원의 안내를 받아 계류장 인근에서 대기한다. 시험 준비가 완료되면 시험관의 호출에 따라 시험 보트로 이동한다.

5. 실기시험 진행

시험은 채점 시험관의 구두 지시에 따라 하나씩 진행되며, 각 항목별로 응시자의 구호, 조작 동작, 시선 처리, 기어 상태 등을 종합적으로 평가한다. 채점은 감점제 방식으로 진행되며, 실격 사유가 발생할 경우, 해당 항목에서 즉시 시험이 중단될 수 있다.

6. 시험 종료 및 하선

시험이 종료되면 시험관의 지시에 따라 엔진을 정지하고 하선한다. 임의로 조작을 중단하거나 시험을 종료해서는 안 되며, 반드시 시험관의 종료 지시 이후에 행동해야 한다.

7. 채점표 정리 및 최종 판정

시험관은 채점표를 정리하여 감독관에게 제출하며, 최종 점검 후 합격 또는 불합격 판정을 내린다. 일부 시험장은 결과를 현장에서 안내하며, 일부는 온라인 또는 문자로 통보할 수 있다.

제2절 진행요원 및 시험관 역할 요약

구분	역할	주요 업무
진행요원	응시자 안내, 본인 확인, 순번 호출, 승하선 유도	시험장 질서 유지 및 정확한 순번 진행
채점시험관	항목별 감점 채점, 구호·동작 평가	직접적인 개입 없이 채점만 수행
감독관	시험 운영 총괄, 실격 여부 판정	이의 제기 대응, 채점표 최종 검토

유의사항

실기시험 응시자는 시험 전 안내 사항과 교육 내용을 숙지해야 하며, 시험장 질서 및 안전 수칙을 위반할 경우, 실격 처리될 수 있다. 실기 항목 외에도 태도 및 지시 이행 여부, 지연 행동, 무단 조작 등도 평가에 반영된다. 시험 중 이상 상황 발생 시, 침착하게 시험관에게 보고하는 것이 원칙이다.

제2장 실기시험 수험방법

> **요약**
> - 실기시험은 정해진 운항코스를 순서대로 진행
> - 구호 → 시선 → 조작 순서가 핵심
> - '3초 이내', '±10도 유지' 등 수치 기준 숙지
> - 모든 항목을 생략 없이 정확히 수행해야 함

 **실기시험 절차 및 운항코스**

1. 실기시험 운항코스 개요

- 실기시험은 정해진 순서에 따라 8개 항목을 정확히 수행해야 하며, 항목마다 구호, 시선, 조작 순서가 중요하다.
- 시험관의 지시에 따라 각 항목을 진행하며, 지시 없이 임의 조작 시 감점 또는 실격될 수 있다.
- '3초 이내', '±10도 유지' 등 수치 기준을 반드시 숙지할 것.

2. 운항코스 흐름도

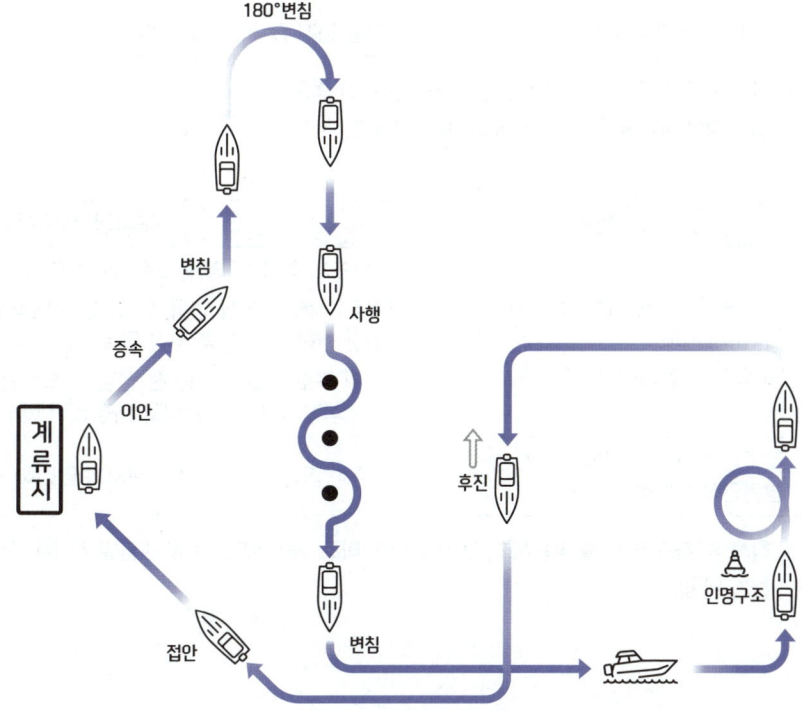

3. 실기시험 코스

실기 시험장의 계류장 위치, 방향에 따라 실기시험 코스가 조금씩 다를 수 있으므로 각 실기 시험장에 문의하는 것이 정확하다.

제2절 세부 항목별 절차 및 조작 요령

1. 출발 전 점검 및 확인

순번	점검 항목	구호
1	배터리	배터리 이상 없습니다!
2	엔진	엔진 확인했습니다!
3	연료	연료 확인했습니다!
4	구명부환	구명부환 이상 없습니다!
5	예비 노	예비 노 확인했습니다!
6	소화기	소화기 확인했습니다!
7	각종 계기판	각종 계기판 이상 없습니다!
8	핸들 유격	핸들 유격 확인했습니다!(손으로 유격 확인 동작)
9	변속레버 중립	변속레버 중립 확인했습니다!(손으로 중립 확인)
10	자동 정지 줄	자동 정지 줄 확인했습니다!

※ 시험 시 각 항목의 구호를 빠짐없이 외치는 것이 중요하다.
※ 모든 항목 점검을 하고 "이상 없습니다!"를 외친다.

시험관	응시생 조치 사항
"○○번 응시자는 앞으로 나와 준비하십시오." "출항 전 점검하십시오."	구명조끼 착용 (구명등 포함, 밀착 조임) [구호] 배터리 이상 없음! 연료 확인! 냉각수 확인! 조타 장치 이상 없음! 엔진 및 계기류 점검 완료!…… 출항 준비 이상 없습니다!" ※ 위 구호는 실제 출항 전 점검 시 외치는 전체 내용의 일부이며, 시험장에서는 각 항목을 빠짐없이 말하고 직접 조작해야 한다.
"○○○○호 조종석에, ○○○○ 참관인석에 착석하십시오."	조종석 좌현 착석, 고정된 위치에 안전하게 앉음

※ 착석 후 자동 정지 줄 착용하고, 엔진 방향이 바로 되어 있는 지 확인(출발 시 올바른 방향으로 출항할 수 있도록 하기 위함).

■ 채점 기준

항목	세부 내용	감점	채점 요령
구명조끼 착용불량	구명조끼 착용 불량	3	출발 전 점검 시 착용 상태를 기준으로 1회 채점
점검 불이행	구명 튜브, 소화기, 예비 노 등 출발 전 점검 사항을 확인하지 않음	3	- 점검 누락 1건 이상 시 1회 채점 - 행동 · 구호 생략도 미확인으로 간주 (단, 장애 등 예외는 말 생략 가능)

※ 구호는 빠짐없이 외치고, 점검 동작도 실제로 수행해야 감점되지 않는다.
※ 구명조끼는 몸에 밀착되게 조이고, 구명등 방향도 함께 확인할 것.(단, 실제 실기시험에서는 구명등 확인이 필수 항목은 아닐 수 있음)

2. 출발(이안)

시험관	응시생 조치 사항
"시동 거십시오."	열쇠를 오른쪽으로 한 번 돌려 '삐'소리가 길게 나고 한 번 더 돌려서 시동 걸리면 손을 뗌.
"이안하십시오."	[구호] "모두 자리에 앉아주십시오! 계류줄 풀고 배 밀어주십시오!" → 스스로 외치더라도 구호 생략 없이 정확히 말할 것
"나침반 방위 ○도로 출발하십시오."	[구호] "전후 좌우 이상 무!" 또는 "전후 좌우 확인!" 15초 이내 출발, ±10도 이내 방향 유지

■ 채점 기준

항목	세부 내용	감점	채점 요령
시동 요령 부족	속도 전환 레버가 중립이 아닌 상태에서 시동하거나, 시동 중 시동키를 2초 이상 지속적으로 돌린 경우 (시동 불량)	2	세부 내용에 대하여 1회만 채점
이안 불량	- 계류줄을 걷지 않고 출발한 경우(계류줄 묶임) - 출발 시 선체 접촉	2	각 세부 내용에 대하여 1회만 채점
출발 시간 지연	30초 이상 출발 지연	3	- 세부 내용은 1회만 채점 - 타 항목 사유로 출발 불가 시에도 병행 채점 - 단, 시험선 고장 등은 제외
속도 전환 레버 등 조작 불량	- 급조작, 급출발 - 레버 마찰음 발생 또는 엔진 정지 - 지시 없이 트림 스위치 조작	2	- 각 세부 내용은 1회만 채점 - 신체가 젖혀지거나 엔진음이 급변한 경우도 급출발로 간주

항목	세부 내용	감점	채점 요령
안전 미확인	- 자동정지줄 미착용 - 안전 미확인, 앉기 전 출발	3	- 각 세부 내용은 1회만 채점 - 고개 돌리기 또는 "이상 없음" 표시 누락 시 미확인으로 간주.
출발 침로 유지 불량	- 15초 이내 출발 침로 ±10° 이내 유지 불량 - 출발 후 일직선으로 운항하지 못하고 침로 ±10° 이상 불안정	3	각 세부 내용에 대하여 1회만 채점

※ "모두 자리에 앉아주십시오!" "계류줄 풀고 배 밀어주십시오!"는 혼자 탑승하더라도 반드시 구호 외칠 것
※ 이안 후 즉시 "전후좌우 확인!" 구호 → 좌우 시선도 돌려주는 것이 좋음

3. 증속

시험관	응시생 조치 사항
"10에서 15노트로 증속하십시오."	[구호] "증속하겠습니다!" → RPM 게이지 확인, 시험관 지시 범위 내 유지

※ RPM은 시험장에서 지시하는 눈금 내에서 ±1~2칸 이내 유지
※ 급격한 가속은 감점 사유가 될 수 있으므로 천천히 올릴 것

4. 변침

시험관	응시생 조치 사항
"나침의 방위, ○○도로 방향을 바꾸십시오."	[구호] "변침 방향 이상 무!" 또는 "전후좌우 확인!" → 변침 방향으로 고개 돌리고 조타 → 15초 이내에 새로운 침로에 진입 (±10도 이내 유지)
"현침로 ○○도 유지!"	[구호] "현 침로로 운행!" 또는 "유지!" → ±10도 이내로 10초 이상 유지
"좌·우현 나침의 방위, ○○도로 변경하십시오."	[구호] "변침 방향 확인!" 또는 "전후좌우 확인!"
"현침로 ○○도 유지!"	[구호] "현침로로 운행!" 또는 "유지!"
"증속하여 활주 상태 유지하십시오."	[구호] "증속하겠습니다!" → RPM 게이지 확인하며 시험관 지시 범위 내 유지 　(보통 rpm±1~2칸 기준)

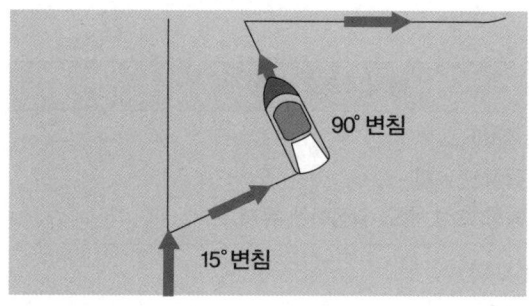
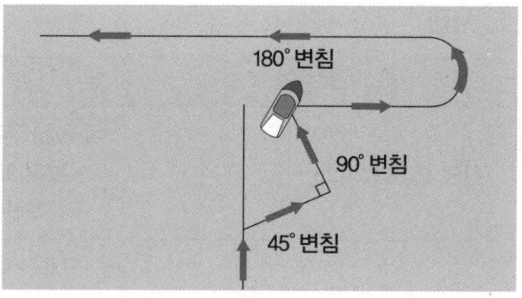

■ 채점 기준

항목	세부 내용	감점	채점 요령
변침 불량	- 제한 시간 내 지시 침로 ±10° 초과 - 변침 후 침로 유지 불량 (±10° 이내 유지 실패)	3	- 세부 내용은 최대 2회 채점 - 변침 3회(좌·우현, 45°·90°·180° 각 1회) - 나침반 방위 기준으로 평가
안전 확인 및 선체 동요	- 변침 전 안전 확인 및 구호 누락 - 변침 중 선체 심한 동요 또는 급경사 - 변침 시 속력(10~15노트) 유지 실패	2	각 세부 내용에 대하여 2회까지 채점 할 수 있다.
조종 자세 불량	- 핸들 정면 유지 불량 또는 팔꿈치 창틀에 올림 - 자세 교정 지시 불응 - 한손 또는 서서 조종 - 불필요한 레버 조작	2	- 각 세부 내용은 1회만 채점 - 신체적 장애 등 특별 사정 시 감점 제외
지정 속력 유지 불량	- 증속 및 활주 지시 후 15초 이내에 활주 상태가 되지 않은 경우 - 활주 상태 유지 불량 - 저속 또는 과속	4	- 세부 내용은 최대 2회 채점 - 1회 채점 후 시정 지시, 미이행 시 2회 채점

※ 변침 시 반드시 해당 방향으로 고개 돌리며 "변침 방향 확인!" 또는 "전후좌우 확인!"
※ 새로운 침로 진입 후에는 "현 침로로 운행!"을 외치고 ±10° 오차 이내 유지
※ 변침 시 10노트 이상 15노트 이내의 속력 유지

저속이나 고속일 경우 주의를 받을 수 있으니 가속이 붙을 걸 예상하여 속력은 서서히 올리도록 한다. 핸들 한 손 조작은 감점이 될 수 있으니 레버로 속도를 맞추고 나면 즉시 양손으로 핸들을 잡는다.

5. 사행

시험관	응시생 조치 사항
"사행 준비하십시오"	[구호] "사행 준비!" – 부이 3개 일직선 유지 – 침착하게 방향 조정, 속도 일정하게 유지
"사행 시작"	[구호] "사행 시작!" – 좌우 반복 조타 – 3~15m 거리로 사행 – 1번 부이 기준 약 30m 전방에서 시작 권장

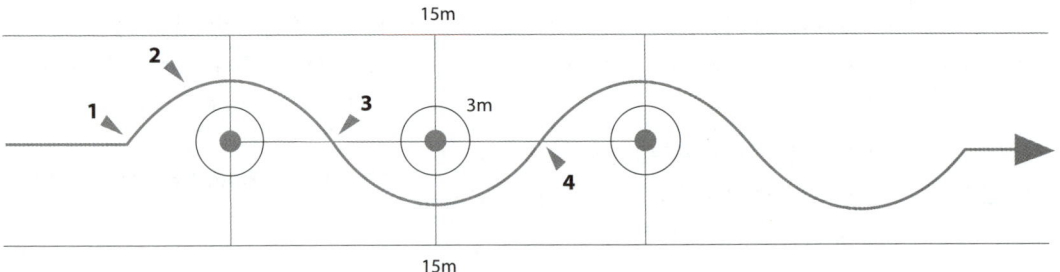

■ 채점 기준

항목	세부 내용	감점	채점 요령
반대 방향 진행	1번 부이 기준, 시계 반대 방향으로 운항 시작	3	– 세부 내용은 1회만 채점 – 반대 방향 진행 시에도 다른 항목은 정상 사행으로 간주
통과 간격 불량	– 부이에 3m 이내 접근 – 지정 수역 이탈 또는 부이 미사행	9	– 세부 내용은 최대 2회 채점 – 부이 중심 반원(타원) 회전 미이행 시 사행 불인정.
침로 이탈	– 1번 부이 전방(약 30m)에서 일직선 침로 유지 실패 – 3번 부이 사행 후 일직선 침로 유지 실패	3	각 세부 내용은 1회만 채점
핸들 조작	– 핸들 미숙으로 선체 동요 또는 후미 쏠림 – 급조타로 선회 불안정	3	– 각 세부 내용은 1회만 채점 – 선회 불안정:완만한 곡선 회전이 아님

※ 사행은 1번 부이 약 30m 전방에서 시작하되, 시험장에 따라 실제 거리는 다소 짧게 느껴질 수 있음.
   사행 시작 시 좌현으로 선회하므로 반시계방향 진행, 이후 시계방향으로 1번 부이를 통과하며 다음 코스로 연결한다.
※ 간격 3~15m 유지, 지나치게 좁거나 넓으면 감점
   핸들을 감고 푸는 타이밍 조절이 관건이므로 부이 통과 전에 여유있게 조타를 시작할 것.

6. 급정지 및 후진

시험관	응시생 조치 사항
"급정지!"	[구호] "급정지!" / 3초 이내 스로틀 중립 → 선박 완전 정지
"현 침로 유지하면서 후진하십시오"	[구호] "후진 방향 확인!" → 좌우 조타 없이 일직선 후진, ±10도 이내 각도 유지
"후진 정지하십시오."	[구호] "후진 정지!" → 15초 이상 ~ 20초 이내 후진 후 정지 → 정지 시 레버 반드시 중립 위치로 두기
"나침의 방위, 290도로 출발하십시오."	[구호] "전후좌우 확인!" → 방향 확인 후 침착하게 출발
"증속, 활주 상태 유지하십시오."	[구호] "증속, 활주하겠습니다!" → RPM 게이지 확인 → 시험관 지시 범위 내로 출력 유지 (예:rpm±1~2칸 기준)

■ 채점 기준

항목	세부 내용	감점	채점 요령
급정지 불량	- 급정지 후 3초 이내 중립 조작 실패 - 급정지 시 후진 레버 조작	4	각 세부 내용은 1회만 채점한다.
후진 동작 미숙	- 후진 전·중 후방 안전 미확인 - 후진 침로 편차(±10도 초과) - 레버 급조작 또는 급후진	2	- 세부 내용은 1회만 채점 - 신체 쏠림·엔진음 상승 시 "급조작·급후진"으로 간주 - 후진은 정지 지시까지, 15~20초 이내 수행

※ 급정지 시 3초 이내 기어 중립→ 이탈하면 감점 또는 실격
※ 후진은 반드시 일직선으로, 좌우 조타 없이 ±10도 이내 유지
※ 정지 시 기어가 중립에 있지 않으면 실격
　　기어 조작 시 실수로 트림(Trim)버튼을 조작하면 감점이 되므로 엄지 손가락이 닿지 않도록 주의한다.

7. 인명구조

시험관	응시생 조치 사항
"좌현(또는 우현) 익수자 발생!"	[구호] "익수자 확인!" → 익수자 쪽으로 시선 전환(3초 이내) → 속도 줄이며 안전하게 접근(5노트 이하) → 좌현 또는 우현 방향으로 선회하며 조타 → 2분 이내에 조종석 기준 1m 이내로 익수자 접근 → 접근 시 엔진은 반드시 중립으로 유지

■ 채점 기준

항목	세부 내용	감점	채점 요령
물에 빠진 사람에의 접근 불량	- 3초 이내 인명 미확인 - 5초 이내 구조 방향으로 전환하지 않음 - 구조 대상을 조종석 1m 이내로 접근시키지 않음	3	- 각 세부 내용은 1회만 채점 - 인명 위치 확인 시 구호 생략도 미확인으로 간주
속도 조정 불량	- 3노트 이상으로 구조 대상에 접근 - 속도 전환 레버 미중립 또는 후진 레버 사용	3	각 세부 내용은 1회만 채점
구조 실패	- 물에 빠진 사람과 충돌 - 2분 이내 구조 실패	6	- 각 세부 내용은 1회만 채점한다. - 방풍막 기준 선수부에 인명 충돌 시 '충돌'로 채점 (단, 바람·조류·파도 등으로 현측 가벼운 접촉은 제외)

※ 좌현(혹은 우현) "익수자 확인!" 외친 후 반드시 시선 전환 동작 포함
  구조는 익수자 방향으로 선회하여, 반드시 우현 후미에서 실시한다.
  익수자가 좌현에 있을 경우 좌현으로 돌리고, 우현에 있을 경우 우현으로 돌려, 항상 우현 후미가 익수자 쪽으로 향하게 조종한다.
  구조 위치는 예외 없이 우현 후미이며, 다른 위치에서 구조할 경우 감점 또는 실격 사유가 될 수 있다.

※ 익수자 접근 시 엔진은 반드시 중립, 1m 이상 거리 유지 시 감점
  저속으로 접근하다가 배 한 대 정도 거리에서 중립, 중립 후 가까워졌을 때 좌현 쪽으로 핸들을 최대한 돌려서, 익수자와 가까워진 상태에서 구조 실시.
  구조 실패 후 재구조 명령이 떨어지면 침착하게 20미터 정도 멀리 나갔다가 재구조 실시.(익수자 구조는 2분이 주어지므로 급하지않게 차분히 진행하도록 한다.)

8. 접안

시험관	응시생 조치 사항
"○번 계류장에 접안 하겠습니다. 출발하십시오."	[구호] 전후좌우 확인!" → 거리가 먼 경우에는 증속하여 접근 → 거리 약 30m 이내부터는 감속, 속도 5노트 이하 유지 → 3~5m 전방에서 기어 중립 → 계류장과 1m 이내의 수평 상태로 부드럽게 접안
수고하셨습니다. 엔진 정지하십시오.	

■ 채점 기준

항목	세부 내용	감점	채점 요령
접근 속도 불량	- 계류장 30m 이내에서 속도를 5노트 이하로 줄이지 않음 - 접안 시 3노트 이하 미감속 또는 레버 미중립·후진 사용	3	- 각 세부 내용은 1회만 채점 - 접안 위치는 시험관이 응시자에게 정확히 안내해야 함
접안 불량	- 접안 위치에서 시험선과 계류장이 1m 이내 평행 유지 실패 - 선수 또는 선미가 계류장과 충돌 - 접안 실패	3	- 각 세부 내용은 1회만 채점 - 선수:방풍막 기준 앞쪽 굴곡부를 의미

※ [구호] "전후좌우 확인!" 후 진입 각도 약 25도
※ 30m 전방부터 감속, 3~5m 전방에서 중립 전환
※ 계류장에 1m 수평 접안, 충격 접안 시 감점
※ 시험관 지시 없을 경우, 엔진 정지 조작·멘트 금지

제3절 실기시험 구호 정리- 한눈에 보는 구호 & 타이밍 팁

실기시험 중 구호는 "안전한 조작"을 위한 필수 요소다. 생략하거나 타이밍이 어긋나면 감점은 물론 실격으로도 이어질 수 있다. 아래는 시험 항목별 구호와 주의할 타이밍을 정리한 것이다. 시험 전 꼭 익혀둘 것.

항목	구호 예시	타이밍 팁
출항 전 점검	"배터리 이상 없음! 연료 확인! 자동 정지 줄 확인!...출항 준비 이상 없습니다!"	시험관 지시 후 곧바로
이안	"계류줄 풀고 배 밀어주십시오!" "전후좌우 확인!"	이안 직전, 출항 직후

항목	구호 예시	타이밍 팁
증속	"증속하겠습니다!" 또는 "증속, 활주하겠습니다!"	속도 올리기 직전
변침	"변침 방향 확인!" "현 침로로 운행!"	방향 조작 직전 / 변경 후 유지 시
사행	"사행 준비!" "사행 시작!"	부이 30m 전방 / 사행 진입 시
급정지	"급정지!"	스로틀 중립 직전 (3초 이내)
후진	"후진 방향 확인!" "후진 정지!"	후진 전 / 정지 직전
인명 구조	"익수자 확인!"	익수자 시선 전환 시점
접안	"전후좌우 확인!"	접안 시작 전 (30m 거리 이내)

※ 구호는 반드시 조작 직전에 외쳐야 하며, 구호만 말하거나 구호 없이 조작한 경우, 모두 감점 대상

제3장 실기 채점 기준과 감점 요소

> **요약**
> - 감점제로 운영 (총점 100점) 1급:80점 이상 합격, 2급:60점 이상 합격
> - 항목별 감점 / 중대한 경우 실격
> - 구명조끼 미착용, 중립 미확인, 조작 오류 주의
> - 시험관 지시 무시 · 임의 종료 시 즉시 실격

제1절 평가 항목별 채점 방식

1. 개요

동력수상레저기구 조종면허 실기시험은 총점 100점에서 감점되는 방식으로 이루어지며, 1급은 80점 이상, 2급은 60점 이상이면 합격이다.

2. 채점 항목 및 내용 요약

평가 항목	주요 내용	감점 요소 예시
출항 전 점검	장비 · 연료 · 조타 점검 등 기본 상태 확인	시동 미확인, 점검 미실시
직진 항해	일정 거리 이상 직선 항로 유지	지그재그 항해, 중심 이탈
좌 · 우 회항	지시 위치에서 정확한 방향 전환	회전 반경 미흡, 방향 착오
감속 및 정지	지점 통과 후 적절히 감속 및 정지	급정지, 지점 미통과
비상조치	엔진 정지 및 인명 구조 등 대응 시연	조작 지연, 절차 누락

3. 채점 방식의 특징

- 응시자는 시험관과 함께 탑승하나 조종은 단독 수행
- 개별 감점제 적용, 항목별 감점
- 시험장별 세부 기준 상이 : 감점 사유는 시험장마다 다를 수 있으므로 사전 숙지 필수
- 중대한 조작 실수 시 실격 가능, 일부 시험장은 즉시 탈락 처리됨

제2절 자주 실수하는 조작과 감점 기준

실기시험은 대부분의 항목에서 조작이 익숙하지 않거나 긴장으로 인해 실수가 발생하기 쉽다. 특히 아래에 제시된 항목들은 수험생들이 실제 시험장에서 자주 감점당하는 대표적인 실수 사례이므로 반드시 숙지하고 연습해야 한다.

1. 자주 발생하는 실수와 감점 사례

구분	실수 사례	감점 사유
출항 전 점검	연료 잔량, 조타기 작동 미확인	기본 안전 점검 미흡
시동	시동 후 엔진 소리 확인 없이 출항	점검 미이행
출발	시험관 지시 없이 출항	지시 불이행
직진 항해	핸들 조작 과도 / 지그재그 항로	항로 유지 실패
회항(좌/우)	반대 방향 회전, 회전 반경 부족	조종 오류
감속/정지	급정지 또는 정지 위치 이탈	속도 조절 미숙
접안/접근	보트 충격, 거리 조절 실패	충돌 위험 유발
비상조치	비상 정지 미이행, 늦은 반응	상황 대응 실패
구명조끼 미착용	안전장비 미착용 상태로 출항 시도	중대한 안전 위반

※ 시험장 및 시험관 재량에 따라 일부 항목의 감점 폭은 달라질 수 있음

2. 실기시험 실격 사유

1) 실격 기준

상황	실격 사유 요약
출발 실패	3회 이상 출발 지시에도 출발하지 못하거나, 응시자가 시험포기의 의사를 밝힌 경우
조종 능력 부족	속도 전환 레버 및 핸들의 조작 미숙 등으로 조종 능력이 현저히 부족한 경우
사고 위험	부이 등과 충돌하거나, 사고를 일으킬 위험이 현저한 경우
음주 상태	법 제27조 제1항에 따른 술에 취한 상태이거나, 음주로 원활한 시험이 어려운 경우
시험관 지시 불이행	사고 예방 및 시험 진행을 위한 시험관의 지시·통제를 따르지 않거나, 시험관 지시 없이 2회 이상 임의로 시험을 진행한 경우
점수 미달	이미 감점한 점수의 합계가 합격 기준에 미달함이 명백한 경우

> **TIP** 실격을 피하려면 '구호–조작 일치', '중립 확인', '시선 처리' 세 가지를 반드시 체크할 것.
> 출발 전 심호흡하고, 침착한 운항이 합격의 열쇠!

2) 유의 사항

- 감점은 누적되며, 동일 항목 반복 실수 시 감점이 크게 쌓일 수 있음
- 시험관 지시는 절대적이며, 지시 이전 조작은 감점 또는 실격 사유
- 보트의 조작 반응 속도와 속도 조절 능력을 집중 연습할 것
- 장비마다 조종 감이 다르므로, 시험장 장비 사전 체험 기회는 반드시 활용할 것

제4장 출항 전 점검 및 조종 실습 요령

> **요약**
> - 출항 전 점검 항목 9개 이상: 말하며 직접 조작
> - 시동 전·후 항목 구분해서 점검할 것
> - 기어 중립, 연료 확인, 핸들 작동 등 필수
> - "지금 연료 상태를 확인하겠습니다" 식 멘트 효과적

제1절 외관·기관·조타·연료 점검

이 절은 실기시험 시작 전 반드시 수행해야 하는 출항 전 점검 항목들을 중심으로, 실제 시험장에서 빠짐없이 확인해야 할 사항들을 체계적으로 정리하는 파트이다. 감점 없이 출항하기 위한 가장 기본적인 단계라고 할 수 있다.

1. 점검 항목별 내용 정리

구분	점검 항목	확인 내용
외관	선체 상태	선체 손상 여부, 배수구 폐쇄 확인
기관	시동 전 상태	엔진오일 잔량, 냉각수 순환, 배터리 연결 확인
조타 장치	핸들 작동 확인	좌·우 조작 시 정상 작동 여부
연료	잔량 및 연결 상태	연료 충분 여부, 연료관 연결 상태 이상 유무
기타	비상 장비	구명부환, 소화기, 신호 장비 등 탑재 여부

▲ 출발 전 점검

▲ 배터리 확인

▲ 엔진 확인

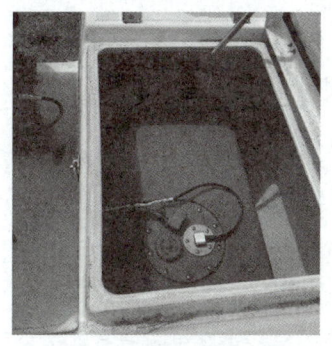
▲ 연료 확인

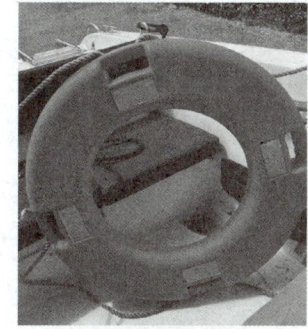
▲ 구명부환 확인

▲ 예비노 확인

▲ 소화기 확인

▲ 나침반 및 각종 계기판 확인

▲ 핸들 유격 확인

▲ 속도전환 레버 중립 확인

▲ 자동정지줄 확인

2. 자주 놓치는 포인트

- 연료 확인을 눈으로만 하고 손으로 체크하지 않음 → 감점
- 조타기를 빠르게 움직여 시험관이 작동 확인 못함 → 감점
- 비상 장비 확인 생략 또는 언급 없음 → 감점

3. 점검 요령 팁

점검 시 각 항목을 말로 설명하며 시험관에게 보여주듯 수행하는 것이 좋다.

예 "지금 조타 핸들을 좌우로 돌려보며 작동 상태를 확인하고 있습니다."

엔진 시동 전과 후 점검 사항을 구분하여 미리 정리해 두면 효과적이다.

시험관이 보통 "점검하세요"라는 간단한 지시만 하는 경우가 많으므로, 모든 항목을 순서대로 빠짐없이 수행하는 연습이 필요하다.

제2절 출항 전 점검 시트 및 체크리스트

다음 체크리스트는 실기시험 '출항 전 점검' 항목 수행 시 활용할 수 있는 순서와 주요 점검 항목을 정리한 것이다.

시험장에서 각 항목을 순서대로 말하며 직접 조작하면, 감점 없이 통과하는 데 도움이 된다.

1. 출항 전 점검 체크리스트

구분	점검 항목	세부 내용	점검 여부
1	배터리	배터리 단자 연결	☐
2	엔진	엔진 외관	☐
3	연료	연료 잔량 충분 여부, 연결 상태	☐
4	구명부환	이상 유무	☐
5	예비 노	이상 유무	☐
6	소화기	이상 유무	☐
7	각종 계기판	이상 유무	☐
8	핸들 유격	조작 이상 유무	☐
9	변속레버 중립	중립 위치 확인	☐
10	자동정지줄	이상 유무	☐

2. 체크리스트 사용 팁

시험관에게 "출항 전 점검을 시작하겠습니다"라고 말한 뒤, 각 항목을 말로 설명하며 직접 조작한다.

점검 순서는 암기해두고, 실제 보트 앞에서 점검 동선에 맞춰 자연스럽게 움직이며 연습해보자. 체크리스트는 시험 전날 짧게 메모하거나 손으로 직접 써보는 것도 기억에 효과적이다.

# 제5장 실기시험 실전 대응편

> **요약**
> - 시험장 장비 조금씩 차이
> - 환경 변수에 따라 너울, 부이 간격, 간출암 등 장애물 달라짐
> - 긴장되면 스로틀 먼저 조절, 회전은 천천히
> - 구호 생략, 중립 누락, 급조작은 모두 감점 또는 실격

 ## 제1절 시험장 장비 및 환경별 유의 사항

시험장마다 사용하는 장비나 환경이 조금씩 다르므로, 시험장 사전 정보 파악이 매우 중요하다.

■ 시험장 환경별 변수

조건	영향 요소	대응 요령
너울 있음	시험 중 배 흔들림 발생	핸들 급조작 금지, 직진 시 조타 고정 유지
좁은 시험장	회전·접안 공간 제한	감속 충분히 하고, 진입 각도 조절 연습
부표 가까움	사행 거리 짧음	침착한 핸들링 필수, 부표 간격 계산 숙지
간출암 또는 수중 장애물 있음	부근 접촉 및 조타각 조절 어려움	시험장 구조 사전 확인, 회항 시 반경 여유 확보
대기시간 긴 경우	긴장 지속	입술/손 떠는 경우 숨 고르고 천천히 준비

 ## 제2절 자주 묻는 Q&A - 실기시험 실수 방지편

1. 구호를 외쳤는데 조작이 너무 늦었습니다. 감점 대상인가요?
   → 네. 구호와 조작 사이의 간격이 지나치게 길면 감점될 수 있습니다.
      반대로 조작만 하고 구호를 생략한 경우도 감점 대상입니다.
   → 구호는 반드시 조작 직전에 외쳐야 합니다.

2. 구명조끼를 착용했지만 조임이 느슨했습니다. 실격 사유인가요?
→ 네. 구명조끼가 몸에 밀착되지 않거나 구명등 방향이 불분명한 경우, 안전 장비 미착용으로 간주해 실격 처리될 수 있습니다.

3. 후진 중 핸들을 살짝 조작했습니다. 감점 대상인가요?
→ 네. 후진은 반드시 일직선으로 진행해야 하며, 좌우 조타 없이 ±10도 이내를 유지해야 합니다. 조타 조작이 발생하면 감점 또는 실격 사유가 됩니다.

4. 출항 전 점검 항목 중 일부를 빠뜨렸습니다. 감점되나요?
→ 네. 냉각수, 조타장치, 배터리 등 주요 항목을 생략하면 -5점 이상의 감점 사유가 됩니다. 각 항목은 점검과 함께 말로 언급해 주는 것이 바람직합니다.

5. 시험관의 지시 없이 "엔진 정지하겠습니다"라고 말했습니다. 실격인가요?
→ 네. 시험관의 지시 없이 임의로 엔진을 정지하거나 관련 멘트를 사용하는 경우, 지시 불이행 또는 자의적 조작으로 간주해 실격 처리됩니다.

6. 직진 항해 중 침로가 흔들렸습니다. 감점되나요?
→ 네. 직진 항해 시 ±10도 이내 침로를 유지해야 하며, 지속적인 흔들림이나 지그재그 항로는 감점 대상입니다.

7. 인명구조 시 익수자에게 2m 정도 떨어져 정지했습니다. 괜찮은가요?
→ 아니요. 인명구조 시 조종석 기준 1m 이내까지 접근해야 하며, 2m 이상 거리에서 정지하면 감점 대상입니다. 또한 접근 시 반드시 엔진은 중립 상태여야 합니다.

8. 시험관의 지시를 잘못 들었습니다. 어떻게 해야 하나요?
→ 지시를 명확히 듣지 못한 경우, 즉시 "다시 말씀해주시겠습니까?"라고 요청하는 것이 바람직합니다. 지시를 오해하여 잘못 조작하는 경우, 감점 또는 실격 처리될 수 있습니다.

9. 사행 중 부이 간격을 너무 넓게 유지했습니다. 감점 대상인가요?
→ 네. 사행 간격은 3m 이상 15m 이내로 유지해야 하며, 지나치게 좁거나 넓은 간격은 감점 대상입니다. 또한 부이를 통과하지 못하거나 부딪힐 경우, 실격될 수 있습니다.

10. 증속 중 RPM이 너무 올라갔습니다. 감점되나요?
→ 네. 시험관이 지시한 RPM 범위를 초과할 경우, 속도 조절 미숙으로 감점될 수 있습니다. 일반적으로 ±1~2칸 범위 이내에서 유지해야 하며, 급가속 또한 감점 요인입니다.

11. 급정지 후 기어를 중립에 놓지 않았습니다. 실격 사유인가요?

→ 네. 급정지 후 기어를 중립에 두지 않으면 감점 또는 실격 사유에 해당합니다. 정지 시 반드시 스로틀이 중립에 있어야 하며, 후진 또는 접안 후에도 동일하게 적용됩니다.

12. 시험 중 긴장으로 조작을 몇 초간 멈췄습니다. 감점되나요?

→ 시험 도중 일정 시간 이상 조작을 중단하거나 지시에 반응하지 않는 경우, 조작 지연 또는 지시 불이행으로 감점될 수 있습니다. 단, 짧은 정지 후 침착하게 이어서 조작하면 실격까지는 아니며, 전체 흐름이 중요합니다.

※ 위 항목 외에도 시험장 환경, 장비 특성에 따라 추가 유의사항이 발생할 수 있습니다. 시험 전 반드시 현장 정보를 사전에 확인하고, 실전 감각을 익혀두시기를 바랍니다.

동력수상레저기구 조종면허 실기시험은 화려한 조작 기술보다 기본에 충실한 태도와 침착함이 더 중요하다. 다음의 팁은 시험 당일 실수를 줄이고, 합격 가능성을 높이는 데 도움이 되는 핵심 요령이다.

실기시험 핵심 유의 사항 7가지

1. 시험 전날, 시험장 장비 종류 확인하기
→ 조타 장치 및 엔진 방식은 시험장마다 다를 수 있으므로, 사전 영상 확인을 통해 조작 감각을 익히는 것이 바람직하다.

2. 구명조끼는 반드시 착용하고 출항 지시를 기다릴 것
→ 조끼 미착용 상태로 조작하거나, 시험관 지시 전에 출항하면 즉시 감점 또는 실격.

3. 출발 전 시동을 켠 뒤, 엔진 소음을 짧게 체크하자
→ 시동만 켜고 바로 출항하는 경우, 엔진 이상 여부를 확인하지 못해 감점.

4. 핸들 조작은 '과하게' 하지 말고, 부드럽게 조종할 것
→ 회전 구간에서 급조작은 항로 이탈이나 불안정한 조종으로 감점 요인이 된다.

5. 시험관의 지시는 '반드시 끝까지' 듣고 행동하기
→ 지시 중간에 조작을 시작하는 경우, '지시 불이행'으로 감점 사유

6. 긴장될 땐 '속도 늦추기'를 먼저 생각하자
→ 당황할수록 속도 조절에 실패하는 경우가 많다. 속도를 급하게 올리지 않도록 주의하고, 서서히 부드럽게 올리도록 한다.

시험 직전 체크리스트

☐ 시험장 위치 및 도착 시간 확인

☐ 구명조끼 착용 확인

☐ 출발 전 점검 사항 숙지

☐ 시험관 지시 전 조작 금지 숙지

☐ 시험 항목 순서 기억하기

☐ 나침방위 맞으면 반드시 전방 주시하며 운항

☐ 긴장되면 핸들보다 속도 전환 레버 조절 먼저!

☐ 레버 조절이 끝나면 반드시 두 손으로 핸들 조작

동/력/수/상/레/저/기/구/조/종/면/허

부록

제1장 최종정리 – 그림 계산 법규 오답 방지
제2장 시험 직전 한 눈에 끝내는 스피드 요약
제3장 수상레저안전법 등 주요 법률 제·개정 사항

시험 직전 한 눈에
끝내는 스피드 요약

제1장 최종정리
- 그림·계산·법규 오답 방지

제1절 그림·계산 문제 마스터편

그림 문제

1. 구명 장비 구분

[보기]

(가)

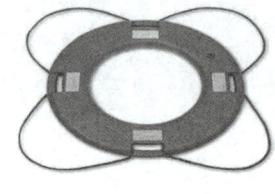
(나)

> [정답] **(가) 구명부기, (나) 구명부환**
> - 구명부기: 구조자가 줄을 붙잡고 기다리는 부체
> - 구명부환: 익수자에게 던지는 둥근 고리형 부력 기구
> ※ 자주 묶여서 출제됨 → 부기 ≠ 부환 ≠ 조끼(혼동 주의!)

2. 비상집합장소 그림 구분

[보기]

> [정답] **비상집합장소**
> - 비상집합장소: 선박 비상시 승객들이 모이는 장소
> ※ 그림 형태 기억하기 → 사람 여러 명 + 원형 또는 사각 집합 아이콘
> ※ 자주 나오는 오답: 구명뗏목, 비상구조선 (헷갈리지 않게 주의!)

3. 교량표지 ③번 구분

보기

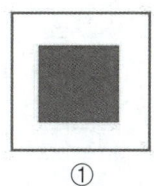  

① ② ③

정답 ③ 우측단표
- 기능:교량 아래 항로의 우측 끝을 나타냄. 선박의 안전한 통과를 유도함.
- 헷갈리기 쉬운 표지:

좌측단표:①번 그림 – 항로 좌측 끝 표시
중앙표:②번 그림 – 항로 중앙 또는 가항 수역 중심 표시
※ '좌측단표 ↔ 중앙표 ↔ 우측단표' 비교해 기억!

4. 신설위험물표지(특수표지) 구분

보기

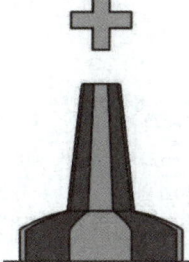

정답 준설, 발굴, 매립 등 해상공사 구역 표시 X
- 신설위험물표지:수로도지에 없는 새롭게 발견된 위험물을 표시함
- 설치 예시:침몰선, 좌초선박 등
- 점등 색상:황색과 청색 교차 점등
※ 해상공사 구역 표지는 별도의 공사용 표지 사용 (혼동 주의!)

5. 해도 기호-DW 의미 구분

보기

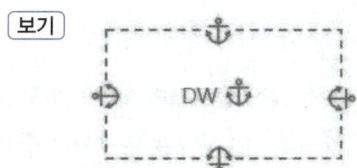

정답 대형 흘수선용 정박구역
- DW(Deep Water): 깊은 수심이 필요한 대형 흘수선 전용 정박지
- 주로 유조선, 컨테이너선 등 대형 선박 정박용

6. 해도 기호 – 일반 정박구역 구분

보기

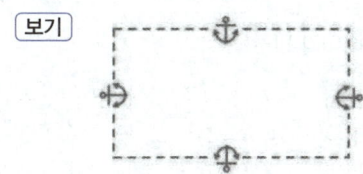

정답 일반 정박구역
- 표준 해도 기호로, 특별한 제한 없는 일반 선박용 정박지

7. 선수 트림(Trim by the head) 현상 구분

보기

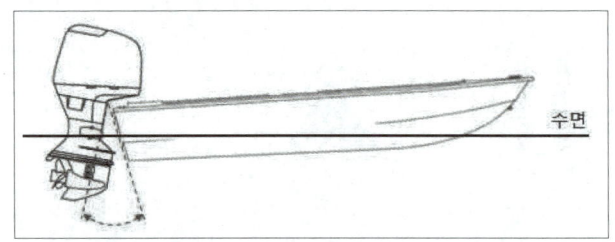

정답 **선수부에서 항주파가 형성된다 X**
※ 선수가 들린 상태(Trim by the stern)에서는 항주파는 선미에서 발생 → 선수부 발생은 오답

8. H(Keel~프로펠러 거리)가 길 때 나타나는 현상

보기

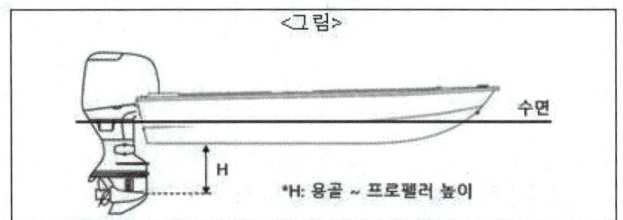

정답 **불필요한 항력이 발생하고 트랜섬에 무리를 준다.**
- H가 길면 물속에서 저항 커짐 → 항력 증가
- 무게 지렛점이 길어져 트랜섬(엔진 거치대)에 구조적 부담 발생
※ 벤틸레이션(Ventilation) 등은 보통 H가 짧거나 엔진이 높이 장착됐을 때 발생하는 현상

계산 문제

1. 조류에 따른 대지속력 판단

최고속 대지속력 20노트로 설계된 모터보트를 전속 RPM으로 운행 중 GPS 플로터를 확인하였더니 현재 속력이 22노트였다. 추측할 수 있는 현재의 조류는 (①)이며, 유속은 약 (②) 노트 내외라 추정할 수 있다.

정답 ① **순조**, ② **2노트**
22노트 − 20노트 = 2노트
GPS 속도가 더 빠르므로, 순조 상태이고, 속도 차만큼 조류 유속이라 판단
- 순조: 배가 향하는 방향과 조류 방향이 같음
- 역조: 반대 방향
※ 속도 차 = 조류 유속으로 추정 가능

2. 항해 시간 계산

입항을 위해 이동 중 항·포구까지의 거리가 5해리 남았음을 알았다면, 레저기구 속력이 10노트로 이동하면 입항까지 소요되는 시간은?

> [정답] **30분**
> 공식: 시간 = 거리 ÷ 속력 → 5해리 ÷ 10노트 = 0.5시간 = 30분
> ※ 0.5시간 = 30분 등 단위 변환 주의!

3. 속력 계산 – 단위 변환 주의 문제

6분 동안 1.2마일(해리)을 항주한 선박의 속력은?

> [정답] **12노트**
> 공식: 속력 = 거리 ÷ 시간 → 1.2해리 ÷ (6분 ÷ 60분) = 1.2 ÷ 0.1 = 12노트
> ※ 6분 = 0.1시간 / ※ 1노트 = 1시간에 1해리를 항해하는 속도

4. 거리 계산 (속력 × 시간)

선박 'A호'는 20노트(knot)의 속력으로 3시간 30분 동안 항해하였다면, 선박 'A호'의 항주 거리는 얼마인가?

> [정답] **70해리**
> 공식: 거리 = 속력 × 시간 → 20노트 × 3.5시간 = 70해리
> ※ 1노트 = 1시간에 1해리 / ※ 3시간 30분 = 3.5시간 (단위 변환 주의)

5. 대수속력(S)과 대지속력(V) 계산

유속 5노트의 해류를 뒤에서 받으며, GPS로 측정한 선속이 15노트라면, 대수속력(S)과 대지속력(V)는 얼마인가?

> [정답] **S = 10노트, V = 15노트**
> 공식: V(대지속력) = GPS 속력 = 15노트, S(대수속력) = V−유속 = 15−5 = 10노트
> ※ 대지속력(V): 실제로 지면(Ground)을 기준으로 움직이는 속도
> ※ 대수속력(S): 물(Water)을 기준으로 움직이는 속도
> → 조류가 뒤에서 밀어주는 경우: V = S + 조류 속도

6. 만조 간격에 따른 입항 시간 판단

1조석 간만의 영향을 받는 항구에서 레저보트로 입출항할 때, 오전 08시 14분 출항했을 때가 만조였다면, 다음 중 어느 시간대를 선택해야 만조 시의 입항이 가능한가?

> [정답] **당일 20시경(오후 8시경)**
> 공식: 조석 주기–평균 12시간 25분 간격, 실전 문제에선 보통 약 12시간 간격으로 출제됨
> 08:14 + 약 12시간 = 20시경 → 만조 재도래 예상

제2절 헷갈리는 법규 오답 방지 노트

과태료 문제

1. 수상레저안전법상 1년 이하의 징역 또는 1천만 원 이하의 벌금
- 면허증을 빌리거나 빌려주거나 이를 알선한 사람
- 조종 면허를 받지 아니하고 동력수상레저기구를 조종한 사람
- 술에 취한 상태에서 동력수상레저기구를 조종한 사람
- 술에 취한 상태라고 인정할 만한 타당한 이유가 있는데도 관계공무원의 측정에 따르지 아니한 사람
- 약물복용 등으로 인하여 정상적으로 조종하지 못할 우려가 있는 상태에서 동력수상레저기구를 조종한 사람
- 등록 또는 변경 등록을 하지 아니하고 수상레저사업을 한 사람
- 수상레저사업 등록취소 후 또는 영업정지기간에 수상레저사업을 한 사람

2. 수상레저안전법상 6개월 이하의 징역 또는 500만 원 이하의 벌금
- 정비·원상복구의 명령을 위반한 수상레저사업자
- 안전을 위하여 필요한 조치를 하지 아니하거나 금지된 행위를 한 수상레저사업자와 그 종사자
- 영업 구역이나 시간의 제한 또는 영업의 일시 정지 명령을 위반한 수상레저사업자

3. 수상레저사업자 및 그 종사자의 고의 또는 과실로 사람을 사상한 경우:
등록을 취소하거나 3개월 범위에서 영업의 전부 또는 일부의 정지를 명할 수 있다.

4. 수상레저기구를 보험에 가입하지 않았을 경우:
10일 이내 1만 원, 10일 초과 후 1일당 1만 원 추가, 최대 30만 원 한도로 과태료 부과

5. 수상레저활동 금지구역에서 수상레저기구를 운항한 경우: 과태료 60만 원

6. 정원을 초과하여 사람을 태우고 수상레저기구를 조종한 경우: 과태료 60만 원

7. 구명조끼 등 안전 장비를 착용하지 않은 수상레저활동자: 과태료 10만 원

8. 원거리 수상레저활동 미신고: 과태료 20만 원

9. 50만 원 이하의 과태료를 부과하는 대상자: 면허증 대여는 형사처벌 대상 (과태료 X)
원거리 수상레저활동 신고를 하지 아니한 사람
수상레저활동을 하는 사람 중 운항 규칙 등을 준수하지 아니한 사람

수상레저활동을 하는 사람 중 구명조끼 등 인명 안전 장비를 착용하지 아니한 사람

면허증을 빌리거나 빌려주거나 이를 알선한 사람

주최 기관 문제

1. **수상안전교육**은 해양경찰서장 소관으로, **지방해양경찰청장 담당이 아니다.**
2. 사고 신고는 해경 · 경찰 · 소방서장에게 해야 한다. (**시장 · 군수 · 구청장은 제외**)
3. **원거리 수상레저활동** 신고는 해양경찰관서 또는 경찰관서에 해야 한다. (**소방관서 X**)
4. **인명 안전 장비** 착용 종류를 조정할 수 있는 권한은 해양경찰서장과 시장 · 군수 · 구청장 에게만 있다. (**경찰서장 X**)
5. **소방서장**은 수상레저안전법 위반에 대해 과태료를 부과할 권한이 없다.
6. **내수면** 영업 구역의 수상레저사업 등록은 **시장 · 군수 · 구청장이 관할한다.**
7. **강동소방서장**은 수상레저안전법을 위반한 사람에 대해 **과태료 처분 권한이 없다.**
8. 소방서장은 수상레저활동 금지구역 지정 권한 없음.
9. 수상레저기구 등록원부를 열람하거나 사본을 발급은 시장 · 군수 · 구청장에게 신청.
10. **소방서장**은 인명구조 장비 착용에 관하여 **특별 지시 권한 없음.**
11. 등록은 소유자 주소지 관할 시장 · 군수 · 구청장에게 신청. (**해양경찰서장 X**)
12. 수상레저사업에 이용하려는 기구도 **시장 · 군수 · 구청장**에게 등록신청. (**해양경찰서장 X**)
13. 압류등록 촉탁은 **법원**으로부터 이루어짐.
14. 무역항 관리청은 국가관리무역항–**해양수산부장관**, 지방관리무역항–**특별시 · 광역시 · 도지사 또는 특별자치도지사**
15. 선박 경기 등 행사는 **관리청**의 허가를 받아야 함.
16. 항만운영정보시스템은 **해양수산부장관**이 구축 · 운영함.
17. **해양경찰청장**은 관리청에 최고 속력 지정을 요청할 수 있음.
18. 수상레저 행위는 **해양경찰서장**이 허가.
19. 10톤 미만 FRP 선박 해체 시, 작업계획서는 **해양경찰청장 또는 해양경찰서장**에게 제출.

거리 문제

1. 출발항으로부터 **10해리** 이상 떨어진 곳에서 활동할 경우, 해양경찰관서에 신고해야 한다.
2. 영업 구역이 2해리 이상이면 통신장비를 갖추어야 한다. (**3해리 X**)
3. 유조선통항금지해역에서 **1,500킬로리터** 이상 원유를 싣고 있는 유조선은 항해할 수 없다.
4. 선박에서 기름을 배출은 육지로부터 **12해리** 이상 떨어진 곳에서 해야 한다.

5. 선박이 분뇨를 배출할 수 있는 해역은 영해기선으로부터 **3해리 이상의 해역**
6. 실기시험 사행 시, 부표와의 거리는 **3~15m** 이내.
7. **10km** 이내 수역에서는 통항 방해 행위를 금지한다.
8. 폐기물 투기 금지 구역은 무역항 수상 구역 밖 **10km 이내.**

기간 문제

1. 사람을 사상한 후 달아난 경우, **4년 간** 조종 면허를 받을 수 없다.
2. 수상레저사업 **등록 갱신**은 유효기간 **종료일 5일 전까지 제출**
3. 수상레저사업 **휴업 또는 폐업 시 3일** 전까지 등록관청에 신고
4. 최초 면허시험 합격 전 **수상안전교육**의 유효기간은 6개월이다. (**1년 X**)
5. 수상레저사업 등록의 결격사유 중
   : 금고 이상의 형 집행이 종료된 경우, 2년이 경과해야 함. (**3년 X**)
6. 수상레저사업의 등록 **유효기간**은 10년이다. (**20년 X**)
7. 수상레저기구 소유자는 **1개월 이내 보험에 가입**해야 한다.
8. 안전 검사를 받은 동력수상레저기구 중 사업용은 1년마다, 그 외에는 5년마다 **정기 검사**를 받아야 한다. (**3년마다 X**)
9. 외국인이 국내에서 개최되는 국제경기대회에 참가하는 경우, 조종 면허 없이 수상레저기구를 조종할 수 있는 기간 : **개최 10일 전부터 종료 후 10일까지**
10. 면허시험에서 부정행위를 하여 시험의 중지 또는 무효의 처분을 받은 사람은 **2년간** 면허시험에 응시할 수 없다.
11. 조종 면허 **응시표 유효기간**은 접수일로부터 1년. (**6개월 X**)
12. 조종면허시험대행기관의 지정 기준에 따른 책임 운영자는 경력 5년 이상 (**4년 X**),
13. 주취로 면허 취소 시, **1년간** 재응시 불가.
14. 조종 면허가 취소된 자는 해양경찰청장에게 조종면허증을 **7일** 이내 반납 의무.
15. 갱신이 연기된 조종면허증은, 그 연기 사유가 없어진 날부터 **3개월** 이내에 갱신해야 함.
16. 조종 면허가 취소된 날부터 **1년**이 경과되지 아니한 자는 시험 응시가 불가하다. (**2년 X**)
17. 책임 운영자는 수상레저활동 관련 업무 중 해양경찰청장이 정하여 고시하는 업무에 **5년** 이상 종사한 경력이 있는 사람이어야 하며, 일반조종면허 시험관은 **1급** 조종면허를 갖춘 사람이어야 한다.
18. 면허증은 신청일로부터 **14일 이내** 발급.
19. 면허시험 면제교육기관의 장이 교육을 중지할 수 있는 기간은 **3개월**을 초과할 수 없다.
20. 조종 면허의 정지 처분을 통지할 수 없는 경우 **14일간 공고**로 갈음 가능.
21. 동력수상레저기구의 등록 사항 중 변경 사항이 있는 경우 **30일 이내**에 변경 신청.

22. 선박의 소유자 또는 임차인은 위험 예방조치 비용을 위험 예방조치 종료일로부터 **5일 이내**에 납부하여야 한다. (7일 X)
23. 선박안전관리증서의 유효기간은 **5년**.
24. 선박오염물질기록부는 최종 기재일로부터 **3년간** 보존해야 한다.
25. 수상레저기구의 존재 여부가 불분명한 경우, **3개월 이내** 말소등록 신청해야 함.
26. 정기 검사는 만료일 기준 전후 **30일 이내**에 받아야 함.
27. 동력수상레저기구 소유자는 소유한 날로부터 **1개월** 이내 등록해야 함.
28. 시험운항 허가 기간은 **7일**. (10일 X)

숫자+기타 문제

1. 비상 구조선은 탑승정원 **3명** 이상, 속도 시속 **20노트** 이상
2. 수상레저기구가 31대 이상이면, 20대 초과마다 1대씩 추가해야 한다. (**30대마다 X**)
3. 구명조끼는 탑승정원의 **110% 이상**을 갖춰야 한다. 탑승정원의 **10%는 소아용**으로 한다.
4. 술에 취한 상태의 기준은 혈중알코올농도 **0.03% 이상**으로 한다.
5. 14세 미만 보호자 없는 자를 태우는 행위만 금지되며, **15세 이상은 금지 대상이 아니다.**
6. **보호자를 동반한 14세 이상인 자**를 수상레저기구에 태우는 행위는 **금지 사항이 아니다.**
7. 추진기관 **30마력 미만** 고무보트는 등록 대상이 아니다.
8. 제1급 조종면허를 가진 사람의 감독하에 **무면허 조종이 허용**되는 경우
   : 동시 감독 가능한 수상레저기구는 3대 이하여야 한다. (**4대 이하 X**)
9. 다이빙대·계류장·교량 20미터 이내에서는 10노트 이하로 운항 (**12노트 이하 X**)
10. 면허시험 응시 수수료는 **필기 4,800원, 실기 64,800원**
11. 구명조끼를 5년마다 교체해야 한다는 규정은 없다.
12. 수상레저사업 등록 기준상 탑승정원 **13명** 이상인 동력수상레저기구에는 선실, 조타실, 기관실에 각각 **1개** 이상의 소화기를 갖추어야 한다.
13. 책임보험금은 사망 시 **1억 5천만 원**, 부상 시 **3천만 원** 이상으로 가입. (1억, 5천 X)
14. 탑승정원 **4명 이상**인 수상레저기구에는 구명부환을 30% 이상 갖추어야 함. (5명 이상 X)
15. 최대 출력 5마력 이상은 **3.75킬로와트** 이상이다.
16. 야간 수상레저활동 시간은 **해가 진 후 30분부터 24시까지** 조정할 수 있다.
17. 수상레저안전법상 1급 조종면허를 받을 수 있는 나이는 **18세 이상**, 2급은 **14세 이상**
18. 조종면허 합격 기준: 1급-필기 70점, 실기 80점, **2급-필기 60점, 실기 60점.**
19. 신규 면허자는 수상안전교육 **3시간** 이수 필요.
20. 외국인의 경우 **2개국** 이상이 참여하는 국제경기대회에 특례가 적용된다.
21. 시험선에는 인명구조용 부표를 **1개씩** 비치해야 함. (2개 X)

22. 실기시험은 **시험관 2명**이 탑승해야 함.
23. 고무보트는 **30마력 이상**부터 등록 대상.
24. 총톤수 **20톤 이상**의 선박을 무역항의 수상 구역 등에 계선하려는 자는 관리청에 신고하여야 한다.
25. 화재 시 경보는 **장음 5회**로 알림.
26. 우현으로 변침은 **단음 1회**.
27. 좌현 변경 시 **단음 2회**.
28. 추월 동의 신호는 **장음1 – 단음1 – 장음1 – 단음1**
29. 의문 또는 경고 신호는 **단음 5회 이상**
30. 기관 후진 시 **단음 3회**
31. 좁은 수로 등의 굽은 부분이나 다른 선박을 볼 수 없는 수역에 접근 시 **장음 1회**
32. 대수속력이 있는 경우에는 **2분**을 넘지 아니하는 간격으로 **장음 1회** 울려야 한다.
33. 시계가 제한된 수역이나 그 부근에 정지하여 대수속력이 없는 동력선은 **장음을 2초** 간격으로 **연속 2회** 울리되, 2분을 넘지 않는 간격으로 한다.
34. 길이 **100m 이상** 선박은 기적, 호종, 징을 모두 비치해야 한다.
35. 길이 12미터 이상의 선박은 기적 1개를, 길이 **20미터** 이상의 선박은 기적 1개 및 호종 **1개**를 갖춰야 한다. (50미터 X)
36. 항행 중인 길이 **20m 미만**의 범선은 삼색등을 표시할 수 있다.
37. 길이 12m 미만 동력선은 **흰색 전주등 1개+현등 1쌍**을 설치해야 함.
38. 길이 7m 미만이고 최대속력이 7노트 미만인 동력선은 **흰색 전주등 1개**만 표시.
    길이 100m 이상 선박은 시운전 금지 대상이다.
39. 범선은 **현등 1쌍과 선미등 1개**를 표시.
40. 흘수제약선이 동력선의 등화에 덧붙여 **붉은색 전주등 3개**를 수직으로 표시한다.
41. 도선 업무에 종사하고 있는 선박 **위 흰색, 아래 붉은색 전주등**을 수직으로 표시
42. 정박 중인 선박은 **둥근꼴 형상물 1개**를 표시
43. 얹혀 있는 선박이 가장 잘 보이는 곳에 수직으로 **둥근꼴 형상물 3개**를 표시
44. 조종제한선에 **둥근꼴 – 마름모꼴 – 둥근꼴** 형상물을 수직으로 표시
45. 마스트등은 **225도** 범위로, 양쪽 정횡에서 뒤쪽 22.5도까지 비춘다.
46. **길이 20m 미만** 동력선은 현등 1쌍을 대신하여 양색등을 표시할 수 있다.
47. 위험물: 인화성 가스는 총톤수 **1,000톤 이상** 선박에 산적된 경우.
48. 기름 성분은 **15ppm 이하**일 때만 배출이 허용된다.

제2장 시험 직전 한눈에 끝내는 스피드 요약

스피드 필기 요약 – 기상과 기초지식

● **기상 일반**
- 한랭전선 = 적란운 + 소나기 + 돌풍 ★
- 너울 = 멀리서 생긴 파도 → 바람 없이도 발생
- 해풍 : 일출 후 무풍 → 오후 1~3시 최강 → 밤엔 육풍
- 저기압 = 상승기류 + 비 / 고기압 = 하강기류 + 맑음
- 이류무 = 따뜻한 공기 → 찬 해수 위 → '지속시간 짧다'는 틀림 ★
- 풍향 = 바람이 불어오는 방향 ('나가는 방향'은 오답 ★)

● **태풍과 바다 위험**
- 태풍 조건 = 따뜻한 바다 + 상승기류 + 코리올리 ★
- 태풍 우측은 위험반원
- 이안류 = 육지 → 바다 방향 ★
- 해수 2℃ 이하 → 생존 위험 ↑ ★

● **계절풍과 특보**
- 겨울 = 북서풍(강), 여름 = 남동풍(약) → '★겨울에 남동풍' / '★밤에 해풍'은 오답
- 기상 특보 암기 : 풍랑 · 폭풍해일 · 지진해일 · 태풍 (ㅍㅍㅈㅌ) ★

스피드 필기 요약 – 조석과 조류

- 조석 주기 : 만조~간조 = 12시간 25분 → 24시간 50분은 틀림 ★
- 조석 영향 : 수심 변화, 유속 변화 → 선박 운항 영향
- 사리 때 = 조류 가장 강함
- 저조 → 고조 : 창조, 흐름은 창조류
- 조석표 : 24시간제 / AM · PM 표기 X
- 보름 · 그믐 무렵 = 조차 가장 큼
- 조류 = 수평운동 / 조석 = 수직운동
- 와류 = 좁은 수로에서 조류가 빨라질 때 소용돌이 형성 → 반류 아님 (자주 나오는 오답 유도 선지) ★

스피드 필기 요약 - 응급처치 및 구급법

- **화재·화상·체온 관련**
  - 보트 화재 시 : 엔진 정지 → 연료밸브 차단 → 소화기 사용
  - 화학화상 : 흐르는 물로 세척, ★중화제 사용 금지
  - 저체온증 : 체온 35℃↓ → 중심부부터 따뜻하게 보온
  - 동상 : 비비거나 열 직접 접촉 금지 (손상 악화)

- **열 관련 증상**
  - 열사병 : 땀 거의 안 나고 피부 뜨거움 → ★'땀 많이 흘린다'는 오답 선지 주의

- **심폐소생술 [CPR] 및 AED**
  - AED 순서 : 전원 켜기 → 패드 부착 → 분석 → 충격 → 가슴압박
  - 심폐소생술 중단은 10초 이내로 제한 ★
  - 가슴압박 속도 : 분당 ★100~120회
  - 인공호흡 : 1초간 천천히, 가슴이 부풀 정도
  - 기본 소생술 흐름 : 반응 확인 → 도움 요청 → 호흡 확인 → CPR
  - 기도폐쇄 대처
  - 영아(1세 미만) : 복부 밀어내기 금지 → ★등 두드리기 + 가슴압박 병행

스피드 필기 요약 - 운항 및 운용:선박 일반 구조

- 복원력(GM) : 무게중심(G)이 낮을수록 증가 ★
- 피치(pitch) : 프로펠러 1회전당 전진 거리
- 레이싱 : 프로펠러 수면 밖 노출 → 공회전 현상
- 롤링 : 선박의 복원력과 밀접
- 요잉 : 선수 좌우 왕복운동, 보침성과 관련 ★
- 타 : 보침성과 선회성 제공 장치
- 흘수(draught) : 수면 아래 잠긴 깊이, 양 현측 표시 ★
- 트림 : 길이 방향 기울기 (선수미 경사)
- 추적류(반류) : 선박 뒤에서 앞쪽으로 흐르는 보충 수류
- 선박 전타 시 : 초기에 내방경사 → 선회 지속 시 외방경사
- 횡요주기 = 파랑주기 시 : 전복 위험 증가

- 운항 중 얕은 모래톱에 얹히면 → 먼저 기관 정지 ★
- 수상 오토바이 : 안정성 낮음, 전복 위험 큼
- 전폭 : 선체의 가장 넓은 지점 양현 외판 외면 간 거리
- 순톤수 : 여객·화물 운송용 용적 톤수
- 도등 : 2~3개 등화를 앞뒤로 설치 → 선박 유도용
- 조와저항 : 유선형 선체일수록 작아짐

스피드 필기 요약 – 항해계기

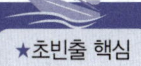

★초빈출 핵심

1. 거리·방위·방향 관련

- 1해리 = 1,852m → 항해 거리 대표 단위 ★
- 침로 = 선수미선과 자오선이 이루는 각
- 항로지 = 기상·항만·도선사 정보 포함된 수로서지
- 우현표지 = 수로 우측 → 좌측으로 항행해야 안전
- 변침 목표물 : 등대, 입표, 산꼭대기 (부표는 X)

2. 레이더·AIS·GPS

- 레이더 기능 : 거리·방위·물체 탐지 (풍속 측정 X) ★
- 레이더 연결 : 자이로컴퍼스, GPS, 선속계 (VHF X)
- 레이더 플로팅 영상 = 형상 식별 불가 ★
- 레이더 방위는 오차 커서 연안 항해 시 선위 측정에 부적절
- AIS = 선박 자동 식별 장치 (★선원 개별 정보 제공 X)
- AIS 정적 정보 갱신 주기 : 6분마다 or 수정·요청 시
- 채널 14 = 항만 관제용 (AIS 통신용 X)
- GPS = 위치 측정 정확도 ↑ (충돌 위험 판단 기능 없음)
- 다중 경로 오차 = DGPS로도 보정 불가 ★
- GPS 플로터 해도 = 항해 공식 목적 단독 사용 불가 (참고용) ★

3. 나침반 및 항해 장비

- 자기컴퍼스 = 전원 없이 단독 작동 ★
- 자기차 발생 원인 : 같은 방향에 오래 둘 때
- 항해 계기 확인 : 엔진 회전수, 온도, 압력 게이지 (축 게이지 X)

스피드 필기 요약 – 국제신호기 및 조종원칙

1. 국제신호기 및 항로 표지

- 북방위표지 : 흑색 원뿔 2개 꼭짓점 ↑ / 상 흑색 · 하 황색 ★
- 기류신호 NC = 조난, 즉시 지원 요청 ★
- 신호기 J = 화재 + 위험화물 → 충분히 피하라 ★
- 신호기 S = 후진 중 / B = 위험물 / O = 인명 구조
- 우현 표지 = 홍색
- 측방 표지 = 수로의 좌우 한계 표시
- 5회 이상의 짧고 빠른 섬광 = 경고 발광 신호
- DW 기호 = 깊은 수역 정박 구역
- 항행통보 = 해도 정정 자료 제공

2. 조종 원칙 및 운항 주의

- 시정 불량 시 : 무중신호 적극 사용 (※ 기적 · 사이렌 X) ★
- 파도 통과법 : 정면 또는 비스듬히 통과 (선미 · 측면 X) ★
- 야간 회피 시 : 명확한 대각도 변침으로 의사 표시
- 브로칭 : 전복 위험 높은 잘못된 운항
- 킥현상 : 전타 시 선체가 바깥으로 밀림 (안쪽 X)
- 연료 고갈 시 : GPS 위치 확인 → 구조 요청
- 동력수상레저기구 추월 : 침로 · 속력 유지 (속도 줄이면 X)
- 충돌 위험 기준 : 방위가 일정하고 거리만 가까워질 때 ★
- 시계 제한 시 안전 속력 판단 기준 : 시계, 교통 밀도, 조종 성능 ★

3. 항행 중 작동법

- 정박 중 충돌 경고 : 1분 간격으로 5초간 연속 타종 ★
- 전진 중 바람 횡방향 → 선수는 바람 방향으로 향함
- 수중 암초는 사전 회피 / 사고 후 피하면 늦음
- 계류 시 : 선수 먼저 접안, 선미 나중
- 프로펠러 1개 보트 → 좌우 선회 반경 다름
- 활주 상태 : 선수와 선미가 수면과 거의 평행한 고속 항해 ★
- 흡인 · 배척 작용은 고속일수록 강함 → 고속 병행 항해는 위험
- 수심 얕을수록 조종성 저하 / 바람은 회두 유발 / 조류는 밀어냄
- 추월 시 : 작은 선박이 더 큰 영향을 받음
- 화재 시 : 정횡에서 바람을 받아 연소 확산 방지

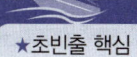

스피드 필기 요약 – 내연기관

1. 기본 개념 및 핵심 원리
- 복원력 ↑ → 횡요주기 ↓ (→ 더 빨리 바로 선다) ★
- 압축압력 ↑ → 열효율 ↑ ★
- 시동 전동기 : 전기에너지 → 기계에너지 변환 ★
- 디젤기관 : 압축점화 / 가솔린보다 압축비 높음 ★

2. 주요 부품 역할
- 플라이휠 : 크랭크축 회전속도 변화 감소
- 슬리브 : 축 부식·마모 방지
- 퓨즈 : 정격 전류 초과 시 회로 차단 (※ 초과 사용 X)

3. 클러치와 과급
- 클러치 종류 : 마찰식, 유체식, 전자식 (※ 감속장치 X)
- 과급기 효과 : 출력↑, 연료소비↓, 기관 소형화, 저질연료 사용 가능 ★

4. 윤활 및 마찰 관련
- 윤활유 압력 ↓ 원인 : 오일 이상 ★
- 윤활유 소비 ↑ 원인 : 펌핑 작용, 리테이너 누유 (※ 연료분사 밸브 X) ★
- 실린더 윤활 목적 : 연소가스 누설 방지, 마찰↓, 과열 방지
- 피스톤 운동 : 왕복운동만 함 (회전 X)

5. 고장 및 이상 징후
- 피스톤 고착 원인 : 링 간격 부적절, 장력↓, 불순물 많은 연료
- 디젤 피스톤링 플러터 : 가스 누설 + 블로바이 발생
- 진동 원인 : 점화 플러그 불량, 압축압력 불균일, 노킹, 베어링 틈새 증가
- 데토네이션(=폭발성 연소) : 고속 화염 전파 → 노킹 유발 ★

6. 기타 점검 사항
- 수상 오토바이 엔진 정지 시 : 스톱스위치, 연료 잔량, 임펠러 상태 확인 ★

스피드 필기 요약 – 냉각 및 연료장치

1. 연료 소모와 출력 관계
- 속력이 증가할수록 연료 소모량은 속력의 제곱에 비례 ★
- 연료소모율 = 1마력당 1시간에 소모되는 연료량
- 연료 효율 개선 방법 : 미립화, 가열, 연소실 보온 (※ 냉각수 온도 낮춤 X)

2. 윤활유와 연료의 특성
- 윤활유 역할 : 감마, 냉각, 청정 (※ 산화 X)
- 온도↑ → 윤활유 점도↓
- 윤활유 압력 저하 원인 : 오일 부족, 여과기 오손, 오염(물/가솔린 유입) ★
- 휘발유 조건 : 기화성↑, 옥탄가↑, 발열량↑, 내부식성↑ → '휘발성이 작아야 한다'는 오답! ★

3. 시동 관련
- 시동 안 될 때 → 프라이머 밸브 작동 (※ 제거 X) ★
- 연료 펌프 고장 시 : 시동 불량, 진동, 엔진 꺼짐
- 수상 오토바이 플러싱 순서 : 냉각수 호스 연결 → 시동 → 공급(5분) → 차단 → 시동 끔
  (암기 : 연기공차정)

4. 과열과 속력 저하 원인
- 가솔린기관 과열 원인 : 냉각수 취입구 막힘, 임펠러 마모, 윤활유 부족 ★
- 출력↓ 직접 원인 : 피스톤·실린더 마모
- 수상 오토바이 속력↓ : 웨어링 마모, 임펠러 손상, 피스톤링 마모
- 보트 속력↓ : 조패류 부착, 무게 증가, 빌지↑ (※ 냉각수 압력 저하는 무관)

5. 주요 부품 기능
- 수온조절기 : 냉각수 온도 따라 밸브 개폐 → 엔진 온도 유지 (※ 녹 방지 X)
- 원심펌프 프라이밍 : 흡입 측 진공 형성 → 물 끌어올림
- 오일펌프 : 캠축/크랭크축 작동 → 윤활유 압송
- 릴리프밸브 : 설정 압력 초과 시 자동 개방 → 압력 일정 유지

스피드 필기 요약 – 추진장치

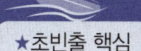

- 추진기 날개면 거칠면 → 마찰 ↑ → 추력 ↓ ★
- 전개면적비 ↓ → 마찰 저항 ↓ → 효율 ↑ ★
- 수상 오토바이 = 임펠러 회전 + 워터제트 추진 방식 ★
- 운행 중 출력 ↓ → 물 흡입구 이물질 확인
- 떨림 발생 시 = 프로펠러 · 축계 · 이물질 점검 (크랭크축 X)
- 피치 : 스크루 1회전 시 축 방향 전진 거리 → 냉각수량과는 무관 ★
- 프로펠러 손상 요인 : 캐비테이션, 공회전, 전기화학적 부식 → 장착 깊이와는 무관

스피드 필기 요약 – 점검 및 정비

1. 기초 점검

- 물속 저항 느껴질 때 → 기구 손상 여부 먼저 확인
- 고무보트 점검 항목 : 공기압, 엔진 부착 상태, 연료 확인 (※ 중량물 탑재 X)
- 선외기 시동 전 점검 : 엔진오일 잔량, 환기구 개방, 스톱스위치(RUN) 확인 (냉각수 X)
- 출항 전 : 배터리 충전 상태 확인 (예비 배터리까지는 불필요)

2. 시동 관련

- 시동 준비 순서 : 스크루 확인 → 빌지 점검 → 연료 · 오일 · 벨트 확인 → (2행정이면) 혼합유 확인 → 밸브 열고 시동
- 시동 불량 시 점검 : 스톱스위치, 연료, 점화퓨즈 (냉각수 X)
- 시동 후 점검 : 계기 확인, 연료 · 오일 누유 확인, 클러치 · 스로틀 작동 확인

3. 전기 · 정비 부품 관련

- 점화 플러그 : 작지만, 성능에 직접 영향, 고온 · 고압 견딤 ★
- 멀티테스터기 : 전압 · 전류 · 저항 측정 가능 (※ 유효전력은 측정 불가)
- 축전지 방전 시 : 접지 확인 또는 축전지 교환 (릴레이 X)
- 시동 전동기 불량 시 : 전동기 자체 점검 우선 (축전지 X)
- 장기 보관 시 : 축전지 단자 분리 (완충만 해도 되는 것 아님)

4. 정비 순서 및 절차

- 오일펌프 정비 순서 : 분해 → 부품 점검 → 오일통로 청소 → 간극 측정
- 마그네틱 스위치 점검 순서 : 풀인코일 → 홀딩코일 → 접지 복귀 → 피니언 갭 ★

5. 절연 관련

- 전자기기 절연 불량 원인 : 습기, 먼지, 과전류 (※ 절연저항 크면 정상)

스피드 필기 요약 - 수상레저안전법

★초빈출 핵심

1. 과태료 및 벌칙 관련

- 무면허 · 음주 · 측정 불응 조종 → 1년 이하 징역 / 1천만 원 이하 벌금 ★
- 정비 명령 위반 등 → 6개월 이하 징역 / 500만 원 이하 벌금 ★
- 보험 미가입 과태료 : 10일 이내 1만 원 + 1일당 1만 원씩, 최대 30만 원 ★
- 금지구역 운항 / 정원 초과 → 각 60만 원 과태료 ★
- 구명조끼 미착용 → 10만 원 / 원거리 미신고 → 20만 원 과태료 ★
- 과태료 부과권자 : 해경서장(해수면), 시장 · 군수 · 구청장(내수면)
- 소방서장은 과태료 · 금지구역 지정 권한 없음
- 면허증 대여는 형사처벌 대상 (과태료 아님)
- 사람 사상 후 도주 → 4년간 면허 취득 불가

2. 시험 관련

- 응시 수수료 : 필기 4,800원 / 실기 64,800원 ★
- 시험 과목 7개 : 수상레저안전법, 입출항법, 해상교통안전법, 선박안전법, 등록검사법, 해양환경관리법, 전파법 ★
- 수상안전교육 유효기간 : 6개월 ★
- 출력 5마력 이상 → 면허 필요 ★
- 면허 1회 위반 시 즉시 취소 사유 ★ : • 부정한 방법으로 면허 취득
  - 면허 정지 중 조종
  - 결격자가 면허 취득
- 실기시험 승선 인원도 정원에 포함
- '사람 사상'은 '취소' 사유 아님 (주의!)

3. 기타 핵심

- 기상 특보(풍랑 · 강풍 등) 시 활동하려면 신고서 제출 ★

- 원거리 활동(10해리 이상) → 해경 신고 의무 ★
- 야간 활동 가능 시간: 일몰 후 30분 ~ 24시 (해경서장 조정 가능) ★
- 광역시장·도지사는 야간시간 조정 권한 없음
- 야간 필수 장비: GPS, 통신기기, 자기점화등 등이 부착된 구명조끼(레이더, 비상식량은 포함 아님) ★
- 구명조끼는 정원 대비 110% 이상, 10%는 소아용
- 보험은 등록기간 동안 계속 유지해야 함
- 출항 전 기상 특보 확인 필수 (태풍·풍랑·대설 등 금지)
- 사고 발생 시 신고는 해경, 경찰, 소방 (시장·군수·구청장 X)

스피드 필기 요약 – 조종 면허

1. 면허 효력 및 응시 기준 ★
- 조종 면허 효력은 면허증 발급일에 발생 (최종 합격일 아님)
- 1급: 18세 이상 / 2급: 14세 이상
- 2급 취득자가 1급 취득 시 2급 면허는 효력 상실
- 면허 취소자는 1년간 응시 불가
- 응시표 유효기간: 접수일로부터 1년

2. 부정행위 및 무면허 조종 ★
- 부정 행위자는 2년간 시험 응시 불가
- 면허정지 중 조종 시 → 면허 취소
- 무면허 조종 시 동승자는 1급 면허 소지자여야 함

3. 실기시험 관련
- 사행 중 선회 부자연스러우면 감점
- 계류장 접촉도 감점 대상 (실격 아님)
- 사행 시, 부표와 거리 3~15m 유지
- 시험 보트에는 구조 부표 1개 필수 비치
- 출발 전 점검 항목: 구명부환, 소화기, 연료 등 총 10가지

4. 면허 관리 및 교육
- 면허증 빌려주면 면허정지 사유
- 면허 취소 시 7일 이내 반납 의무

- 최초 면허 전 안전교육 유효기간 6개월
- 신규자: 수상안전교육 3시간 이수 필수
- 갱신 안 하면 면허는 정지 (취소 아님)
- 장기 질병은 갱신 연기 사유, 종료 후 3개월 이내 갱신 필요

스피드 필기 요약 - 수상레저기구 등록 및 검사법

★ 초빈출 핵심

1. 등록 관할 ★
- 등록은 시장·군수·구청장 관할 (해경 X)

2. 등록 대상 ★
- 고무보트는 30마력 이상이면 등록 대상 (25마력 X)
- 등록 절차: 안전 검사 → 보험 가입 → 등록

3. 안전 검사 관련
- 면제 대상: 시험운항 허가, 검사 대기 중, 상가·거선 목적, 시운전용(우수제조업체 제품이라도 무조건 검사 필요)
- 정원·운항구역 변경 시: 임시검사
- 정기 검사 시기: 만료일 기준 전후 30일 이내
- 30일 내 검사 받으면 유효기간은 만료일 다음날부터 시작

4. 말소 및 번호판
- 말소 사유: 기능 상실, 추진기관 제거, 수상용도 외 사용
- 존재 불명: 3개월 내 말소 신청
- 번호판: 옆면+뒷면 부착, 내부 보관 X
- 색상: 옅은 회색 바탕 + 검은색 문자

5. 벌칙 ★
- 미등록·무검사 운항 시: 6개월 이하 징역 또는 500만 원 이하 벌금

6. 기타
- 시험운항 허가 기간: 7일
- 명칭 표기: MB(모터보트), RB(고무보트), YT(요트), PW(수상오토바이)

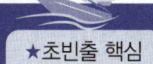

스피드 필기 요약 – 선박의 입항 및 출항 등에 관한 법률

1. 무역항 구분 ★
- 국가관리무역항 : 해양수산부장관
- 지방관리무역항 : 특별시 · 광역시 · 도지사 등

2. 입출항 및 행사
- 전시 · 비상사태 등엔 입 · 출항 허가 필요
- 선박 경기 등 행사는 관리청 허가 받아야 함
- 항만운영정보시스템은 해수부장관 소관

3. 입출항 보고 및 계선
- 내항선은 지방해양수산청장 등에게 보고 (해경 아님)
- 총톤수 20톤 이상 → 계선 신고 대상
- 계선 : 선박이 운항 중지하고 정박 · 계류하는 것

4. 항로 항법
- 항로 내 선박 우선, 항로 밖 선박이 피항
- 방파제 부근 → 입항선이 출항선 피함
- 나란히 항행 금지, 추월은 시야 확보되면 가능
- 충돌 우려 시 → 우현(오른쪽)으로 피항

5. 우선 피항선
- 부선, 노 · 삿대 운전선, 예인선
- 입항 중인 부선은 우선 피항선 아님
- 피항선도 항행 방해 장소 정박 불가

6. 벌칙 순서 (암기용)
- 출항 중지 위반 〉 선원 승선 위반 〉 교육 미이수 〉 장애물 미제거 → '출선교장' 으로 암기

부록 | 335

스피드 필기 요약 – 해양환경관리법

- 해양오염 정의 : 해로운 결과를 미치거나 미칠 우려가 있는 상태 ★
- 기름 배출 기준 : 12해리 이상, 15ppm 이하일 때만 가능 ★
- 고의 기름 배출 시 : 5년 이하 징역 또는 5천만 원 이하 벌금 ★
- 기름기록부·폐기물기록부 보존기간 3년 ★
- 해양오염사고는 해경에 신고, 기상·일시·장소 등 포함 (주변 선명 X)
- 포장유해물질 : 포장된 유해 물질 중 오염 우려 있는 것
- 유성혼합물·폐유는 배출 금지 → 적법 위탁 처리
- 총톤수 5톤 이상 : 폐유저장용기 비치
- 10~30톤 미만 : 60L 이상 저장 용기
- 10톤 미만 FRP 선박 해체 시 : 해경에 작업계획 신고
- 한강 수역은 적용 제외
- 기관장만 해양오염방지관리인 가능
- 대기오염물질 : CO_2, 오존층파괴물질, 휘발성 유기화합물 (※ 기후변화 유발 물질 X)
- 분뇨는 마쇄소독장치 있어야 3해리 밖에서 배출 가능
- 선저폐수 없는 선박은 기름기록부 면제
- 폐기물 기록부 서명 필요 없음
- 해양환경공단 : 방제·기술·교육 담당

제3장 수상레저안전법 등 주요 법률 제·개정 사항

※ 수상레저안전법 전부 개정 : 시행일 2023. 6. 11.

내용	비고
수상레저안전법이 수상레저안전법과 수상레저기구의 등록 및 검사에 관한 법률로 분리법안 전부 개정 *2022. 6. 10. 전부 개정, 2023. 6. 11. 시행	신설
무동력기구의 정의 신설하여 정의규정 재정비 * 동력·무동력기구의 종류를 분리하여 규정	신설
제1급 조종면허 취득연령 상향(14세 이상→18세 이상)	변경
조종면허시험 불합격 시 재시험 기간 규정 * (필기) 불합격한 날의 다음날부터, (실기) 불합격한 날의 다음 다음 날부터	신설
조종면허를 받으려는 자의 수상안전교육 면제 요건 강화 *응시원서 접수일, 조종면허증 갱신 시작일, 갱신기간 마지막날부터 6개월 내 수상안전교육 또는 이와 유사한 안전교육 이수자만 면제	변경
동력수상레저기구 조종면허증 대여·알선 행위 금지(형사처벌) *(법정형) 1년 이하 징역 또는 1천만 원 이하 벌금	신설
동력수상레저기구 조종면허 시험제도 개선 *필기시험 응시자가 글을 읽지 못하는 경우 구술시험으로 응시 가능	신설
태풍·풍랑·폭풍해일 등 경보 이상 기상특보 시 수상레저활동 금지	변경
야간 수상레저활동 시 갖추어야 하는 야간 운항장비(10종) 세부기준 마련 *(전등) 서치라이트·방수형 랜턴, (나침반) 조타기컴퍼스·휴대용 자가컴퍼스	변경
수상레저사업시설 안전점검 사전 통보 및 결과 공개 *안전점검의 목적·대상 등 사전 통보, 2개월 이상 홈페이지 게시	신설
수상레저사업장의 비상구조선 표지 깃발 규격 신설 *깃발의 길이, 색, 재질 등	신설
수상레저종합정보시스템 구축·운영 *조종면허·수상레저 활동의 신고 및 관리·등록 등 업무처리	신설
보험 등 가입관리 전산망 구축·운영 *보험가입정보 보유기관과 연계, 보험가입 사실 조회 등 업무처리	신설
벌칙 부과 시 행위자 외 법인 또는 개인에게 양벌규정 부과 *법인 또는 개인이 해당 업무에 관하여 상당한 주의와 감독을 게을리한 경우	신설

※ 수상레저안전법 관련 신설된 과태료 부과기준 : 2025. 6. 21. 시행

내용	부과 기준액
법 제27조 제1항을 위반하여 술에 취한 상태에서 무동력수상레저기구를 조종한 사람	100만 원 이하
술에 취한 상태라고 인정할만한 상당한 이유가 있는데도 법 제27조 2항에 따른 관계공무원의 측정에 따르지 아니한 사람(무동력수상레저기구를 조종한 사람으로 한정)	
법 제28조를 위반하여 약물 복용 등으로 인하여 정상적으로 조종하지 못할 우려가 있는 상태에서 무동력수상레저기구를 조종한 사람	

※ 수상레저기구의 등록 및 검사에 관한 법률 제정 : 2022. 6. 10. 제정, 시행일 2023. 6. 11.

내용	비고
운항구역의 정의 신설에 따른 범위 구체화 *종전 '항해구역'을 '운항구역'으로 변경, '내수면' 신설	신설
동력수상레저기구 등록원부의 작성 및 기재사항 *등록원부는 갑구와 을구로 나누어 작성·관리, 갑구에는 등록번호·소유자 등 소유권에 관한 사항, 을구에는 저당권에 관한 사항 기재	신설
동력수상레저기구 등록원부 및 등록 신청 서류의 보존기간 *등록말소일로부터 10년 간, 등록신청서류는 신청 접수일로부터 5년 간 보존	신설
동력수상레저기구 압류등록 또는 압류해제의 통지 *소유자 및 이해관계자에게 압류등록·압류해제의 원인·압류 등록일 등 통지	변경
번호판 재발급 시, 이전 번호와 동일하게 발급 *처리기간(즉시→14일), 등록번호판 재발급 신청확인서 신설	신설
동력수상레저기구 등록증 재발급 시 수수료 무료 *수상레저종합정보시스템 통해 신청하는 경우에 한함	신설
건조에 착수한 때부터 실시하는 검사대상 변경 *총톤수 5톤 이상, 운항구역 연해구역 이상 운항, 승선 정원 13인 이상	변경
검사 대행자 지정 시 관보 고시, 수상레저종합정보시스템 등 게시	신설
동력수상레저기구의 검사대행자에 대한 감독 *검사대행자는 대행 업무 실적을 정기적으로 해양경찰청장에게 보고, 해양경찰청장은 필요시 검사대행자에게 자료제출 요청	변경
검사대행기관의 안전검사원에 대한 교육 면제 *자체적으로 주기적 전문 검사교육 실시하는 경우	신설
벌칙 부과 시 행위자 외 법인 또는 개인에게 양벌규정 부과 *법인 또는 개인이 해당 업무에 관하여 상당한 주의와 감독을 게을리한 경우	신설

※ 수상레저안전 관련 신설된 과태료 대상별 부과 기준 : 시행일 2023. 6. 11.

내용	부과 기준액
무동력 수상레저기구 대여사업자의 안전 수칙 준수 의무화 *기구 및 부속품에 대한 정기 점검, 기상정보·조류·수상상태·안전수칙 고지, 이용객 교육시 휴대용 구명장비(구명튜브, 레스큐 튜브 등) 비치	100만 원 이하
동력수상레저기구 용도 변경(개인용↔사업용)시 변경등록 의무화	1~30만 원
등록번호판 미부착 상태에서 운항 금지	50만원 이하
동력수상레저기구 운항 시 무선 설비 작동 의무화 *한정연해·연해·근해·원양구역을 운항구역으로 하는 동력수상레저기구	50만원 이하
동력수상레저기구 운항 시 위치발신장치 작동 의무화 *연해·근해·원양구역을 운항구역으로 하는 동력수상레저기구	50만원 이하
안전검사필증(검사유효기간 및 검사받은 연도 기재) 부착 의무화	20만 원
시험운항 허가를 받은 자의 허가증 반납 의무화	20만 원
시험운항허가를 받은 자의 운항조건 준수 의무화 *시험운항의 목적 및 운항구역 준수, 안전장비 비치	30만 원

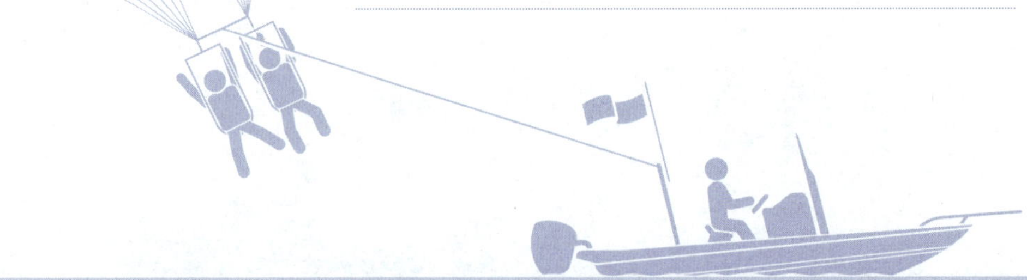

2026 최신판 동력수상레저기구 조종면허 1,2급 필기+실기 한번에 합격하기

발 행 일	2025년 10월 1일 초판 인쇄 2025년 10월 10일 초판 발행
저 자	박서준·홍혜진 공저
발 행 처	크라운출판사 http://www.crownbook.co.kr
발 행 인	李尙原
신고번호	제 300-2007-143호
주 소	서울시 종로구 율곡로13길 21
공 급 처	(02) 745-0311~3, 1566-5937
전 화	(02) 765-4787
팩 스	(02) 743-2688, 02) 741-3231
홈페이지	www.crownbook.co.kr
I S B N	978-89-406-4987-9 / 13550

저자 협의
인지 생략

특별판매정가 20,000원

이 도서의 판권은 크라운출판사에 있으며, 수록된 내용은 무단으로 복제, 변형하여 사용할 수 없습니다.
Copyright CROWN, ⓒ 2025 Printed in Korea

이 도서의 문의를 편집부(02-744-4959)로 연락주시면 친절하게 응답해 드립니다.